EXPRESS 해설

김이두 지음

UUP

EXPRESS 해설

2007년 12월 24일 초판 인쇄
2007년 12월 31일 초판 발행

지은이 | 김이두
발행인 | 정정길
발행처 | UUP(울산대학교출판부)

출판등록 | 제 370-1996-000001호(1996.3.13)
주소 | 680-749 울산광역시 남구 대학로 102(무거동) 울산대학교 출판부
전화 | (052) 259-2488
팩스 | (052) 277-3011
편집·표지 디자인 | 지미정·김수연

값 11,000원

ISBN 978-89-7868-087-5

* 이 책은 2002학년도 울산대학교 저서연구비를 지원 받아 출판되었습니다.

머리말

제품데이타 표현 및 교환에 관한 국제표준인 ISO 10303은 대상 제품의 존속기간 동안에 관련하는 제품정보를 컴퓨터 시스템에 독립적으로 기술할 수 있는 국제표준을 정의하는 것을 목적으로 하고 있으며, 간단히 STEP(the STandard for the Exchange of Product model data)이라 불린다. STEP에서는 데이터모델에 대한 요구사항들을 서술하는 방법과 실제로 컴퓨터언어로 구현하는 방법을 구분한다. 제품에 관한 데이터구조와 제약조건을 나타내는 정보모델을 공식적으로 기술하는 데 사용되는 데이터 명세언어인 EXPRESS는 스키마 단위로 모듈화된 데이터모델들내에서 엔티티, 속성, 그 관계를 정의하기 위한 광범위한 기능들을 제공한다. 컴퓨터로 해석이 가능한 EXPRESS는 적절한 개발도구에 의해 EXPRESS로 쓰여진 데이터모델들을 검토하거나 여러 종류의 프로그래밍 또는 데이터베이스 언어들을 위한 데이터정의 언어로 변환될 수 있다. 이러한 개념적인 데이터모델에 따른 데이터 값들은 물리적 파일에 의하거나 데이터베이스 또는 응용프로그램 내에서 데이터에 접근할 수 있는 인터페이스에 의해 다루어진다.

EXPRESS언어에 의한 데이터모델과 구현방법에 따라 작성된 하나의 데이터모델은 중립파일에 의해 응용프로그램들 간의 제품정보를 교환하는 데도 사용될 수 있을 뿐만 아니라, 제품데이타베이스를 구축하여 공유하거나 저장소를 구현하기 위한 기본틀로도 이용될 수 있다. 하나의 정보모델은 모든 제품데이타에 공통적인 요구사항을 기술하는 데 사용될 통합자원과 특정한 산업분야에 한정된 요구사항을 기술하는 응용프로토콜, 그리고 응용프로토콜간의 공통인 요구사항들로 구성되는 응용해석구조체 등으로 구성되어, 모든 산업분야의 제품모델이 효율적으로 교환되거나 공유될 수 있다. STEP에 따른 제품데이타는 응용프로토콜 단위로 교환되고 공유된다.

이 책은 EXPRESS언어를 보다 쉽게 설명하기 위하여 정보모델에 관한 새로운 용어를 정의하는 것을 피하고 쉬운 말로 최대한 풀어 설명하였으며, 불가피하게 번역된 용어는 독자의 편의를 위해 색인에서 원어를 포함하였다. 각 용어의 의미를 충분히 이해하는 것이 실제 상황에서 능숙하게 사용할 수 있는 밑거름이 된다. 그리고 EXPRESS언어의 구성체들의 역할과 효과를 충분히 이해시키기 위하여 연관된 내용들을 체계적으로 구성하였고, 개념을 설명하기 위한 간단한 예제들과 STEP의 각 파트에서의 적용사례로부터 엄선된 예제들을 제공하였다.

예리한 통찰력과 적용능력은 시행착오에 의한 경험으로부터 얻는 것이 자명하다. 그리고 고민한 시간에 비례해서 기억력도 오래 지속된다. 독자는 제시된 예제들의 의도를 명확히 파악하고, 이 예제들을 자신이 실제로 구축하려는 정보모델의 일부로 간주하여 꼼꼼히 살피고, 동시에 이들을 활용하도록 노력하여야 한다. EXPRESS언어의 구성체들을 주어진 구문에 맞게 자신의 의도대로 사용할 수 있어야 국제표준으로 채택된 STEP의 여러 파트들을 깊게 이해하고 응용 소프트웨어들을 효율적으로 구현할 수 있을 것이다.

이 책을 출판하기까지는 STEP에 관한 실질적인 참고자료가 없는 아쉬움 속에서도 그동안 저자의 연구실에서 STEP의 적용에 관한 여러 연구들을 진행했던 졸업생들의 기여가 컸음을 밝힌다. STEP에 따른 철골접합부 설계에 관한 연구를 진행하고 현재 조지아텍에서 박사후과정중인 정연석, 웹을 통한 구조해석 정보처리에 관한 연구를 수행한 김상화, 철골구조물의 통합시스템을 개발한 임경일, STEP기반의 철골보 설계규준처리기를 구현한 고동현과 신상호, 강구조 접합부에 관한 정보처리 시스템을 개발한 박광도, 데이터베이스를 기반으로 구조해석 및 설계시스템을 구축한 최인석, 그리고 조현복과 정기수, 모두에게 고마움을 전한다.

이 책은 EXPRESS언어를 파악하여 STEP의 방법론을 이해하거나 새로운 국제표준 정보모델을 구축하려는 관련 종사자, 또는 ISO의 국제표준모델을 바탕으로 응용프로그램을 개발하거나 이에 따른 물리적 파일을 이용한 정보교환용 인터페이스를 구현하려는 프로그램 개발자 등을 대상으로 한다. 초보적인 내용으로만 구성된 본 저서가 정보표준화 관련 종사자에게 조그마한 보탬이 되기를 바라면서, 아울러 우리나라의 각 산업분야에서도 새로운 정보모델들을 개발하여 국제표준으로 제안하려는 노력이 활발해지기를 기대해본다.

2007년 11월 9일 저자

책 소개

▷ 본문의 구성

이 책은 EXPRESS언어를 이루는 구성체들의 역할을 기준으로 그 내용이 구성되어 있다. 각 장은 주제별 소개로부터 시작하여 구체적인 내용으로 설명된다. 이 책을 위해 참고한 국제표준은 ISO 10303 – Part 11(Product data representation and exchange : Description methods : The EXPRESS language reference manual) (ISO TC184/SC4/WG11 N105, 2000년 2월)이다.

1. 정보모델의 표현 : EXPRESS언어의 계통에 속하는 정보모델을 구문으로 기술하는 EXPRESS와 그래픽으로 표현하는 EXPRESS-G언어, 정보모델에 따른 인스턴스를 표현하는 EXPRESS-I와 물리적 파일, 그리고 하나의 정보모델로부터의 정보추출이나 두 정보모델들 간에 매핑을 위한 EXPRESS-X 등에 대한 개요를 설명한다.
2. 기본사항 : EXPRESS언어를 이루는 기본요소인 문자집합, 예약기호, 예약어, 내장상수, 표현식, 그리고 주석 등에 대해 설명한다.
3. 정보모델의 구성 : 정보모델을 실제로 형성하는 구성체들의 종류와 각 구성체의 범주와 식별자의 참조를 살펴보고, 이러한 구성체들을 EXPRESS-G로 표현하기 위한 기본사항을 언급한다. 정보모델의 기본단위인 스키마, 현재 스키마에서 다른 스키마내의 항목들을 사용하기 위한 인터페이스, 하나의 스키마내에서 변경될 수 없는 상수 등을 설명한다.
4. EXPRESS의 자료형 : EXPRESS의 자료형을 분류하고, 단순형, 집합형, 지명형, 일반형, 스키마정보형 자료형 등과 표현식자료형을 자세히 설명한다.
5. EXPRESS의 정의자료형 : EXPRESS의 기저용 자료형을 바탕으로 새로운 자료형, 즉 별칭형, 제약형, 그리고 특수형 자료형을 선언하기 위한 구문을 설명한다.

6. 엔티티자료형과 제약조건 : 사용자가 간단한 자료형만으로 묘사하기 힘든 관심영역의 객체를 속성, 유일성규칙, 그리고 영역규칙 등으로 정의되는 엔티티자료형을 선언하기 위한 방법을 설명한다. 엔티티자료형의 모든 인스턴스들에게 집단적으로 적용되는 제약조건인 규칙과, 상위형과 하위형 엔티티들 간의 조합에 대한 제약조건인 하위형 제약조건에 대해 설명한다.
7. 정적 알고리즘 : 매개변수들 또는 지역변수들을 대상으로 실행될 정적 알고리즘을 정의하는데 사용되는 정적 실행문들을 설명하고, 사용자가 선언하는 정적 알고리즘으로 함수와 프로시져에 대해 기술한다.
8. 동적 알고리즘 : 동적 데이터모델을 구성하는 동적 실행문들을 설명하고, 동적양상을 묘사하기 위한 거동, 작동, 그리고 이벤트 등을 설명한다.
9. STEP기반 응용프로그램의 구현 : 응용프로그램을 구현하는 과정에서 EXPRESS로 주어진 정보모델을 어떻게 활용하고, 물리적 파일에 정보를 저장, 갱신하는 개발방법을 정적바인딩(early binding)과 동적바인딩(late binding), 두가지 방식으로 자세히 보여준다. 건물에 관한 간단한 EXPRESS 스키마와 국제표준인 IFC스키마를 이용하여 자료형에 따른 인스턴스를 생성한 후 이를 물리적 파일로 저장하거나, 기존의 물리적 파일로부터 데이터를 읽어 들여 관리하는 방법을 보여준다. 기타, EXPRESS개발도구가 제공하는 기본적인 기능들을 설명한다.

부록 I. EXPRESS의 구문 : EXPRESS언어를 구성하는 토큰과 문법규칙에 대해 설명한다.

부록 II. EXPRESS의 내장 알고리즘 : EXPRESS의 내장 알고리즘에 관한 세부 내용을 제공한다.

▷ 본문의 표기법

이 책의 본문에서 사용되는 표기법은 아래와 같다.

- 모든 EXPRESS예약어들을 대문자로 나타낸다.
- EXPRESS에서 제공하는 모든 구문들의 글자체는 courier new로 인쇄한다. 구문이나 예제 등에서 나타난 어휘를 참조하거나 내장함수, 내장프로시져, 내장이벤트, 그리고 내장작동 등을 인용하는 경우에는 이탤릭 문자로 표현한다. 특히 내장 알고리즘들은 그 의미를 명확히 하기 위하여 괄호 '()'를 뒤에 붙인다.
- 모든 EXPRESS언어의 예제들을 바탕색 블록내에 작은 글씨체로 인쇄한다. 각 예제에 관한 설명을 주석으로 처리하며 이택릭체로 표기한다. 이미 제시된 예제

를 인용하거나 참고하는 내용은 바탕색이 없이 제시된다.

- 구문해석기 및 응용프로그램을 구현할 때 적용되는 에러코드 및 경고코드, 또는 기타 본문의 내용에 대한 추가적인 참고사항들을 각주 형식으로 제시한다.
- 이 책의 본문에서 인용하는 구문(*syntax*)은 Wirth 구문표기법(Wirth Syntax Notation)에 따라 관련 구분들을 점선박스 안에 제시된다(부록 I 참조). 본문의 설명에서 제시되지 않은 구문들은 부록 I을 참조하면 된다. 아래 예는 이러한 구문표기법에 따라 실수리터럴을 나타내는 구문들을 보여준다.

```
149 real_literal = integer_literal | ( digits '.' [ digits ] [ e [ sign ] digits ] ) .
139 digits = digit { digit } .
138 digit = '0' | '1' | '2' | '3' | '4' | '5' | '6' | '7' | '8' | '9' .
150 sign = '+' | '-' .
```

위의 구문에 따라 사용자가 표현할 수 있는 실수리터럴은 아래와 같다.

```
259    259.    259.0    2.59e2    2.59E+02
```

- EXPRESS-G에 대한 내용은 좌측에 수직선을 두며, 본문은 작은 글씨체로 인쇄하여 쉽게 구분할 수 있게 한다.

▷ 참고문헌

1. Jon Owen, STEP, An Introduction, Information Geometers, 1997
2. Douglas Schenck, Peter Wilson, Information Modeling, the EXPRESS Way, Oxford University Press, 1994
3. ISO 10303-11, Product data representation and exchange – Description methods : The EXPRESS language reference manual, 2000
4. ISO 10303-12, Product data representation and exchange – Description methods : The EXPRESS-I language reference manual, 1997
5. ISO 10303-14, Product data representation and exchange – Description methods : The EXPRESS-X language reference manual, 2002
6. ISO 10303-41, Product data representation and exchange - Integrated generic resource : Fundamentals of product description and support, 2000
7. 한국산업규격 B 7099-11, 산업자동화 시스템 및 통합 – 제품데이타의 표현과 교환 -11부: EXPRESS언어 참조 매뉴얼, 1997

▷ STEP관련 인터넷사이트

ISO TC184/SC4: www.iso.ch

NIST: www.tc184-sc4.org/

PDES, Inc.: pdesinc.aticorp.org

ProSTEP: www.prostep.de

PDT Solutions: www.pdtsolutions.co.uk

EuroSTEP: www.eurostep.com

EPM Technology: www.epmtech.jotne.com

STEP Tools: www.steptools.com

STEP-CDS: www.step-cds.de

CIS: www.cis2.org

JAPAN Cad Data Bank: www.comel.or.jp/~jcad/

STEPWISE: www.stepwise.org

IAI: www.iai-international.org

▷ 본문의 오류

이 책의 본문의 내용이나 소스코드 등에 잘못된 내용을 발견하여 그 사실을 전자메일 edookim@ulsan.ac.kr로 알려주신다면 향후에 큰 보탬이 될 것으로 본다.

목차

1. 정보모델의 표현

각 산업분야에서의 제품이나 공정에 대한 활동과 정보의 흐름을 분석하고 각 활동을 지원하는 데 필요한 데이터 객체들과 그들의 연관성에 관한 요구사항들을 포함하는 STEP의 정보모델은 최종적으로 EXPRESS 스키마로 서술된다. 이러한 정보모델은 대상 제품의 생성부터 소멸까지 전 기간을 통해 발생하는 제품 및 공정 데이터를 관리한다. 이 장에서는 STEP의 공식언어로 정보모델을 구문으로 기술하기 위한 EXPRESS, 그래픽으로 도식화하기 위한 EXPRESS-G, 정보모델에 따른 실제 인스턴스를 표현하기 위한 EXPRESS-I와 물리적 파일, 그리고 정보모델로부터의 정보추출이나 정보모델들간에 매핑을 위한 EXPRESS-X 등에 대해 소개하고 간단한 사례들을 제시한다.

1.1 EXPRESS에 의한 정보모델의 구문 표현

EXPRESS는 STEP의 정보모델을 공식적으로 서술하기 위한 데이터정의 언어로, STEP문서의 Part 11에 해당된다. STEP의 공통자원과 응용프로토콜에 포함되는 모든 공식명세는 EXPRESS로 기술된 스키마들로 구성된다. 이러한 EXPRESS는 데이타구조와 데이터에 적용되는 제약조건을 정의하는 구성요소들을 가진 선언적 언어로 개발자나 사용자가 쉽게 읽을 수 있고 컴퓨터소프트웨어로 검증하거나 프로그래밍 언어로 변환할 수 있기 때문에 STEP분야 뿐만 아니라 정보시스템의 설계 및 개발에 필요한 정보모델을 구축하는 데도 사용된다[1].

EXPRESS는 자료구조를 정의하는 데 사용되는 데이터베이스 언어 또는 프로그래밍 언어와 공통점이 많이 있으나, 정보모델에 관한 요구사항들을 표현하는 언어에 속하며 응용프로그램을 개발하기 위한 프로그래밍 언어는 아니다. 개발자가 EXPRESS 정보모델을 사용하여 응용프로그램을 개발하기 위해서는 EXPRESS 컴파일러를 이용하여 해당 정보모델을 구현하기 위한 프로그래밍 언어로 변환하여야 한다.

```
(*
  아래의 스키마 family라는 간단한 정보모델의 예를 보여준다.
*)
SCHEMA family;
 REFERENCE FROM support_resource_schema (identifier);
 ENTITY person;
  name : identifier;
  children : BAG [0:?] OF UNIQUE person;
  DERIVE
   no_of_children : INTEGER := sizeof(children);
  INVERSE
   parents : BAG [0:2] OF UNIQUE person FOR children;
  UNIQUE
   Ur1 : name;
 END_ENTITY;
 ENTITY male;
  SUBTYPE OF (person);
  wife : OPTIONAL female;
 END_ENTITY;
 ENTITY female;
  SUBTYPE OF (person);
  INVERSE
   husband : BAG [0:1] OF male FOR wife;
 END_ENTITY;
 SUBTYPE_CONSTRAINT person_sex FOR person;
  ABSTRACT SUPERTYPE;
  TOTAL_OVER(male,female);
```

[1] ISO/IEC 10303의 STEP표준의 파트들의 정보모델의 표현은 객체지향 프로그래밍기법을 바탕으로 하기 때문에 독자는 별도의 문헌을 통하여 그 개념을 확실히 이해하여야 한다.

```
 ONEOF(male,female);
 END_SUBTYPE_CONSTRAINT;
END_SCHEMA;

(*
 위의 스키마 family는 예약어 SCHEMA로 시작하여 END_SCHEMA로 종결되며, 그 내부에는 ISO 10303-41의
스키마 support_resource_schema의 자료형 identifier를 참조하기 위한 인터페이스 선언, 엔티티
person, male, 그리고 female의 선언들이 있으며, 그리고 엔티티들의 관계를 나타내기 의한 하위형 제약조건
person_sex가 포함되어 있다.(자세한 설명은 3.1.1절 참조)
*)
```

1.2 EXPRESS-G에 의한 정보모델의 그래픽 표현

EXPRESS-G는 EXPRESS로 쓰여진 정보모델을 시각화하여 관련자들간의 의사전달을 쉽게 하기 위한 그래픽 표현용 언어로, EXPRESS언어와 함께 STEP문서의 Part 11에 포함되어 있다. 현재 EXPRESS의 일부 구성요소들에 대해서만 대응하는 그래픽 기호들이 지원되며, EXPRESS로 표현되는 복잡한 제한조건들에 대한 기호들은 제공되지 않는다. EXPRESS-G는 EXPRESS로 정의된 정보모델의 그래픽 표현을 위하여 개발되었지만, 그 자체만으로도 자료모델을 개발하는 데 사용될 수 있다. STEP에 관련한 개발도구들은 EXPRESS와 EXPRESS-G간의 변환기능을 제공하고 있다.

그림 1-1은 앞 절에서 보인 스키마 family의 엔티티수준의 EXPRESS-G 전체 다이아그램을 보여준다. 정보모델내의 EXPRESS 선언들은 박스들로 나타나며, 그 선언들 간의 관계들은 해당 박스들을 연결하는 여러 종류들의 선들에 의해 표시된다.

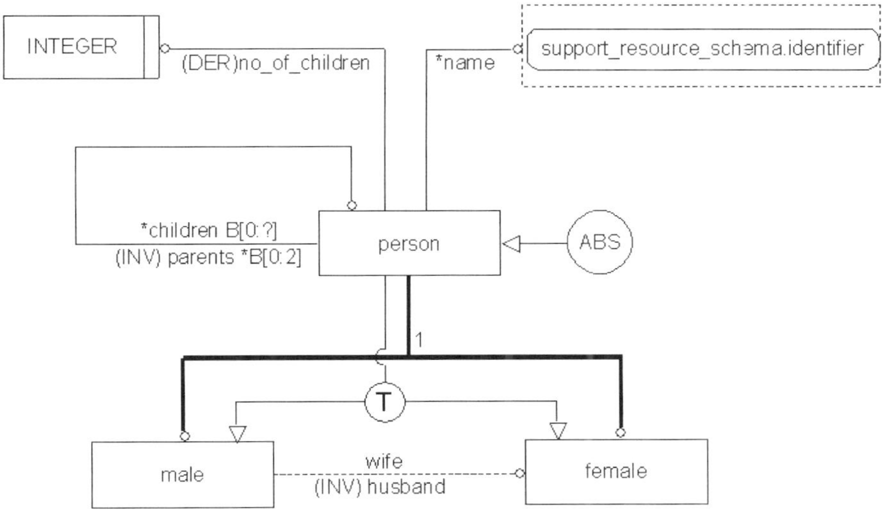

그림 1-1. 스키마 family의 엔티티수준의 전체 다이아그램

1.3 EXPRESS-I에 의한 정보모델 인스턴스의 표현

EXPRESS-I는 EXPRESS로 정의된 스키마 또는 그 스키마 일부에 대해 실제값을 갖는 인스턴스들을 기술하기 위해 개발된 언어로, STEP문서의 Part 12에 속한다. EXPRESS-I는 데이터 인스턴스들을 나타내거나 검증사례를 기술하기 위해 사용된다.

첫째, EXPRESS-I는 EXPRESS로 정의된 정보모델의 데이터 인스턴스들을 표현하기 위해 사용되며, 그 기본단위는 모델(MODEL)이다. 하나의 모델내에는 해당 정보모델을 구성하는 각 스키마에 대한 스키마데이타(SCHEMA_DATA) 인스턴스가 포함될 수 있다. 각 스키마데이타 인스턴스에는 지명형 자료형인 정의자료형이나 엔티티자료형의 인스턴스들이 포함된다.

```
(*
  아래의 모델 model_1은 앞 절에서 보인 스키마 family의 스키마데이타 인스턴스를 보여준다.
*)
MODEL model_1;
 SCHEMA_DATA family;
  h1[1] = person{name -> 'Edoo'; children -> (@c1, @c2);
          no_of_children <- 2; parents; SUPOF(@2);};
  h1[2] = male{wife -> @w1; SUBOF(@1);};
  w1[1] = person{name -> 'Philae'; children -> (@c1, @c2);
          no_of_children <- 2; parents <- (); SUPOF(@2);};
  w1[2] = female{husband <- (@h1); SUBOF(@1);};
  c1[13] = person{name -> 'HyeRin'; children -> ();
          no_of_children <- ?; parents <- (@h1, @w1); SUPOF(@16));
  c1[16] = female{husband <- (); SUBOF(@13);};
  c2[1] = person{name -> 'Yonghui'; children -> ();
          no_of_children; parents <- (@h1, @w1); SUPOF(@2);};
  c2[2] = male{wife -> ?; SUBOF(@1);};
 END_SCHEMA_DATA;
END_MODEL;
```

둘째, EXPRESS-I는 EXPRESS로 정의된 정보모델의 실제 구현이 적합한 지를 검증하기 위해 사용될 추상검증사례(Abstract Test Case)를 기술하는 데 이용된다. 위에서 설명한 모델을 매개변수화시킨 형태인 문맥(CONTEXT)은 여러 검증사례들에서 사용될 수 있도록 데이터를 매개변수로 전달하여 원하는 인스턴스들을 생성할 수 있도록 한다.

```
(*
  다음은 위에서 보인 모델과 동일한 효과를 갖는 추상검증사례의 예를 보여준다.
*)
TEST_CASE case_1;
 WITH family USING(male,female);
 OBJECTIVE
  PURPOSE To test the creation of an entity with attributes of type entity.
```

```
END_PURPOSE;
  REFERENCES None. END_REFERENCES;
  CRITERIA One instance of a MARRIED entity shall be created. END_CRITERIA;
  NOTES None. END_NOTES;
 END_OBJECTIVE;
 REALIZATION
  LOCAL                                                -- 필요한 자료형의 변수들을 정의한다
   dad : male;
   mom : female;
   c1 : female;
   c2 : male;
  END_LOCAL;
  c1 := person('HyeRin',[]) || female();
  c2 := person('Yonghui',[]) || male(?);
  CALL context_1;                                      -- context_1 을 호출한다
   IMPORT(dad := @h1; mom := @w1;);
   WITH (children := [@c1, @c2]);
  END_CALL;
 END_REALIZATION;
END_TEST_CASE;

CONTEXT context_1;
 WITH people USING(person);
 PARAMETER
  children : SET OF person := ();                      -- 매개변수와 내정값을 정의한다
 END_PARAMETER;
 SCHEMA_DATA people;
  h1[1] = person{name -> 'Edoo'; children -> children;
          no_of_children; parents; SUPOF(@2);};
  h1[2] = male{wife -> @w1; SUBOF(@1);};
  w1[1] = person{name -> 'Philae'; children -> children;
          no_of_children; parents; SUPOF(@2);};
  w1[2] = female{husband <- (@h1); SUBOF(@1);};
 END_SCHEMA_DATA;
END_CONTEXT;
```

1.4 물리적 파일(Part 21)에 의한 정보모델 인스턴스의 표현

STEP에서는 정보모델에 따른 데이터 인스턴스들을 보관하기 위한 저장소인 정보기지를 구현하는 방법으로 ASCII파일을 이용하는 물리적 파일, 공유 데이터베이스, 그리고 통합된 지식베이스 등을 제시하고 있다. 이 중에서 STEP문서의 Part 21에 따른 물리적 파일이 정보를 교환하기 위해 현재 널리 이용되고 있다. 즉, 각 사용자 시스템의 내부데이타는 IGES, SET, VDA-FS처럼 정해진 규정에 따라 EXPRESS 스키마의 인스턴스로 순차적인 파일내에 코드화되어 교환된다. 이러한 물리적 파일에 의한 방식은 EXPRESS-I에 비해 컴퓨터로 처리하기가 수월하다.

물리적 파일은 헤더부분과 데이터부분으로 대별된다. 헤더부분은 예약어 HEADER로 시작하여 ENDSEC으로 종결된다. 헤드부분의 파일설명(FILE_DESCRIPTION)은 교환될 파일의 내용과 구현수준에 관한 정보를, 파일이름(FILE_NAME)은 물리적 파일의 이름, 생성시기, 생성자, 소속기관, 해당 파일을 생성한 소프트웨어, 컴퓨터시스템, 승인자 등에 관한 정보를, 그리고 파일스키마(FILE_SCHEMA)는 데이터부분의 인스턴스들을 정의한 EXPRESS 스키마 식별자에 관한 정보를 각각 제공한다. 데이터부분은 예약어 DATA로 시작하여 ENDSEC으로 종결되며, 그 안에는 파일스키마에 의해 지칭된 스키마를 구성하는 엔티티들의 인스턴스들이 Part 21의 규칙에 따라 코드화되어 나열된다.

```
/*
  다음은 앞에서 언급한 스키마 family의 내용을 담고있는 물리적 파일의 예를 보여준다.
*/
ISO-10303-21;
HEADER;
FILE_DESCRIPTION(
/* 파일내용 */          ('My family list'),
/* 구현수준 */          '1');
FILE_NAME(
/* 파일이름 */          'MYFAMILY.STP',
/* 생성시기 */          '2005-02-01 T12:01:35',
/* 생성자 */            ('E-Doo Kim'),
/* 소속기관 */          ('University of Ulsan, Korea'),
/* 소프트웨어 */        'ST-DEVELOPER v9',
/* 컴퓨터시스템 */      'Text Editor',
/* 승인자 */            'None');
FILE_SCHEMA(('FAMILY'));
ENDSEC;

DATA;
/*
  다음의 4개 항목은 스키마 family에 따른 인스턴스들을 보여준다. $는 값이 결정되지 않은 상태를 나타낸다.
*/
#1 = female('HyeRin',());
#2 = male('Yonghui',(),$);
#3 = male('Edoo',(#1,#2),#4);
#4 = female('Philae',(#1,#2));
ENDSEC;
END-ISO-10303-21;
```

1.5 EXPRESS-X에 의한 정보모델 인스턴스의 매핑

EXPRESS-X는 정보모델에 따른 물리적 파일로부터 정보의 일부를 추출하기 위하여 뷰를 정의하거나 또는 하나의 물리적 파일을 타 정보모델로 매핑하기 위하여 EXPRESS에 SQL의 특성을 추가한 언어로, STEP문서의 Part 14에 속한다. 스키마뷰(SCHEMA_VIEW)

는 전자의 경우에 해당하며, 이는 하나의 정보모델에 포함된 전체 데이터로부터 사용자의 요구에 따르거나 특정한 응용프로그램의 필요에 따라 정보의 일부를 추출할 수 있게 한다.

```
(*
  다음은 설명을 위한 EXPRESS의 스키마를 보여준다.
*)
SCHEMA example;
 ENTITY person;
  name : STRING;
  id : INTEGER;
 END_ENTITY;
 ENTITY person_in_department;
  name : STRING;
  person : STRING;
 END_ENTITY;
END_SCHEMA;
```

```
...
/* 위의 스키마 example에 따른 물리적 파일내의 인스턴스들은 아래와 같다.*/
#1=PERSON('Kim',001);
#2=PERSON('Park',002);
#11=PERSON_IN_DEPARTMENT('Architecture','Kim');
#12=PERSON_IN_DEPARTMENT('Civil','Park');
...
```

```
(*
  위의 스키마 example를 대상으로 EXPRESS-X에 의해 정의된 스키마뷰 exampleView는 아래와 같다. 이 스
키마뷰는 엔티티 person의 속성 name과 엔티티 person_in_department의 속성 person이 동일해야 하는
WHERE조건을 만족하는 경우에 한하여 세개의 속성 즉, name, id, 그리고 department들을 갖는 엔티티
per_in_dept_view를 정의한다.
*)
SCHEMA_VIEW exampleView;
 REFERENCE FROM example;
 VIEW per_in_dept_view;
  FROM p : example.person;
       d : example.person_in_department;
  WHERE (p.name = d.person);
  SELECT
   name : STRING := p.name;
   id : INTEGER := p.id;
   department : STRING := d.name;
 END_VIEW;
END_SCHEMA_VIEW;
```

```
/*
  스키마 example과 물리적 파일, 그리고 스키마뷰 exampleView에 의해 생성된 엔티티
per_in_dept_view의 인스턴스들은 다음과 같다.
*/
...
#1=PER_IN_DEPT_VIEW('Kim',001,'Architecture');
#2=PER_IN_DEPT_VIEW('Park',002,'Civil');
...
```

스키마맵(SCHEMA_MAP)은 분야는 비슷하나 자료형태가 차이가 있는 두개의 스키마들 간의 엔티티 인스턴스들에 대한 관계를 나타낸다. 즉, 원본에 해당하는 하나의 스키마와 이에 따른 물리적 파일을 대상으로 목표가 되는 다른 스키마의 새로운 물리적 파일을 생성하기 위한 대응관계를 기술한다.

```
(*
  다음은 원본이 되는 스키마 source를 보여준다.
*)
SCHEMA source;
 ENTITY part;
  part_number : INTEGER;
  type : STRING;
 END_ENTITY;
 ENTITY part_usage_approver;
  part_approved : INTEGER;
  approver : STRING;
 END_ENTITY;
END_SCHEMA;
```

```
...
/* 위의 스키마 source에 따른 물리적 파일의 인스턴스들은 아래와 같다. */
#1=PART(10,'OK');
#2=PART(11,'No');
#3=PART_USAGE_APPROVER(10,'Kim');
#4=PART_USAGE_APPROVER(11,'Cho');
...
```

```
(*
  위의 원본 스키마 source가 매핑될 목표 스키마 target은 아래와 같이 주어진다.
*)
SCHEMA target;
 ENTITY type_approver;
  approver : STRING;
  part : INTEGER;
 END_ENTITY;
END_SCHEMA;
```

```
(*
  원본 스키마 source와 목표 스키마 target간의 매핑관계를 묘사하는 스키마맵 exampleMap은 다음과 같이
정의된다. 그 내용은 스키마 source내의 엔티티 part의 속성 part_number와 엔티티
part_usage_approver의 속성 part_approved가 같고 해당 엔티티 part의 속성 type이 'OK'값을 가지는
경우에 한하여 스키마 target의 엔티티 type_approver의 인스턴스가 생성된다.
*)
SCHEMA_MAP exampleMap;
 REFERENCE FROM source AS SOURCE;
 REFERENCE FROM target AS TARGET;
 MAP type_approvers_map as ta:target.type_approver;
  FROM p:source.part;
       pua:source.part_usage_approver;
  WHERE (p.part_number = pua.part_approved) AND (p.type = 'OK');
  SELECT
   ta.approver := pua.approver;
```

```
  ta.part := p.part_number;
 END_MAP;
END_SCHEMA_MAP;
```

```
/*
  위의 스키마맵 exampleMap을 적용한 결과로 목표 스키마 target내의 엔티티 type_approver의 인스턴스
가 다음과 같이 생성된다.
*/
...
#1=VALUE_APPROVER('Kim',10);
...
```

2. 기본사항

하나의 정보모델을 구성하는 EXPRESS의 스키마는 일련의 문자들로 구성되며, 이러한 문자들은 토큰, 문장, 그리고 블록 등으로 구문규칙에 따라 판독된다. 이 장은 EXPRESS언어의 기본요소들인 문자집합, 예약기호, 예약어, 내장상수, 표현식, 그리고 주석 등에 대해 설명한다.

2.1 문자집합

2.1.1 EXPRESS의 문자집합

정보모델을 작성하는 데 사용될 수 있는 EXPRESS의 문자집합은 ISO/IEC 10646-1의 공백문자(셀20), 그래픽 문자들(셀들21-7E), 개행문자(\n), 그리고 제어문자들(셀들 08-0D) 등으로 정의된다. EXPRESS의 예약어나 식별자는 이러한 문자집합 중에서 인쇄가능한 그래픽 문자들이 사용되며, 기호, 주석, 그리고 단순형 자료형의 값을 나타내는 리터럴 등은 구문규칙에 따라 어떠한 문자라도 사용될 수 있다[2].

표 2-1. EXPRESS의 주요 문자집합-공백문자와 그래픽 문자

	0	1	2	3	4	5	6	7	8	9	A	B	C	D	E	F
20	' '	!	"	#	$	%	&	'	(	)	*	+	,	-	.	/
30	0	1	2	3	4	5	6	7	8	9	:	;	<	=	>	?
40	@	A	B	C	D	E	F	G	H	I	J	K	L	M	N	O
50	P	Q	R	S	T	U	V	W	X	Y	Z	[	\	]	^	_
60	`	a	b	c	d	e	f	g	h	i	j	k	l	m	n	o
70	p	q	r	s	t	u	v	w	x	y	z	{	|	}	~	■

2.1.2 특수문자 구문표기법

EXPRESS의 문자집합 중에서 특정한 조건을 만족하는 부분집합을 나타내거나 인쇄가 불가능한 문자인 개행문자 또는 제어문자 등의 특수문자들을 기술하기 위하여, 다음과 같이 특수문자에 관한 구문표기법이 사용된다.

- \a는 문자집합내의 모든 문자들을 나타낸다. 전체 문자집합에서 일부 지정된 문자들을 제외한 나머지 모든 문자들을 나타내기 위해서는 기호 '-'를 붙이고 소괄호 안에 제외할 문자들에 관한 조건들을 열거하면 된다. 개별 문자에 대한 조건은 해당하는 리터럴로 표시하며, 문자들의 범위는 대괄호 안에 시작하는 리터럴, 기호 '-', 그리고 끝내는 리터럴로 기술한다. 조건들이 많을 경우에는 각 조건을 콤마로 분리한다.
- \n은 개행문자로 새로운 줄을 의미한다.
- \xX은 16진법으로 해당 셀 X상의 특정한 문자를 나타낸다.

```
(*
  구문에서 사용가능한 특수문자의 표기의 예는 아래와 같다.
*)
\a-('''')                          -- 인용기호(')를 제외한 모든 문자들(부록의 구문 144 참조)
\a-('(', '*') .                    -- 좌측소괄호 '('와 별표 '*'를 제외한 문자들(구문 142 참조)
```

---

2 만약 문자집합에 속하지 않는 문자들이 발견될 경우에는, 구문해석 에러코드 1이 발생한다.

```
\a-(['a'-'z'], ['A'-'Z'],'''')  -- 글자들과 인용기호를 제외한 모든 문자
\xA                             -- 셀0A내의 문자(보통 LINEFEED(LF))로 '0A'와 동일
```

2.1.3 여백

여백은 EXPRESS의 토큰들을 분리시켜 스키마를 읽기 쉽도록 하는 데 사용된다. 이러한 여백으로 처리되는 EXPRESS항목으로는 공백문자, 개행문자, 제어문자, 예약기호, 그리고 주석 등이 있다. 사용된 여백의 종류나 개수는 중요하지 않다.

2.2 예약기호

예약기호는 EXPRESS의 정해진 특별한 기능을 수행하는 문자들이나 문자들의 그룹으로, 이웃한 구문요소들을 분리하는 구분자 역할을 한다. 예약기호는 표 2-2와 같으며, 이러한 예약기호는 연산자기호로 사용될 수 없다. 단, 실수의 지수부분을 기술하기 위한 E 또는 e와 복소수의 허수리터럴을 나타내기 위한 I 또는 i는 식별자 또는 식별자의 일부로 사용될 수 있다.

표 2-2. EXPRESS의 예약기호

!	%	'	(	)	,
.	:	;	?	@	E
I	[	\	]	^	e
i	{	|	}	--	::
:=	:>	<*	=>	(*	*)

2.3 예약어

예약어는 EXPRESS의 구문을 정의하기 위해 사용되는 키워드이다. 이러한 예약어들은 구문표기에서 읽기 쉽도록 대문자로 표기된다. 그러나 EXPRESS언어는 대, 소문자에 무관하므로, 대, 소문자가 혼용되거나 소문자로만 기술된 경우에도 역시 예약어가 된다. 예약어는 표 2-3과 같으며, 이러한 예약어는 식별자로 사용되거나 재정의될 수 없다. 기타, 내장상수로 정의된 CONST_E와 PI, 그리고 내장함수의 연산자기호로 정의된 NOT, DIV, MOD, OR, XOR, LIKE 등도 예약어에 속한다. 그러나 내장상수, 내장함수, 내장

프로시져, 내장이벤트, 그리고 내장작동의 이름들은 예약어에 해당되지 않으므로 식별자로 사용될 수 있다[3].

표 2-3. EXPRESS의 예약어

ABSTRACT	ACTION	AGGREGATE	ALIAS
AND	ANDOR	ARRAY	AS
BAG	BASED_ON	BEGIN	BEHAVIOUR
BINARY	BOOLEAN	BY	CASE
COMPLEX	CONNOTATIONAL	CONSTANT	DERIVE
ELSE	END	END_ACTION	END_ALIAS
END_BEHAVIOUR	END_CASE	END_CONSTANT	END_ENTITY
END_EVENT	END_FUNCTION	END_IF	END_LOCAL
END_PROCEDURE	END_REPEAT	END_RULE	END_SCHEMA
END_SUBTYPE_CONSTRAINT	END_TYPE	ENTITY	ENUMERATION
ESCAPE	EVENT	EXCEPTION	EXCEPTIONS
EXECUTE	EXPRESSION	EXTENSIBLE	EXTERNAL
FALSE	FOR	FOREACH	FROM
FUNCTION	GENERIC	GENERIC_ENTITY	IF
IN	INDEXED	INTEGER	INVERSE
IS	LIST	LOCAL	LOGICAL
OF	ON	ONEOF	OPTIONAL
OTHERWISE	POST	POST_CONDITION	PRE
PRE_CONDITION	PROCEDURE	QUERY	RAISE
REACTION	REAL	REFERENCE	RENAMED
REPEAT	RETURN	ROLE_NAME	RULE
SCHEMA	SELECT	SELF	SIGNAL
SKIP	SPECIALIZATION	STRING	SUBTYPE
SUBTYPE_CONSTRAINT	SUPERTYPE	SYNCHRONISE	TABLE
THEN	TO	TOTAL_OVER	TRUE
TYPE	TYPE_NAME	UNIQUE	UNKNOWN
UNTIL	USE	VAR	WAIT
WHEN	WHERE	WHILE	WITH

2.4 내장상수

EXPRESS가 제공하는 내장상수들은 표 2-4와 같다. 스키마 내에 기술된 이러한 내장상수 식별자는 해당 상수값 자체로 해석된다.

3 이 경우에는 구문해석 경고코드 2가 발생한다.

표 2-4. EXPRESS의 내장상수

내장상수명	내용	자료형
i	-1의 제곱근	복소수자료형
PI	π로 원주와 지름과의 비율	실수자료형
CONST_E	자연로그 함수 *log()*의 기수가 되는 e	실수자료형
INDETERMINATE,?	아직 알려지지 않은 미정값	모든 자료형과 호환
SELF	형선언내에서는 현재 자료형 값을 나타내며, 엔티티 선언과 생성자, 그리고 거동선언 내에서는 현재의 엔티티 인스턴스를 의미함	정의자료형 또는 엔티티자료형
TRUE	참값을 나타냄	논리 또는 불리언 자료형
FALSE	거짓값을 나타냄	논리 또는 불리언 자료형
UNKNOWN	논리표현식을 평가할 정보가 불충분함을 나타냄	논리자료형

2.5 표현식

2.5.1 표현식의 평가

사용자가 원하는 결과값을 얻기 위한 표현식은 연산자들과 피연산자들의 조합으로 구성된다. 표현식을 구성하는 연산자들은 하나의 피연산자를 필요로 하는 단항연산자와 두 개의 피연산자들을 필요로 하는 이항연산자로 분류된다. 단항연산자는 해당 피연산자의 앞에 위치하며, 이항연산자는 해당 피연산자들 중간에 놓인다.

표현식은 해당 표현식을 구성하는 연산자들 중 가장 우선순위가 높은 것부터 먼저 진행되는 것을 원칙으로 하여 좌에서 우로 평가된다. 그러므로 우선순위가 다른 두 연산자들 사이에 피연산자가 있는 경우에는 높은 우선순위를 가지는 연산자가 먼저 평가되며, 우선순위가 동일한 경우에는 좌측 연산자가 먼저 사용된다. 단, 소괄호안의 표현식은 하나의 피연산자로 취급되기 전에 평가된다. 표 2-5는 EXPRESS의 내장연산자들의 우선순위를 보여준다.

```
(*
  다음은 간단한 표현식과 그 평가결과를 보여준다.
*)
-25**2                  -- (-25)**2로 평가되어 결과값은 625이다
1/2*100                 -- 실수자료형 내장연산자인 /가 적용되어 결과값은 50.0이다
```

표 2-5. 내장연산자의 우선순위

우선순위(고저순)	내장연산자	내용
0	[ ] . \	요소 또는 엔티티 참조
1	+ - NOT √ $\mathcal{R}$ $\mathcal{I}$	단항연산자
2	**	지수
3	* / DIV MOD AND || &	곱셈과 나눗셈
4	+ - OR XOR	덧셈과 뺄셈
5	= <> < <= > >= :=: :<>: IN LIKE ∈⊂⊃	관계

2.5.2 자료형의 변환

만약 표현식의 평가에 의한 결과값의 자료형이 그 값을 받을 변수의 자료형과 일치하지 않는 경우[4]에는 표현식 앞에 결과값의 세부형을 명시적으로 지정함으로써 자료형을 변환할 수 있다. 이러한 기능을 형표시라고 한다.

```
428 type_mark = ( typename | type_label_ref ) '::' .
429 typename = built_in_typename | entity_ref | type_label_ref | type_ref .
```

- *typename*
  - □ 형표시를 위한 형이름은 내장자료형, 정의자료형, 그리고 엔티티자료형에 대한 참조이거나 형명칭에 대한 참조이다. 여기서, 엔티티자료형에 대한 참조는 함축적 하위형으로 선언된 엔티티자료형에도 적용된다(6.1.3.1절 참조).
  - □ 집합형 자료형을 초기화하는 경우에는 형표시가 항상 적용되어야 한다.
- *type_label_ref*

  매개변수에서 선언된 형명칭에 대한 참조이다(7.2.2절 참조).

```
(*
 정수자료형 연산자(+)의 값을 element_number로 변환한다.
*)
TYPE element_number IS SPECIALIZATION OF INTEGER;
 WHERE
  positive : SELF > 0;
END_TYPE;
...
LOCAL
 a, b, c : element_number;
END_LOCAL;
a := 5;
```

[4] 이 경우에는 적합성 검토수준 3의 구문해석기는 적절한 구문해석 에러코드(에러코드 34에서 37까지)를 제시하여야 한다.

```
b := 4;
c := element_number::(a + b);
```

2.6 주석

주석은 EXPRESS로 쓰여진 공식명세의 내용을 정의하지 않으나 개발자 자신이나 다른 사람이 이해하기 쉽도록 설명을 추가하는 데 사용된다. 이러한 주석은 구문해석기에 의해 여백으로 간주된다. 주석에는 삽입주석과 꼬리주석이 있다.

2.6.1 삽입주석

```
153 embedded_remark = '(*' [ remark_tag ] { embedded_text | embedded_remark } '*)' .
158 remark_tag = '"' remark_ref '"' .
159 remark_ref = simple_remark_ref [ '.' simple_remark_ref ] .
160 simple_remark_ref = attribute_ref | constant_ref | entity_ref | enumeration_ref |
   event_ref | exception_ref | function_ref | parameter_ref | procedure_ref |
   rule_label_ref | rule_ref | schema_ref | type_label_ref | type_ref | variable_ref .

154 embedded_text = not_paren_star | lparen_then_not_lparen_star |
   not_rparen_star_then_rparen | '*' .
143 not_paren_star = \a ( '(' ')' '*' ) .
155 lparen_then_not_lparen_star = '(' ( lparen_then_not_lparen_star | not_lparen_star )
   .
142 not_lparen_star = \a ( '(' '*' ) .
156 not_rparen_star_then_rparen = ( not_rparen_star | not_rparen_star_then_rparen ) ')'
   .
145 not_rparen_star = \a ( ')' '*' ) .
```

삽입주석은 여백이 허용되는 어느 곳이던지 나타날 수 있다. 삽입주석은 시작기호 '(*'로 시작하여 종결기호 '*)'로 끝난다.

- *remark_tag*

  주석태그는 시작기호 바로 다음에 위치하며, 이중인용기호(")안에 주어지는 주석참조(*remark_ref*)로 구성된다. 이러한 주석태그는 주석내용을 스키마 구성항목들과 응용프로그램 내에서 연동할 수 있도록 한다.

- *remark_ref*
  - □ 주석참조는 범주와 가시성 규칙을 따라야 한다(3.1.3절 참조)[5].
  - □ 어떤 태그가 붙은 주석이 또 다른 태그가 붙는 내부 주석을 포함하는 경우에

---

5 만약 *remark_ref*가 발견되지 않으면, 구문해석 에러코드 41이 발생하고 해당 주석은 어떠한 항목과도 연관되지 못한다.

는 해당 주석참조의 항목에 그 내부 주석까지 포함된 내용이 연동된다. 물론 태그가 붙은 내부의 주석도 해당 주석참조의 항목과 연관된다. 그러므로 주석참조가 모두 같은 경우에는 해당 주석참조의 항목에 전체 주석과 내부 주석이 모두 연동된다.

- *embedded_text*

  삽입문장에는 시작기호와 종결기호를 제외한 문자집합의 어떤 문자라도 나타날 수 있다. 이러한 문자로서 개행문자도 가능하므로 삽입주석은 여러 줄에 걸쳐 나타날 수 있다.

- *embedded_remark*

  삽입주석내에 또 다른 삽입주석을 중첩하는 경우에는 각 삽입주석의 시작기호와 종결기호가 한 쌍을 이루어야 한다.

```
(*
  다음은 하나의 삽입주석내에 다른 삽입주석을 갖는 중첩된 삽입주석을 보여준다.
*)
(* This symbol is for an outer remark
 '(*' This symbol starts an embedded remark, and the remark ends by the right one '*)'
 The following symbol ends the outer remark
*)
```

2.6.2 꼬리주석

```
161 tail_remark = '--' [ remark_tag ] { \a } \n .
```

꼬리주석은 각 줄 단위로 간단한 주석을 추가하기 위하여 사용된다. 꼬리주석은 기호 '--'로 시작하여 개행문자 '\n'에 의해 자동으로 종결된다.

```
(*
  다음은 주석태그가 있는 꼬리주석의 예를 보여준다. 주석태그는 엔티티 male의 속성 wife에 연관된다.
*)
ENTITY male
 SUBTYPE OF (person);
 wife : OPTIONAL female;
END_ENTITY;
-- "male.wife" This explicit attribute can have a female or not.
```

2.6.3 삽입주석과 꼬리주석의 상호관계

삽입주석과 꼬리주석은 서로 아무런 관계가 없다. 즉, 삽입주석 안에서 꼬리주석의 시작기호 '--'와 종결기호 '\n'은 무시되며, 꼬리주석 안에 포함되는 삽입주석의 시작기호와 종결기호도 무시된다.

```
(*
  삽입주석내에 위치하는 두번째 줄의 꼬리주석의 시작기호 '--'는 무시되므로 entity_name는 ENTITY와 올바르게 연관된다.
*)
ENTITY (* this is an embedded remark which contains the next tail remark,
-- this tail remark is a part of the embeded remark *) entity_name;
...
```

```
(*
  꼬리주석내의 삽입주석의 시작기호 '(*'는 무시된다. 그러므로 두번째 줄에서는 구문해석 에러코드 2가 제시된다.
*)
--a tail remark ignores this invalid embedded remark, (* because
this second line is outside the tail remark *)
...
```

3. 정보모델의 구성

이 장에서는 하나의 정보모델을 구성하는 EXPRESS 구성체들의 종류를 설명하고, 각 구성체에서 선언하는 식별자와 그 참조의 범주를 살펴본다. 그리고 EXPRESS의 정보모델을 도식화하기 위한 EXPRESS-G 다이아그램 종류를 설명하고, 구성체들 간의 관계가 어떻게 다이아그램 상에서 표현되며 하나의 정보모델이 여러 페이지들에 걸쳐 나타날 경우에 페이지간 참조가 어떻게 이루어지는 지를 알아본다. 그리고 여러 개의 스키마들로 구성되는 정보모델인 경우에 다른 스키마에서 선언된 항목들의 전체 또는 일부를 현재 스키마에서 어떻게 인터페이스할 수 있는 지를 알아본다. 마지막으로 스키마 내에서 일정한 값을 갖는 상수를 어떻게 다루는 지를 설명한다.

3.1 스키마

3.1.1 정보모델의 구성

```
419 syntax = language_version_id schema_decl { schema_decl } .
325 language_version_id = '{ iso standard 10303 part (11) version (2) }' .
388 schema_decl = SCHEMA schema_id [ schema_version_id ] ';' schema_body END_SCHEMA ';'
   .
391 schema_version_id = string_literal .
387 schema_body = { interface_specification } [ constant_decl ] { declaration } .
248 declaration = action_decl | behaviour_decl | decl | event_decl | rule_decl |
   subtype_constraint_decl .
247 decl = entity_decl | function_decl | procedure_decl | type_decl .
```

하나의 정보모델을 구성하기 위한 가장 기본적인 EXPRESS 구문은 *syntax*로 하나의 버전정보와 여러 개의 스키마 선언들로 구성된다. 각 스키마는 정보기지의 내용을 정의하는 EXPRESS의 모든 구성체들을 담는 그릇으로, 하나의 정보모델을 분할하고 데이터를 교환하는 기본단위가 된다. 어떤 스키마가 다른 스키마 내에 정의된 구성체를 활용하는 경우에는 스키마들 간의 인터페이스 기능을 사용한다.

■ *language_version_id*

언어버전 식별자는 *{ iso standard 10303 part (11) version (2) }*로 주어진다.

■ *SCHEMA, schema_id, END_SCHEMA*

스키마 선언은 예약어 SCHEMA부터 해당 스키마 선언을 종결하는 예약어 END_SCHEMA까지 새로운 범주를 정의한다. 스키마 식별자는 모든 다른 스키마들에게 가시적이다.

■ *schema_version_id*

동일한 스키마의 특정한 버전을 언급할 수 있는 기능을 제공하기 위하여 문자열 자료형의 스키마 버전 식별자가 제공된다. 그러므로 동일한 스키마의 두가지 버전이 존재하는 경우에는 해당 스키마를 지칭하기 위해서는 명시적으로 그 버전을 지정하여야 한다.

■ *schema_body*

하나의 스키마의 범주 내에서 인터페이스, 상수, 형, 엔티티, 규칙, 하위형 제약조건, 함수, 프로시져, 거동, 작동, 그리고 이벤트 선언 등의 구성체들이 선언될 수 있다. 선언되는 항목들의 순서는 아무런 상관이 없다.

□ *interface_specification* : 인터페이스는 3.2절에서 자세히 설명된다.

□ *constant_decl* : 상수 선언은 3.3절에서 설명된다.

□ *type_decl* : 형 선언은 5장에서 설명된다.

□ *entity_decl, rule_decl, subtype_constraint_decl* : 엔티티, 규칙, 그리고 하위형 제약조건의 선언은 6장에서 설명된다.

□ *function_decl, procedure_decl* : 함수와 프로시져 선언은 7장에서 설명된다.

□ *behaviour_decl, action_decl, event_decl* : 거동, 작동, 그리고 이벤트 선언은 8장에서 설명된다.

```
(*
  다음은 1장에서 보인 스키마 family에 EXPRESS의 버전 식별자, 스키마 버전, 그리고 추가된 내용을 포함한 새로운 정보모델을 보여준다.
*)
{iso standard 10303 part (11) version (2)} SCHEMA family 'version_2';
 REFERENCE FROM support_resource_schema -- ISO 10303-41의 스키마를 참조
  (identifier);
 TYPE hobby_type IS ENUMERATION OF       -- 나열자료형을 정의
  (golf, ski, tennis, travel, music);
 END_TYPE;
 ENTITY person;
  name : identifier;                      -- 필수 명시속성을 정의
  children : BAG [0:?] OF UNIQUE person;
  hobby : OPTIONAL hobby_type;            -- 선택 명시속성을 정의
  DERIVE                                  -- 유도속성을 정의
   no_of_children : INTEGER := get_no_of_children(children);
  INVERSE                                 -- 역속성을 정의
   parents : BAG [0:2] OF UNIQUE person FOR children;
  UNIQUE                                  -- 유일성규칙을 정의
   ur : name;
 END_ENTITY;
 ENTITY male;
  SUBTYPE OF (person);
  wife : OPTIONAL female;                 -- 선택 명시속성으로 female을 가짐
 END_ENTITY;
 ENTITY female;
  SUBTYPE OF (person);
  INVERSE
   husband : BAG [0:1] OF male FOR wife; -- 없거나 많아야 하나의 male을 가짐
 END_ENTITY;
 SUBTYPE_CONSTRAINT person_sex FOR person;
  ABSTRACT SUPERTYPE;                     -- person을 추상상위형 정의
  TOTAL_OVER(male,female);                -- 전체범주 하위형 제약조건을 정의
  ONEOF(male,female);                     -- 선택형 하위형 제약조건을 정의
 END_SUBTYPE_CONSTRAINT;
 FUNCTION get_no_of_children(children:AGGREGATE OF GENERIC): INTEGER;
  RETURN (sizeof(children));              -- 집합의 요소수를 반환
 END_FUNCTION;
END_SCHEMA;
(*
  위의 스키마 family는 ISO 10303-41의 스키마 support_resource_schema의 형 identifier를 참조하여 엔티티 person의 name으로 이용한다. 나열자료형으로 선언된 hobby_type은 나열항목에 열거된 5개중의 하나의 값을 가지며 person의 선택 명시속성으로 정해진 hobby로 사용된다.
  하나의 person은 하위형 제약조건에 의해 전체영역이 male 또는 female로 정해지므로, 모든 person 인스턴스는 male과 female, 둘 중 하나를 가져야 한다. 이러한 하위형들의 인스턴스는 상위형인 person의 속성과
```

```
제약조건들을 상속받는다. 엔티티 male은 속성 wife로 엔티티 female을 가질 수 있다. 이 경우에 해당 female도 역속성 husband로 관련된 male을 가지게 된다.
  엔티티 person은 필수 명시속성으로 name과 children을 가지며, children은 각기 다른 person의 BAG 자료형을 정의한다. 유도속성인 no_of_children은 명시속성 children을 인자로 함수 get_no_of_children()에 의해 계산된다. 역속성인 parents는 없거나 많으면 2개까지의 부모에 해당하는 person들을 가질 수 있는 BAG자료형으로 정의되어, 어떤 person의 속성children에 포함되는 자식 person이 가진 역속성 parents에 그 부모 person이 보관될 수 있도록 한다. 마지막으로, 각 person엔티티는 속성 name의 값이 달라야 한다는 유일성규칙이 주어진다.
  엔티티의 person의 하위형으로 male과 female이 정의된다. 이러한 하위형들은 상위형인 person의 속성과 제약조건들을 상속받는다. 엔티티 male은 선택속성 wife로 엔티티 female을 가질 수 있다. 이 경우에 해당 female도 역속성 husband로 관련된 male을 가지게 되는 데 많아야 한 개를 가진다.
  현재 스키마 family의 문맥에서 person에 대하여 하위형 제약조건 person_sex가 부가된다. 이 스키마 내에서는 person은 추상상위형으로 되어 person만의 인스턴스는 생성될 수 없다. person의 하위형의 전체영역이 male과 female로 제한되므로 이들의 인스턴스가 생성될 때만 person의 인스턴스가 가능하다. 부가된 선택형 ONEOF조건은 모든 person이 male과 female, 둘 중 하나의 하위형엔티티를 가져야 함을 의미한다.
*)
```

3.1.2 정보모델의 적합성부류

EXPRESS 또는 EXPRESS-G로 쓰여진 공식명세의 구현된 정도를 구분하기 위하여 적합성부류가 정의된다. 이러한 부류의 구분은 정보모델이 포함하는 정보의 교환수준을 명시하고, 프로그램 개발자들이 구현한 EXPRESS언어 구문해석기 또는 EXPRESS-G 그래픽 도구 등이 지원하는 수준을 명확하게 제시할 수 있도록 한다. 각 EXPRESS 공식명세는 그 구문규칙을 확장하여 지정한 적합성 부류에서 허용되는 구문만을 포함하게 되면 해당 적합성 부류와 일치한다고 말하고, EXPRESS-G 공식명세는 그 적합성 부류에서 허용되는 그래픽 요소만을 포함하면 해당 적합성부류와 일치한다고 말한다.

현재 제시된 공식명세의 적합성부류는 다음과 같다.

- 부류 1 - 정적 데이터모델(static data model) : 이 부류는 정보기지에 적용될 제약조건들을 포함하는 정적 데이터모델을 정의하는 내용으로 구성된다. 이벤트, 작동, 거동, 그리고 표현식자료형 등의 구문과 기호들을 포함하지 않는다.
- 부류 2 - 동적 데이터모델(dynamic data model) : 이 부류는 정보기지내의 정보가 어떻게 변하는 지 또는 외부수단에 의해 어떻게 변화될 수 있는 지에 관한 동적 데이터모델을 정의하는 항목들로 구성된다. 이 부류는 표현식자료형의 구문과 기호를 포함하지 않는다.
- 부류 3 - 표현식을 갖는 정적 데이터모델(static data models with expression) : 이 부류는 표현식자료형의 구문과 기호가 포함되는 정적 데이터모델을 정의하기 위한 내용으로 구성된다.
- 부류 4 - 전능모델(full capability model) : 이 부류는 EXPRESS와 EXPRESS-G에서 정의된 모든 기능들을 포함하는 데이터모델이다.

3.1.3 구성체의 범주와 식별자

EXPRESS스키마를 이루는 구성체들에 대한 구문은 어떤 항목의 범주 내에 어떤 식별자들이 선언될 수 있는 지에 대한 골격을 정의한다. 구문에 따라서 어떤 항목의 범주 내에 또 다른 범주를 선언하는 항목이 포함될 수도 있다. 현재 EXPRESS가 제공하는 구성체의 종류와 선언항목, 그리고 각 항목별 범주선언과 식별자선언의 현황은 표 3-1과 같다.

표 3-1. 구성체별 선언항목, 범주, 그리고 식별자의 선언

구성체 종류	선언항목	범주선언 여부	식별자선언 여부	비고
스키마	스키마	○	○	
	상수		○	
상수	형	○	○	
	나열항목		○	
형	규칙명칭		○	엔티티의 지역규칙에도 적용
	엔티티	○	○	
엔티티	속성		○	
	하위형제약조건	○	○	대상 엔티티의 범주를 확장
하위형 제약조건	규칙	○	○	엔티티이름의 식별자는 모든 인스턴스들을 지칭
	함수	○	○	
규칙	연산자기호		○	
	매개변수		○	프로시져, 이벤트, 작동, 거동(지역이벤트)에도 적용
함수	형명칭		○	매개변수에 적용
	조건		○	프로시져, 작동, 거동(반동)에도 적용
프로시져	프로시져	○	○	
	이벤트	○	○	
이벤트	작동	○	○	
	예외처리		○	거동의 반동에서 그 내용을 정의함
작동	구동명칭		○	작동구동문, 수행문, 동기문, 대기문 참조
	거동	○	○	대상 엔티티의 범주를 확장
거동	지역이벤트		○	
	반동	○		관련 이벤트 매개변수들의 가시성 범주를 제한

EXPRESS는 사용자가 선언하는 모든 스키마들을 포함하는 가상의 전체범주가 있다고 가정한다. EXPRESS의 내장상수, 내장함수와 내장프로시져, 내장이벤트, 그리고 내장작동 등은 이러한 가상의 전체범주 내에서 미리 선언된 것으로 간주된다. 하나의 스키마 내에서 사용자가 선언하는 엔티티들이나 함수들은 해당 스키마의 범주 내에 포함된다. 구성체의 각 식별자도 이러한 범주체계를 가지며, 가상의 전체범주로부터 해당 식별자가 선언된 범주까지 유일한 경로를 가질 경우에는 식별이 가능한 것으로 본다. 따라서 하나의 범주내에 속하는 식별자는 오직 한번만 선언되어야 한다.

식별자는 새로운 EXPRESS 항목을 만들고 그 항목의 내부표현에 대응하는 의미있는 이름을 부여한 것으로 해당 스키마의 다른 부분이나 또는 다른 스키마 내에서 참조될 수 있도록 한다. 이러한 식별자를 선언하는 EXPRESS 구문은 아래와 같다.

```
151 simple_id = letter { letter | digit | '_' } .
140 letter = a | b | c | d | e | f | g | h | i | j | k | l | m | n | o | p | q | r | s | t |
    u | v | w | x | y | z .
138 digit = '0' | '1' | '2' | '3' | '4' | '5' | '6' | '7' | '8' | '9' .
```

- 식별자의 첫문자는 글자(letter)이어야 하고, 그 다음은 글자, 숫자, 그리고 밑줄문자 '_'로 임의의 조합이 가능하다. 단, 글자들은 대, 소문자의 구분이 없다.
- 식별자는 예약어가 아니어야 한다.

```
(*
  다음은 올바르게 정의된 식별자들의 사례를 보여준다.
*)
OriginPoint
line12a
Circle_001
```

```
(*
  다음은 잘못된 식별자들의 사례를 보여준다.
*)
2abc                          -- 숫자는 첫문자가 될 수 없다
_man                          -- 밑줄문자는 첫문자가 될 수 없다
var                           -- EXPRESS 예약어는 식별자가 될 수 없다
A circle                      -- 식별자내에 공백문자는 허용되지 않는다
Line?                         -- ?는 식별자내에 포함될 수 없다
```

EXPRESS 각 항목에 부여된 식별자는 다른 문장에서 참조될 수 있다. 식별자의 참조 형태는 현재의 범주 내에서 해당 항목에 붙여진 식별자로 단순히 주어지는 단순참조 또는 해당 식별자 뒤에 참조부가 부가되는 일반참조(7.1.2절 참조)가 있다. EXPRESS는 참조이전에 선언들이 미리 정의되는 것을 요구하지 않으므로 참조는 선언되는 곳의 전

후 어디라도 올 수 있다.

```
(*
  다음은 단순참조의 예를 보여준다.
*)
person                          -- 엔티티 참조
no_of_children                  -- 속성 참조
color.green                     -- 나열항목 참조
```

이러한 식별자의 참조는 해당 식별자가 소속된 구성체의 범주 내에서는 가능하나 범주 밖에서는 불가능하다. 즉, 식별자에 대한 참조가 올바르게 이루어지기 위해서는 참조를 하는 위치에서 가시적이어야 한다. 단, 구문의 구조가 소속관계를 나타내는 대부분의 항목들과는 달리, 규칙과 거동의 경우에는 체계상 스키마에 소속되지만 논리적으로는 대상 엔티티에 소속된다.

모든 식별자들의 참조에 적용되는 일반적인 가시성규칙은 다음과 같다.

1. 식별자는 가상의 전체범주로부터 해당 식별자가 선언된 지역범주까지의 같은 경로를 갖는 동격의 다른 식별자들에게 가시적이며, 해당 지역범주 밖의 다른 범주에서는 가시적이지 않다.
2. 식별자가 어떤 범주에서 가시적이면, 해당 식별자를 재선언하지 않는 경우에 한하여 그 내부범주들에서도 역시 가시적이다. 내부범주에서 재선언되는 경우에는 해당 식별자가 지명형 자료형이거나 형명칭을 나타내고 내부범주의 식별자가 그렇지 않다면, 두 식별자 모두 내부범주에서 가시적이다. 기타의 자료형인 경우에는 내부범주의 식별자만이 내부범주에서, 또는 내부범주에 포함된 또 다른 내부범주들에서 가시적이다.
3. 정의자료형의 범주내에 선언된 나열항목 식별자들은 그 외부범주에서 동일한 식별자를 선언하지 않는다면 해당 정의자료형이 가시적인 곳에서 항상 가시적이다. 나열항목에 대한 참조가 애매한 경우에는 해당 나열항목 식별자 앞에 정의자료형 식별자를 붙여 구분할 수 있다.
4. 현재 스키마내의 인터페이스 선언에 의해 다른 스키마의 항목들은 가시적으로 된다. 하나의 스키마 범주 내에서 식별자는 오직 한번만 명시적으로 인터페이스될 수 있다. 단, 동일한 초기 선언을 공유하고 두 개 이상의 루트를 통하여 현재 스키마내로 명시적으로 인터페이스된 엔티티 또는 형의 식별자는 한번으로 간주된다.

```
(*
  다음의 스키마는 위의 가시성규칙에 따라 허용되는 식별자의 선언들과 참조들의 예를 보여준다.
*)
```

```
SCHEMA schema1;
 CONSTANT
  var1 : INTEGER := 1;
  var2 : REAL := PI;            -- 내장상수 PI는 어디에서던지 가시적이다
 END_CONSTANT;
 TYPE color IS ENUMERATION OF (red, green, blue);
 END_TYPE;
 ENTITY ent1;
  att : INTEGER;
  WHERE
   wr1 : att > 0;               -- 1항에 따라 att는 가시적이며, ent2의 wr1과 상충되지 않는다
   wr2 : att <> var1;           -- 2항에 따라 schema1에서 가시적인 var1이 가시적이다
 END_ENTITY;
 ENTITY ent2;
  var2 : REAL;                  -- 2항에 따라 상수 var2는 더 이상 가시적이지 않다
  color : color;                -- 2항에 따라 속성과 나열자료형이 각각 지칭된다
  ent1 : ent1;                  -- 2항에 따라 속성과 엔티티자료형이 각각 지칭된다
  WHERE
   wr1 : color <> green;        -- 3항에 따라 속성 color와 나열항목 green은 가시적이다
 END_ENTITY;
END_SCHEMA;

SCHEMA schema2;
 REFERENCE FROM schema1(ent1);-- 4항에 따라 ent1은 schema2에서 가시적이다
 ...
END_SCHEMA;
```

3.1.4 구성체의 그래픽 표현

3.1.4.1 다이아그램의 종류

EXPRESS언어로 정의된 정보모델을 도식화하기 위한 EXPRESS-G언어에 의한 그래픽 표현은 엔티티수준 다이아그램과 스키마수준 다이아그램이 있다. 엔티티수준 다이아그램은 하나의 스키마를 구성하는 항목들과 그 관계들을 표시하는 EXPRESS-G모델이다. 이 다이아그램을 구성하는 기호들은 스키마 내에 포함되는 항목들의 기호들과 그들의 관계를 나타내는 기호들로 구성된다. 그러므로 엔티티수준 다이아그램에는 스키마수준 다이아그램(3.2절 참조)에서 나타나는 스키마와 명시적으로 인터페이스되는 항목들에 대한 기호들은 나타나지 않는다.

EXPRESS-G의 표기범위 내에서 엔티티수준의 다이아그램을 사용하여 모든 정의들과 관계들을 정확하게 표현한 것을 엔티티수준 전체 다이아그램이라 한다. 일부 속성들만 표현되거나 역할이름들이 생략된 경우에는 부분 다이아그램이라고 말한다. 전체 다이아그램은 다음과 같은 규칙들에 의해 정의된 내용들을 가진다.

- 각 페이지는 'Complete entity level diagram of ...'형태의 제목을 가지며, 'Page X of N'의 형태로 번호가 부여된다. 여기서 N은 해당 다이아그램을 구성하는

전체 페이지수이고, X는 현재 페이지 번호이다.

- 각 자료형, 즉, 단순형, 집합형, 일반형, 정의자료형, 엔티티자료형, 그리고 표현식자료형 등의 기호들이 표시된다.
- 확장가능한 나열자료형 또는 선택자료형과 그들의 확장형들 간의 관계, 그리고 선택자료형의 GENERIC_ENTITY 제약조건 등이 표시된다.
- 엔티티의 모든 속성들과 그 관계수준, 재선언된 속성의 이전 이름과 새로운 이름, 추상 엔티티, 그리고 상속관계 등이 표시된다.
- 전역규칙에 의해 제약되는 엔티티들은 엔티티이름 앞에 별표 '*'가 붙는다.
- 하위형 제약조건의 추상상위형, 전체범주, 그리고 선택형에 관한 각 조건이 표시된다.
- 집합형, 정의자료형, 그리고 엔티티의 속성 등이 제약조건을 가지면 별표 '*'가 붙는다.
- 거동의 지역이벤트와 반동, 그리고 전역이벤트 등이 표시된다.

3.1.4.2 구성체들간의 관계기호

▷ 선의 유형에 의한 관계표현

EXPRESS의 각 구성체에 대한 기호들은 여러 종류의 선들에 의해 연결된다. 이러한 선의 유형들이 의미하는 관계는 표 3-2와 같다.

표 3-2. 선의 유형에 따른 관계정보

선의 유형	선 이름	관계정보
────────	실선	아래의 경우를 제외한 일반적인 관계
----------------	쇄선	정의자료형 항목박스, 엔티티의 선택속성, 스키마들간에 참조된 엔티티 항목박스, 이벤트와 해당 이벤트에 반응하는 엔티티와의 관계, 스키마수준 다이아그램의 참조인터페이스 관계 등
....	점선	별칭형 정의자료형중 별칭자료형으로나 제약형 정의자료형의 기저형으로의 관계를 나타내며, 기저용 자료형의 값공간을 그대로 이용한다는 것을 의미
━━━━━━	굵은선	엔티티자료형들의 상속관계

▷ 선단의 형태에 의한 관계표현

구성체들 간의 특정한 관계는 여러가지 선단형태들에 의해 표시된다. 각 선단형태가 의미하는 관계에 대한 정보는 표 3-3과 같다.

표 3-3. 선단의 형태에 따른 관계정보

선단의 형태	선단 이름	관계정보
────────○	열린원	아래의 경우를 제외한 일반적인 관계
────────●	닫힌원	엔티티와 해당 엔티티의 거동내에 정의된 지역이벤트와의 관계
────────▷	열린화살표	TOTAL_OVER나 ABS등의 엔티티의 하위형 제약조건들
────────▶	닫힌화살표	스키마수준 다이아그램에서 인터페이스되는 엔티티들
➝────────	Fan In	TABLE자료형의 색인용 자료형

3.1.4.3 페이지간 참조기호

EXPRESS-G 다이아그램은 크기가 무한한 논리적인 가상용지 위에 존재하지만, 그 내용을 실제로 다루기 위해 페이지라는 개념을 사용한다. 따라서, 엔티티수준 또는 스키마수준의 모델이 한 페이지 이상 걸쳐서 나타나는 경우에는 각 페이지에 제목과 페이지번호를 부여하고, 물리적 페이지의 경계에서 분리된 관계선에 연결되는 페이지참조기호안에 연결하기 위한 정보를 기입한다. 페이지참조기호로는 둥근모서리를 가진 실선박스가 사용된다.

- 다른 페이지에서 참조될 항목을 정의하기 위한 페이지참조기호 : 어떤 항목이 동일한 스키마의 다른 페이지들에서 사용되는 경우에는 페이지참조기호 내에 해당 페이지 번호와 항목의 고유번호를 부여하고 괄호 내에 그 항목이 사용될 페이지들을 열거한다. 페이지참조기호와 관련 항목의 기호 사이에는 아무런 선단형태가 없는 실선으로 연결된다. 이러한 페이지참조기호가 연결될 수 있는 항목으로는 스키마, 정의자료형, 엔티티자료형, 그리고 이벤트 등이 있다.
- 다른 페이지에서 작성된 항목을 참조하기 위한 페이지참조기호 : 다른 페이지에서 지칭된 페이지참조기호를 참조하기 위해서는 페이지 번호, 참조번호, 그리고 해당 항목의 식별자를 기호 안에 표시한다. 관련 항목은 이러한 페이지참조기호가 지칭하는 항목이 해당 페이지에 존재하는 것처럼 관계선을 연결하여 사용하면 된다. 이러한 페이지참조기호의 표현으로 대체될 수 있는 항목으로는 인터페이스된 스키마, 정의자료형의 기저자료형, 확장가능한 나열자료형 또는 선택자료형, 선택자료형의 구성항목, 상위형 엔티티, 속성의 자료형, 엔티티자료형에 의해 반응될 지역이벤트, 거동에 의한 지역이벤트의 대상이 되는 엔티티자료형 등이 있다.

그림 3-1은 페이지간 참조의 예를 보여준다. 페이지 1에서 person이 항목 1로 정의되고, 이 person은 2페이지에만 참조되고 있음을 알려준다. 페이지 2에서는 페이지 1의 항목 1인 person을 참조하고 있다.

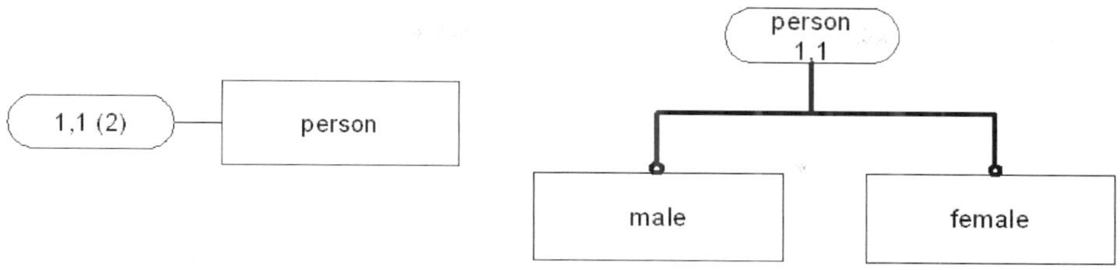

page 1 of 2

page 2 of 2

그림 3-1. 페이지간 참조의 EXPRESS-G의 기호

3.2 인터페이스

3.2.1 인터페이스 선언

```
317 interface_specification = reference_clause | use_clause .
373 reference_clause = REFERENCE FROM schema_ref [ schema_version_ref ] [ '('
   resource_or_rename { ',' resource_or_rename } ')' ] ';' .
392 schema_version_ref = string_literal .
378 resource_or_rename = resource_ref [ AS rename_id ] .
379 resource_ref = action_ref | constant_ref | entity_ref | event_ref | function_ref |
   procedure_ref | type_ref .
374 rename_id = action_id | constant_id | entity_id | event_id | function_id |
   procedure_id | type_id .
435 use_clause = USE FROM schema_ref [ schema_version_ref ] [ '('
   primary_resource_or_rename { ',' primary_resource_or_rename } ')' ] ';' .
356 primary_resource_or_rename = primary_resource [ AS ( entity_id | event_id | type_id
   ) ] .
355 primary_resource = entity_ref | event_ref | type_ref .
```

하나의 정보모델이 여러 개의 스키마들로 구성되는 경우에는 스키마 인터페이스를 통하여 다른 스키마에서 선언된 항목들의 전체 또는 일부를 현재 스키마에서 직접적이거나 간접적으로 사용할 수 있다. 이러한 인터페이스 명세로는 참조인터페이스와 차용인터페이스가 있다. 두 명세의 순서는 상관이 없지만, 동일한 항목이 현재 스키마로 참조되면서 동시에 차용되면, 차용명세가 우선한다.

- *reference_clause*

  참조인터페이스는 외부 스키마 *schema_ref*내에서 선언된 상수, 형, 엔티티, 함수, 프로시져, 작동, 그리고 이벤트 등을 현재 스키마 내에서 가시적이게 한다. 만약 *resource_or_rename*이 생략되면 외부 스키마에서 선언되거나 차용된 이러한 종류의 모든 항목들이 가시적이게 된다. 참조된 항목들은 지역선언들로 취급되지 않으므로, 여러 스키마들을 통하여 연쇄적으로 참조하는 것은 불가능하다. 참조된 엔티티의 인스턴스는 현재의 스키마 내에서 독립적으로 생성될 수 없으며, 현재 스키마의 엔티티 인스턴스의 속성을 위해서만 생성될 수 있다.

■ *use_clause*

차용인터페이스는 외부 스키마 *schema_ref*내에서 선언된 형, 엔티티, 그리고 이벤트 등을 현재 스키마 내에서 가시적이게 한다. 만약 *primary_resource_or_rename*가 생략되면 외부 스키마 내에서 선언되거나 차용된 이러한 종류의 모든 기본자원들이 가시적이게 된다.

차용된 항목들은 마치 지역적으로 선언된 것처럼 다루어지므로, 여러 스키마들을 통하여 연쇄적으로 차용하는 것이 가능하다. 예를 들면, 어떤 지명형 자료형이 현재 스키마로 차용되면 이 지명형 자료형은 또 다른 스키마에 의해 현재 스키마로부터 차용되거나 참조될 수 있다. 차용된 지명형 자료형(엔티티자료형과 정의자료형)은 현재의 스키마 내에서 독립적으로 인스턴스가 만들어질 수 있다. 엔티티 인스턴스가 다른 엔티티 인스턴스의 속성에 의해 사용되지 않는다면 그 엔티티 인스턴스는 독립적이다. 즉, 독립적인 엔티티 인스턴스에 대한 *rolesof()*는 빈 BAG를 반환한다.

■ *AS, rename_id*

참조되거나 차용된 항목은 예약어 AS 다음에 오는 새로운 이름인 *rename_id*에 의해 현재의 스키마 내에서 새로운 이름이 부여될 수 있다.

```
(*
 다음은 건물의 구성요소들에 관한 모델의 예를 보여준다. building스키마는 하나의 건물과 이를 구성하는 요소들을 모델링할 수 있는 주된 스키마이다. 건물은 구성요소들의 LIST와 건물재료에 관한 정보를 가진다. 각 구성요소들은 그 요소들을 연결하는 연결부(connection)들의 LIST와 필요한 경우 해당 구성요소의 재료에 관한 정보로 구성된다. 각 구성요소의 재료는 건물의 재료속성과 동일한 값을 갖는 것으로 간주하되, 다른 재료를 갖는 경우에만 지정하도록 한다. 연결부는 point또는 joint_element가 될 수 있다.
 geometry와 material 스키마들은 자체로 완전하므로 그 안에 건물을 구성하는 기하학적인 구성요소들과 재료성질에 관한 구성체를 각각 포함한다. building스키마는 인터페이스를 통하여 이러한 스키마들내의 구성체들을 차용하거나 참조한다. geometry스키마내의 point엔티티는 joint란 이름으로 차용되어 그 인스턴스가 building스키마 내에서 다른 엔티티와 무관하게 인스턴스가 생성될 수 있으며, 현재는 joint_element의 loc속성으로 인스턴스가 생성된다. 반면에 스키마 material로부터 참조되는 정의자료형 basic_material와 엔티티 property는 참조로 인터페이스되어 새로운 정의자료형을 위한 기저형과 엔티티 element의 속성으로만 사용되었다.
*)
SCHEMA building;
 USE FROM geometry(point AS joint);
 REFERENCE FROM material (basic_material, property);
 TYPE building_material IS ENUMERATION BASED_ON basic_material
  WITH (reinforced_concrete, composite);
 END_TYPE;
```

```
 TYPE connection = SELECT (joint, joint_element);
 END_TYPE;
 TYPE linear_element_name = ENUMERATION OF (beam, column, truss);
 END_TYPE;
 TYPE planar_element_name = ENUMERATION OF (floor, wall, window);
 END_TYPE;
 TYPE element_number = INTEGER;
  WHERE
   positive : SELF > 0;
 END_TYPE;
 ENTITY element ABSTRACT;
  id : element_number;
  material : OPTIONAL property;
  UNIQUE
   UR : id;
  INVERSE
   contained : BAG [1:1] OF building FOR elements;
 END_ENTITY;
 SUBTYPE_CONSTRAINT element_scope FOR element;
  TOTAL_OVER(joint_element, linear_element, planar_element);
  ONEOF(joint_element, linear_element, planar_element);
 END_SUBTYPE_CONSTRAINT;
 ENTITY joint_element SUBTYPE OF (element);
  loc : joint;
 END_ENTITY;
 ENTITY linear_element SUBTYPE OF (element);
  connections: LIST[2:2] OF UNIQUE connection;
  class : linear_element_name;
 END_ENTITY;
 ENTITY planar_element SUBTYPE OF (element);
  connections: LIST[3:4] OF UNIQUE connection;
  class : planar_element_name;
 END_ENTITY;
 ENTITY building;
  elements : LIST[1:?] OF element;
  material : property;
 END_ENTITY;
END_SCHEMA;

SCHEMA geometry;
 TYPE drawing_element = SELECT (point, line, polygon, drawing);
 END_TYPE;
 ENTITY point;
  x: REAL;
  y: REAL;
  z: OPTIONAL REAL;
 END_ENTITY;
 ENTITY direction;
  x,y : REAL;
  z   : OPTIONAL REAL;
  WHERE
   unit : x**2 + y**2 + nvl(z,0.0)**2 = 1.0;
 END_ENTITY;
 ENTITY polygon;
  points : LIST[3:?] OF UNIQUE point;
  filled : BOOLEAN;
```

```
 END_ENTITY;
 ENTITY line;
  start : point;
  end : point;
 END_ENTITY;
 ENTITY drawing;
  items : LIST[0:?] OF drawing_element;
 END_ENTITY;
END_SCHEMA;

SCHEMA material;
 TYPE basic_material IS EXTENSIBLE ENUMERATION OF (steel, concrete, brick);
 END_TYPE;
 ENTITY property;
  material_type : basic_material;
 END_ENTITY;
END_SCHEMA;
(*
  위의 모델에 따른 스키마수준의 모델은 아래 그림과 같다. 이 모델은 building, geometry, 그리고
material의 세개의 스키마들로 구성된다. building 스키마는 geometry스키마로부터 point엔티티를 joint
라는 이름으로 차용하며, material스키마로부터 property를 참조한다.
*)
```

➔ 인터페이스에 대한 EXPRESS-G 기호

▷ 엔티티수준 다이아그램에서의 인터페이스 기호 : 인터페이스된 항목은 스키마참조부와 형이름을 가진 둥근박스를 감싼 사각박스로 표시한다. 차용된 인터페이스는 실선 사각박스로, 참조된 인터페이스는 쇄선 사각박스로 표시된다. 만약 해당 항목에 새로운 이름이 부여되면, 그 이름은 둥근박스 아래에 위치한다.

그림 3-2는 3.2절에서 보인 스키마 building의 인터페이스된 항목들의 EXPRESS-G 표현을 보여준다.

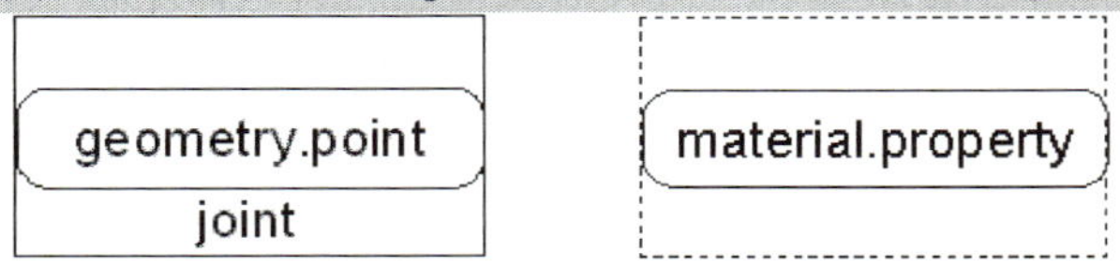

그림 3-2. 스키마 building의 엔티티수준 다이아그램

▷ 스키마수준 다이아그램에서의 인터페이스 기호 : 스키마수준 다이아그램은 하나의 정보모델이 여러 개의 스키마들로 구성되어 있을 경우에 각 스키마에 대한 상세한 내용을 생략하고 스키마들 간의 인터페이스 관계들만을 보여준다. 스키마기호는 수평선에 의해 둘로 나누어진 실선박스로 표현되며, 스키마 이름이 윗부분에 위치하고 아래부분은 비워진다. 차용인터페이스인 경우에는 차용된 스키마측에 열린원의 선단을 가진 실선으로 표시되며, 참조인터페이스인 경우에는 쇄선으로 표시된다. 현재 스키마로 명시적으로 참조되거나 차용된 항목들의 이름은 해당 관계선으로 연결되는 닫힌화살표 옆에 나열된다. 명칭변경은 본래의 명칭 다음에 기호 '>'와 새로운 이름으로 표시된다. 만약 어떤 이름들도 나열되지 않으면, 전체 항목들이 참조되거나 차용된 것을 의미한다.

그림 3-3은 스키마 building의 스키마 수준의 인터페이스 다이아그램을 보여준다.

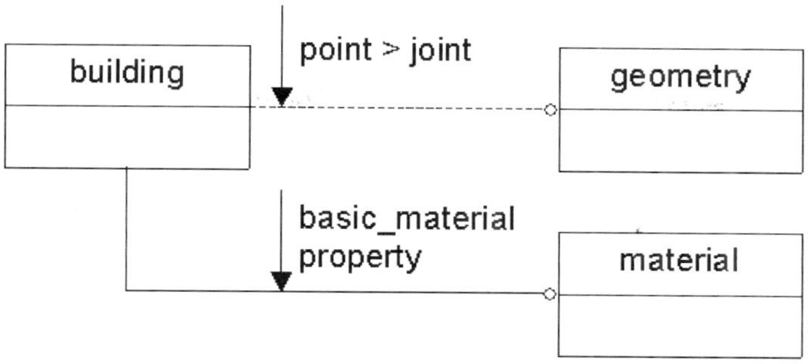

그림 3-3. 스키마 building의 스키마수준 다이아그램

EXPRESS-G의 표기범위 내에서 스키마수준의 다이아그램을 사용하여 모든 정의들과 관계들을 정확하게 표현한 것을 스키마수준 전체 다이아그램이라 한다. 만약 스키마수준 다이아그램이 한 페이지를 초과하는 경우에는 페이지참조기호들이 사용되는 데, 이 때 인터페이스되는 항목들의 기호는 현재 스키마를 나타내는 기호와 같은 페이지에 있어야 한다. 스키마수준의 전체 다이아그램은 다음과 같은 규칙들에 의해 정의된 내용들을 가진다.

- 각 페이지는 'Complete schema level diagram of ...'로 시작하는 제목을 가지며, 'Page X of N'의 형태로 번호가 부여된다. 여기서 X는 해당하는 페이지 번호이며, N은 해당 다이아그램을 구성하는 전체 페이지 수이다.
- 현재 스키마로 명시적으로 참조되거나 차용된 모든 인터페이스 관계들이 표시된다.
- 스키마수준 다이아그램에서는 모든 엔티티수준의 기호들은 보여지지 않는다.

3.2.2 묵시적 인터페이스

인터페이스된 항목들은 현재 스키마에 가시적이지 않은 다른 항목들을 참조할 수 있다. 이렇게 참조된 항목들도 마찬가지로 또 다른 항목들을 참조할 수도 있다. 이와 같이 묵시적으로 참조되는 항목들은 현재 스키마의 일부가 되지만 현재 스키마 내에서 가시적이지는 않으므로 직접적으로 참조할 수는 없다.

- 상수가 인터페이스되면, 해당 상수의 선언내에서 사용된 모든 상수, 정의자료형, 엔티티자료형, 그리고 함수는 묵시적으로 인터페이스된다.
- 정의자료형이 인터페이스되면, 다음 항목들은 묵시적으로 인터페이스된다.
  - □ 해당 정의자료형의 선언 내에서 사용된 모든 정의자료형(단, 선택자료형인 경우에는 이러한 인터페이스의 결과로 어떠한 선택항목도 묵시적으로 인터페이스되지 않는다)
  - □ 해당 정의자료형의 확장을 위해 사용된 모든 확장가능한 정의자료형
  - □ 해당 정의자료형의 선언 또는 영역규칙 내에 사용된 모든 상수와 함수
  - □ 해당 정의자료형을 선택목록에 포함하는 모든 선택자료형
- 엔티티자료형이 인터페이스되면, 다음 항목들은 묵시적으로 인터페이스된다. 그

러나, 묵시적으로 인터페이스된 엔티티는 독립적으로 생성될 수 없으며, 현재 스키마내의 엔티티 인스턴스의 속성을 위해서만 생성될 수 있다.

- □ 해당 엔티티자료형의 상위형인 모든 엔티티자료형
- □ 해당 엔티티자료형을 비롯하여 현재 스키마내에 명시적이거나 묵시적으로 인터페이스되는 다른 엔티티자료형들에 관련한 모든 규칙
- □ 해당 엔티티자료형의 대한 모든 하위형 제약조건과 거동선언
- □ 해당 엔티티자료형의 속성 또는 영역규칙 선언 내에서 사용된 모든 상수, 정의자료형, 엔티티자료형 또는 함수
- □ 해당 엔티티자료형을 선택목록에 포함하는 모든 선택자료형

■ 규칙이 인터페이스되면, 해당 규칙내의 지역변수 선언 내에서 사용된 모든 정의자료형 또는 엔티티자료형, 그리고 해당 규칙 내에서 사용된 모든 상수, 함수 또는 프로시져 등은 묵시적으로 인터페이스된다.

■ 하위형 제약조건이 인터페이스되면, 묵시적으로 인터페이스되는 것은 아무 것도 없다. 그러나 해당 하위형 제약조건 내에서 기술된 조건들은 본래 스키마 내에서 허용되지 않았던 복합엔티티자료형이 생성되지 않도록 인터페이스될 때 재구성된다.

■ 함수가 인터페이스되면, 해당 함수의 매개변수, 지역변수, 그리고 반환자료형 선언들내에서 사용된 모든 정의자료형 또는 엔티티자료형, 그리고 해당 함수 내에서 사용된 모든 상수, 함수 또는 프로시져 등은 묵시적으로 인터페이스된다.

■ 프로시져가 인터페이스되면, 해당 프로시져의 매개변수와 지역변수 선언들 내에서 사용된 모든 정의자료형과 엔티티자료형, 그리고 해당 프로시져 내에서 사용된 모든 상수, 함수 또는 프로시져 등은 묵시적으로 인터페이스된다.

■ 거동이 인터페이스되면, 다음 항목들은 묵시적으로 인터페이스된다.

- □ 해당 거동의 지역이벤트 선언 내에서 사용된 모든 상수, 정의자료형, 엔티티자료형 또는 함수
- □ 해당 거동에 의해 반응되는 모든 전역이벤트
- □ 해당 거동의 반동선언 내에서 사용된 모든 작동, 상수, 정의자료형, 엔티티자료형, 함수, 프로시져 또는 전역이벤트

■ 작동이 인터페이스되면, 해당 작동을 위한 매개변수와 지역변수 선언들내에서 사용된 모든 정의자료형과 엔티티자료형, 그리고 해당 작동 내에 사용된 모든 상수, 함수 또는 프로시져 등은 묵시적으로 인터페이스 된다.

■ 전역이벤트가 인터페이스되면, 해당 전역이벤트의 매개변수 선언에서 사용된 모든 정의자료형 또는 엔티티자료형은 묵시적으로 인터페이스된다.

```
(*
 묵시적으로 결부된 항목들, 그리고 묵시적 인터페이스들의 연쇄 : 엔티티 e2는 속성 a3의 자료형으로 사용된다. e2는 그 정의에서 e1을 요구하기 때문에 e1은 스키마 s2에 의해 묵시적으로 인터페이스된다. 그러나 e1이 s2에서 명시적으로 인터페이스되지 않았기 때문에, e1은 s2 안에서 명시적으로 언급될 수 없다. 유사하게, e1은 그 정의에서 t1을 요구하므로, t1은 스키마 s2에 의해 묵시적으로 인터페이스된다.
*)
SCHEMA s1;
 TYPE t1 IS SUBTYPE OF REAL;
 END_TYPE;
 ENTITY e1;
  a : t1;
 END_ENTITY;
 ENTITY e2;
  a1 : e1;
 END_ENTITY;
END_SCHEMA:

SCHEMA s2;
 REFERENCE FROM s1 (e2);
 ENTITY e3;
  a3: e2;
 END_ENTITY;
END_SCHEMA;
```

```
(*
 선택자료형을 통해 정의자료형으로의 묵시적 인터페이스 : 스키마 s2는 t1에 대한 명시적 참조를 포함하며, sel1은 t1을 포함하는 SELECT에 의해 표현되기에 sel1이 묵시적으로 참조된다.
*)
SCHEMA s1;
 TYPE sel1 IS SELECT (e1,t1);
 END_TYPE;
 TYPE t1 IS SPECIALIZATION OF INTEGER;
 END_TYPE;
 ENTITY e1;
  ...
 END_ENTITY;
END_SCHEMA;

SCHEMA s2;
 REFERENCE FROM s1 (t1);
END_SCHEMA;
```

3.3 상수

```
243 constant_decl = CONSTANT constant_body { constant_body } END_CONSTANT ';' .
242 constant_body = constant_id ':' concrete_type ':=' expression ';' .
```

하나의 스키마내에서 수정될 수 없는 값들은 상수로 선언되며, 표현식 내에서 상수 식별자는 상수값 자체가 나타나는 것과 같다. EXPRESS의 내장상수는 표 2-4와 같다.

■ *CONSTANT, END_CONSTANT*

상수 선언은 예약어 CONSTANT부터 해당 상수 선언을 종결하는 예약어 END_CONSTANT까지의 블록 내에서 지정된 자료형의 값을 갖는 상수들을 선언한다.

■ *constant_id*

□ 상수 식별자는 그 상수선언이 나타나는 스키마, 규칙, 함수 또는 프로시져의 범주 내에서 가시적이다.

□ 상수 식별자는 그것을 이용하는 다른 상수의 선언 내에 나타날 수 있다. 이러한 상수들의 선언은 순서에 무관하지만 항상 유효한 초기값을 보장하기 위하여 비회전적이어야 한다.

□ 상수 식별자는 배정문의 좌측이나 VAR로 선언된 형식 매개변수에 대응하는 실제 매개변수로 사용될 수 없다.

■ *expression*

*expression*은 지정된 세부형 자료형과 호환되는 값으로 평가되어야 한다.

➔ 상수에 대한 EXPRESS-G 기호

상수에 대한 어떠한 표시방법도 제공되지 않는다.

```
(*
  다음은 유효한 상수 선언들을 보여준다.
*)
CONSTANT
 zero : REAL := 0.0;
 thousand : REAL := 1000;
 million : REAL := thousand**2;
 a_bag : BAG OF INTEGER := [0,1,2];
 name : STRING := 'UOU';
 origin : point := point(0.0, 0.0, 0.0);
END_CONSTANT;
ENTITY point;
 x,y,z : REAL;
END_ENTITY;
```

```
(*
  다음은 유효하지 않은 상수선언을 보여준다.
*)
CONSTANT
 a:REAL:=b;                                    -- 비회전적이어야 유효한 초기값을 설정할 수 있다
 b:REAL:=a;
END_CONSTANT
```

4. EXPRESS의 자료형

EXPRESS정보모델은 각 산업분야의 제품이나 공정에 대한 항목의 값을 저장하거나 연산하기 위하여 여러 형태의 자료형을 가진다. 자료형은 해당 항목이 갖는 값공간의 특성이나 그 값에 작용될 연산들에 의해 특징지워진다. 이 장은 EXPRESS의 자료형의 값공간의 특성과 용도에 따른 분류를 알아보고, 각 자료형에 대해 자세히 설명한다.

4.1 자료형의 분류

▷ 자료형의 종류에 따른 분류

EXPRESS가 제공하는 자료형의 종류와 각 자료형들 사이의 상, 하위형 상속관계는 그림 4-1과 같다.

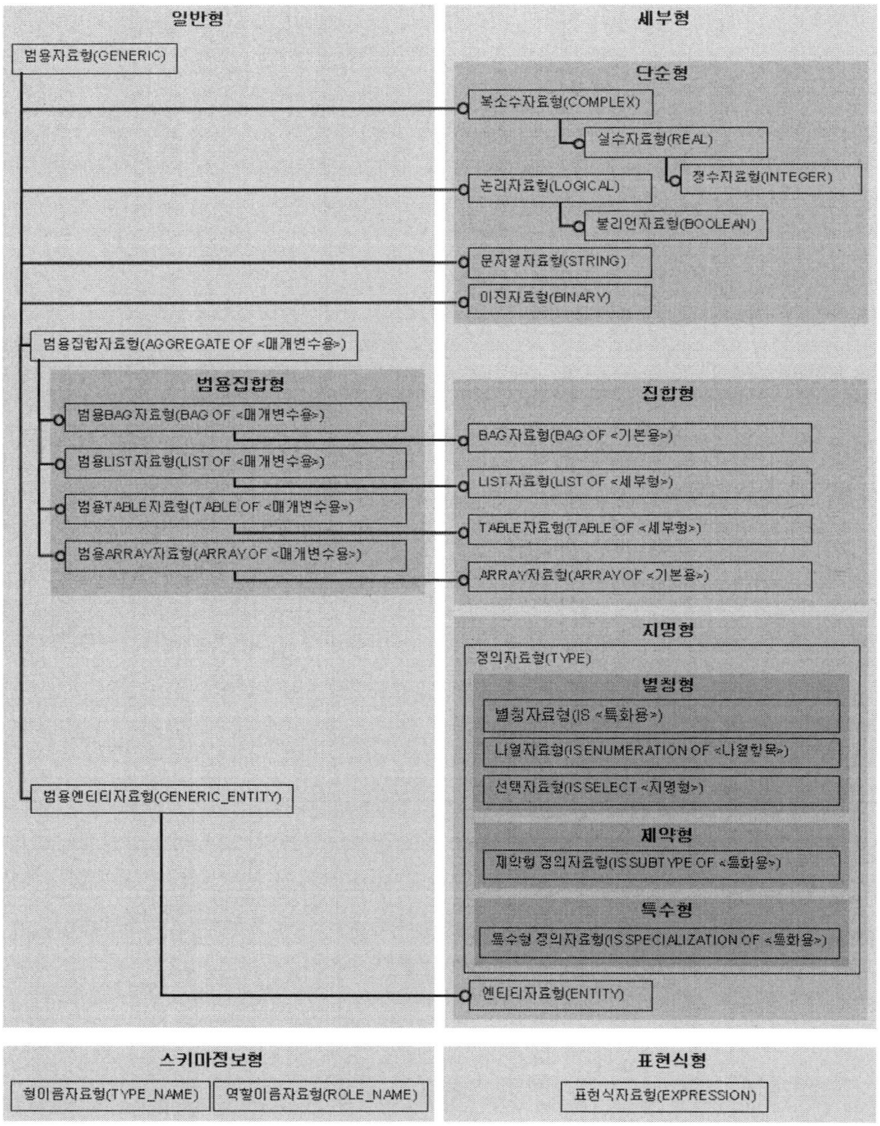

그림 4-1. EXPRESS 자료형의 종류

EXPRESS의 자료형은 해당 자료형이 갖는 값공간의 특성에 따라 세부형, 일반형, 스키마정보형, 그리고 표현식형 자료형들로 나뉘어진다.

- 세부형 자료형*(concrete_type)*

  세부형은 대상 항목의 내용을 묘사하기 위해 구체적인 값을 가지는 자료형이다. 이러한 세부형 자료형으로는 가장 기본적인 하나의 값을 갖는 단순형*(simple_type)*인 COMPLEX, REAL, INTEGER, LOGICAL, BOOLEAN, STRING, 그리고, BINARY, 동일한 세부형 또는 기본용 자료형의 값들의 집합을 갖는 집합형*(aggregation_type)*인 BAG, LIST, TABLE, 그리고 ARRAY, 그리고 관심분야의 항목을 위해 사용자가 선언하는 지명형*(named_type)* 등이 있다.

- 일반형 자료형*(generalized_type)*

  일반형은 같은 부류의 여러 자료형들에 대응하는 범용목적의 자료형으로 한정된 상황 하에서만 사용된다. EXPRESS의 모든 자료형에 대응하는 범용자료형*(generic_type)*인 GENERIC, 모든 범용집합형 자료형들에 대응하는 범용집합자료형*(aggregate_type)*인 AGGREGATE, 집합형 자료형에 각각 대응하고 매개변수용 자료형의 요소들의 집합을 갖는 범용집합형 자료형*(generalized_aggregation_type)*인 GENERIC_ENTITY, 그리고 모든 엔티티자료형에 대응하는 범용엔티티자료형*(generic_entity_type)*가 일반형 자료형에 속한다.

- 스키마정보형 자료형*(schema_info_type)*

  스키마정보형은 실제 매개변수의 값 또는 인스턴스에 대한 스키마차원의 정보를 형식 매개변수로 전달하기 위하여 사용된다. 이러한 자료형으로는 역할이름자료형*(role_name_type)*과 형이름자료형*(type_name_type)*이 있다.

- 표현식자료형*(expression_type)*

  표현식자료형은 세부형 자료형으로 평가될 표현식 자체를 값공간으로 가지며, 엔티티의 속성을 선언할 때만 사용된다.

▷ 자료형의 용도에 따른 분류

EXPRESS의 자료형은 그 용도에 따라 기본용, 매개변수용, 특화용, 기저용, 그리고 TABLE의 색인용 자료형으로 표 4-1처럼 분류된다. 자료형의 종류에 따라 어떤 자료형은 여러 가지 용도로 사용될 수 있는 반면에, 어떤 자료형은 특정한 상황 하에서만 사용될 수 있다.

표 4-1. 자료형의 용도에 따른 분류

자료형 종류			기본용	매개 변수용	특화용	기저용	색인용
세부형	단순형	복소수,실수,정수,논리,불리언, 문자열, 이진 자료형	O	O	O	O	O
	집합형	BAG,LIST,TABLE,ARRAY 자료형	O		O	O	
	지명형	정의자료형	O	O	O	O	O
		엔티티자료형	O	O			O
일반형	범용자료형		O	O			
	범용집합형	범용BAG,LIST,TABLE,ARRAY 자료형	O	O			
	범용집합형		O	O			
	범용엔티티자료형		O	O			O
스키마 정보형	역할이름자료형			O			
	형이름자료형			O			
표현식형	표현식자료형						

■ 기본용 자료형*(base_type)*

기본용 자료형은 엔티티 속성들의 표현이나 집합형 자료형의 구성요소로 사용된다. 세부형과 일반형에 속하는 모든 자료형들이 기본용 자료형에 해당된다.

■ 매개변수용 자료형*(parameter_type)*

매개변수용 자료형은 함수, 프로시저, 작동, 그리고 이벤트의 형식 매개변수의 자료형을 기술하는 데 사용된다. 또한 매개변수용 자료형은 알고리즘내의 지역변수의 자료형이나 함수의 반환자료형을 기술하는 데도 사용된다. 단순형, 지명형, 일반형, 그리고 스키마정보형 등이 매개변수용으로 이용된다.

■ 특화용 자료형*(specialisable_type)*

특화용 자료형은 새로운 정의자료형을 선언하는 데 사용된다. 단순형, 집합형, 그리고 또 다른 정의자료형 등이 특화용 자료형에 속한다.

■ 기저용 자료형*(underlying_type)*

기저용 자료형은 별칭형 정의자료형을 선언하기 위한 기저 자료형을 선언하는 데 사용된다. 특화용 자료형을 비롯하여 구성형 자료형으로 분류되는 나열자료형과 선택자료형이 여기에 속한다.

■ 색인용 자료형*(index_type)*

색인용 자료형은 TABLE자료형의 색인으로 사용되며, 단순형과 지명형 자료형이 색인용에 해당한다. 범용TABLE자료형인 경우에는 범용엔티티자료형도 색인용으로 사용될 수 있다.

4.2 단순형 자료형

EXPRESS의 가장 기본적인 값공간을 가지는 단순형 자료형으로는 COMPLEX(복소수), REAL(실수), INTEGER(정수), LOGICAL(논리), BOOLEAN(불리언), STRING(문자열), 그리고 BINARY(이진) 자료형 등이 있다.

➔ 단순형 자료형의 EXPRESS-G 기호

단순형 자료형의 EXPRESS-G기호는 각 자료형의 형이름을 감싸는 우측에 두 개의 수직선을 가지는 실선박스로 표시된다. 두 개의 수직선은 더 이상 확장되지 않는 EXPRESS언어의 종단 자료형을 의미한다.

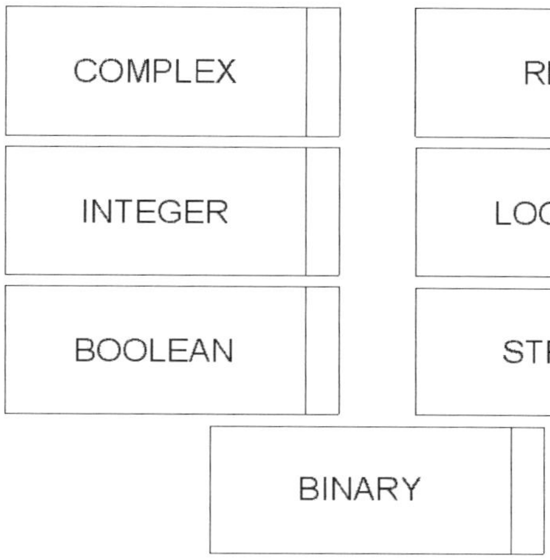

그림 4-2. 단순형 자료형의 EXPRESS-G 기호

4.2.1 복소수자료형

▷ 복소수자료형의 선언

```
237 complex_type = COMPLEX [ precision ] .
353 precision = '(' radix ',' exponent ')' .
365 radix = integer_expression .
279 exponent = integer_expression .
```

복소수자료형(COMPLEX)은 허수를 포함하는 복소수들을 값공간으로 가진다. 복소수자료형은 범용자료형의 하위형이며, 동시에 실수자료형의 상위형이다.

- *precision*

  *precision*이 생략되면, 해당 복소수자료형은 허수평면에서 있는 무한한 정밀도를 가진 모든 복소수들을 포함한다. *precision*이 주어진 복소수자료형은 두 개의 값

들이 구분될 수 있는 복소수들로 그 값공간이 제한되며, *precision*이 생략된 경우의 복소수자료형의 하위형이 된다. 이러한 제한된 값공간은 0을 포함하고, 복소수의 크기가 허용오차 $\varepsilon = radix^{-\exp oent}$ 보다 같거나 큰 경우에는 그 크기와 허용오차를 곱한 값으로, 작은 경우에는 허용오차의 제곱으로 계산되는 정밀도로 구분되는 복소수들로 구성된다.

- ■ *radix*

  기수는 양의 정수값이어야 한다.

- ■ *exponent*

  지수는 0보다 큰 정수값이어야 한다.

```
(*
 다음은 지역변수 a_complex와 b_complex를 복소수자료형으로 선언한 예를 보여준다.
*)
LOCAL
 a_complex : COMPLEX;           -- 무한한 정밀도를 가지는 복소수자료형
 b_complex : COMPLEX(10,4);     -- 허용오차 1/10,000의 정밀도를 갖는 복소수자료형
END_LOCAL;
```

▷ 복소수자료형의 값

```
147 imaginary_literal = digits [ '.' digits ] i .
139 digits = digit { digit } .
138 digit = '0' | '1' | '2' | '3' | '4' | '5' | '6' | '7' | '8' | '9' .
```

복소수자료형 값은 실수부와 허수부로 구성된 표현식으로 만들어진다. 허수부의 값은 허수리터럴로 표현되며, 단항연산자 + 또는 –를 사용하여 그 부호를 나타낸다. 실수부, 허수부, 크기 또는 투영각도 등의 복소수자료형 값의 한계는 정의자료형의 영역규칙에 의해 지정될 수 있다.

- ■ *imaginary_literal*

  허수리터럴은 소수부분을 선택적으로 갖는 수들 뒤에 복소수를 의미하는 문자 I를 붙인다.

```
(*
 다음은 올바른 복소수자료형 값의 예를 보여준다.
*)
-2i                             -- 부호는 단항연산자로 주어진다
0.1 - 2.3456I                   -- 복소수 값은 실수부와 허수부의 표현식으로 구성된다
```

```
(*
 다음은 유효하지 않는 허수리터럴들을 보여준다.
*)
.2i                             -- 적어도 하나의 숫자가 소수점앞에 있어야 한다
2.i                             -- 소수점 뒤에는 반드시 숫자가 나타나야 한다
```

```
259 I                  -- 공백문자는 실수리터럴의 부분이 아니다
```

▷ 복소수자료형의 내장함수

복소수자료형으로 선언된 형식 매개변수를 갖는 내장함수들의 연산자와 함수명은 표 4-2와 같다. 만약 복소수의 매개변수용 자료형에 대해 정의된 연산자와 동일한 연산자가 하위형인 실수자료형에 대해 별도로 정의되지 않는다면, 해당 연산자는 실수자료형인 피연산자에 대해서도 적용된다. 마찬가지로, 복소수자료형에 대해서 정의되지 않지만 상위형인 범용자료형에서 제공하는 연산자 및 함수들은 복소수자료형에 대해서도 적용된다.

복소수, 실수, 그리고 정수 등의 수치적 연산을 다루는 모든 함수들의 반환자료형은 단항연산자인 경우에는 피연산자와 동일한 정밀도를 가지며, 이항연산자인 경우에는 피연산자들 중에서 낮은 정밀도를 가지게 된다. 만약 미정값이 매개변수로 전달되면 함수 선언 내에서 특별히 언급하지 않는 한, 반환값이 논리형인 경우에는 UNKNOWN이, 기타의 경우에는 미정값이 각각 반환된다.

표 4-2. 복소수자료형의 내장함수

연산자	함수명
=	*numeric_value_equal()*
+	*complex_identity()*
−	*complex_negate()*
+	*complex_add()*
−	*complex_subtract()*
*	*complex_multiply()*
**	*complex_exponential()*
/	*complex_divide()*
√	*complex_sqrt()*
$\Re$	*real_part()*
$\Im$	*imaginary_part()*
없음	*format*

4.2.2 실수자료형

▷ 실수자료형의 선언

```
370 real_type = REAL [ precision ] .
353 precision = '(' radix ',' exponent ')' .
365 radix = integer_expression .
```

```
279 exponent = integer_expression .
```

실수자료형(REAL)은 유리수, 무리수, 그리고 과학용 실수들을 값공간으로 가진다. 실수자료형은 복소수자료형의 하위형이며, 동시에 정수자료형의 상위형이다.

- *precision*

  *precision*이 생략되면, 해당 실수자료형은 무한한 정밀도를 가진 모든 실수들을 포함한다. *precision*이 주어진 실수자료형은 두 개의 값들이 구분될 수 있는 실수들로 그 값공간이 제한되며, *precision*이 생략된 경우의 실수자료형의 하위형이 된다. 이러한 제한된 값공간은 0을 포함하고, 실수의 절대값이 허용오차 $\varepsilon = radix^{-\exp oent}$ 보다 같거나 큰 경우에는 절대값과 허용오차를 곱한 값으로, 작은 경우에는 허용오차의 제곱으로 계산되는 정밀도로 구분되는 실수들로 구성된다.

- *radix*

  기수는 양의 정수값이어야 한다.

- *exponent*

  지수는 0보다 큰 정수값이어야 한다.

```
(*
  다음은 지역변수 a_real와 b_real을 실수자료형으로 선언한 예를 보여준다.
*)
LOCAL
 a_real : REAL;                    -- 무한한 정밀도를 가지는 실수자료형
 b_real : REAL(2,3);               (* 그 값이 1/8과 같거나 크면 해당 값의 1/8이내까지 구분되는
                                      정밀도를 주며, 작으면 1/64까지 정밀도를 주는 실수자료형 *)
END_LOCAL;
```

▷ 실수자료형의 값

```
149 real_literal = integer_literal | ( digits '.' [ digits ] [ e [ sign ] digits ] ) .
139 digits = digit { digit } .
138 digit = '0' | '1' | '2' | '3' | '4' | '5' | '6' | '7' | '8' | '9' .
```

실수자료형 값은 실수리터럴로 표현되며, 단항연산자 + 또는 –를 사용하여 그 부호를 나타낸다.

- *real_literal*

  실수리터럴은 가수부분과 선택적인 지수부분으로 구성되며, 가수는 소수점을 포함하여야 한다. 실수리터럴은 정수리터럴의 경우도 포함한다.

```
(*
  다음은 올바른 실수리터럴을 보여준다.
*)
259       259.      259.0      2.59e00    2.59e-02
```

```
(*
  다음은 유효하지 않는 실수리터럴들을 보여준다.
*)
.123                          -- 적어도 하나의 숫자가 소수점앞에 있어야 한다
1e23                          -- 소수점이 실수리터럴내에 포함되어야 한다
1. e23                        -- 공백문자는 실수리터럴의 부분이 아니다
```

실수자료형 값의 한계는 정의자료형의 영역규칙에 의해 다음과 같이 지정될 수 있다.

```
(*
  정의자료형에서 초단위의 실수를 표현하기 위해 그 크기를 0과 60사이로 설정한다.
*)
TYPE second_in_minute IS SUBTYPE OF REAL;
 WHERE
  wr : {0 <= SELF <= 60.0};
END_TYPE;
```

표 4-3. 실수자료형들의 내장함수

연산자	함수명
+	*real_identity()*
−	*real_negate()*
+	*real_add()*
−	*real_subtract()*
*	*real_multiply()*
**	*real_exponential()*
/	*real_divide()*
√	*real_sqrt()*
MOD	*real_modulus()*
DIV	*integer_divide()*
<	*real_less_than()*
<=	*real_less_than_or_equal()*
>	*real_greater_than()*
>=	*real_greater_than_or_equal()*
< <=	구간표현식
없음	*abs(), acos(), asin(), atan(), cos(), floor(), log(), log10(), sin(), tan(), truncate()*

▷ 실수자료형의 내장함수

실수자료형으로 선언된 형식 매개변수를 갖는 내장함수들의 연산자와 함수명은 표 4-3과 같다. 만약 실수의 매개변수용 자료형에 대해 정의된 연산자와 동일한 연산자가 하위형인 정수자료형에 대해 별도로 정의되지 않는다면, 해당 연산자는 정수자료형인 피연산자들에 대해서도 적용된다. 마찬가지로, 실수자료형에 대해서 정의되지 않지만 상위

형인 복소수자료형에서 제공하는 연산자 및 함수들은 실수자료형에 대해서도 적용된다.

4.2.3 정수자료형

▷ 정수자료형의 선언

```
316 integer_type = INTEGER .
```

정수자료형(INTEGER)은 0을 포함하는 모든 정수들을 값공간으로 가지며, 실수자료형의 하위형이다.

```
(*
 다음은 지역변수 count를 정수자료형으로 선언한 예를 보여준다.
*)
LOCAL
 count : INTEGER;
END_LOCAL;
```

▷ 정수자료형의 값

```
148 integer_literal = digits .
139 digits = digit { digit } .
138 digit = '0' | '1' | '2' | '3' | '4' | '5' | '6' | '7' | '8' | '9' .
```

정수자료형 값은 정수리터럴로 표현되며, 단항연산자 + 또는 –를 사용하여 그 부호를 나타낸다.

- *integer_literal*

  정수리터럴은 한 개 이상의 숫자들로 구성된다.

```
(*
 다음은 올바른 정수리터럴을 보여준다.
*)
259       2270       0       1          20050131
```

정수자료형 값의 한계는 정의자료형의 영역규칙에 의해 지정될 수 있다.

```
(*
 1년의 개월수를 나타내는 month_in_year_number을 1에서 12까지의 크기로 설정한다.
*)
TYPE month_in_year_number IS SUBTYPE OF INTEGER;
 WHERE
  wr : {1 <= SELF <= 12};
END_TYPE;
```

▷ 정수자료형의 내장함수

정수자료형으로 선언된 형식 매개변수를 갖는 내장함수들의 연산자와 함수명은 표 4-4와 같다.

표 4-4. 정수자료형의 내장함수

연산자	함수명
+	*integer_identity()*
-	*integer_negate()*
+	*integer_add()*
-	*integer_subtract()*
*	*integer_multiply()*
**	*integer_exponential()*
MOD	*integer_modulus()*
없음	*odd()*

4.2.4 논리자료형

▷ 논리자료형의 선언

```
334 logical_type = LOGICAL .
```

논리자료형(LOGICAL)은 어떤 항목이나 표현식에 대한 진위를 판단하는 데 사용된다. 이는 범용자료형의 하위형이며, 동시에 불리언자료형의 상위형이다.

▷ 논리자료형의 값

```
333 logical_literal = FALSE | TRUE | UNKNOWN .
```

논리자료형 값은 논리리터럴로 표현된다.

- *logical_literal*

  논리리터럴은 TRUE, FALSE 또는 UNKNOWN의 예약어들 중 하나로 주어진다.

▷ 논리자료형의 내장함수

표 4-5는 논리자료형으로 선언된 형식 매개변수를 갖는 내장함수들의 연산자와 함수명을 보여준다.

표 4-5. 논리자료형의 내장함수

연산자	함수명
NOT	*logical_not()*
AND	*logical_and()*
OR	*logical_or()*
XOR	*logical_xor()*

4.2.5 불리언자료형

▷ 불리언자료형의 선언

```
229 boolean_type = BOOLEAN .
```

불리언자료형(BOOLEAN)은 논리자료형의 하위형이다. 불리언자료형 값은 TRUE와 FALSE를 값공간으로 가지며,. 논리자료형과 호환적이다.

```
(*
  다각형의 면의 내부가 채워지는 여부는 속성filled의 값에 의해 판단된다.
*)
ENTITY point;
 x,y,z : REAL;
END_ENTITY;
ENTITY polygon;
 points : LIST[3:?] OF UNIQUE point;
 filled : BOOLEAN;
END_ENTITY;
```

▷ 불리언자료형의 내장함수

표 4-6은 불리언자료형으로 선언된 형식 매개변수를 갖는 내장함수들의 연산자와 함수명을 보여준다.

표 4-6. 불리언자료형의 내장함수

연산자	함수명
NOT	boolean_not()
AND	boolean_and()
OR	boolean_or()
XOR	boolean_xor()

4.2.6 문자열자료형

▷ 문자열자료형의 선언

```
408 string_type = STRING .
```

문자열자료형(STRING)은 EXPRESS 문자집합에 속하는 문자들의 순열을 나타낸다.

▷ 문자열자료형의 값

```
152 string_literal = '''' { ( '''' '''' ) | not_quote } '''' .
144 not_quote = \a ( '''' ) .
```

문자열자료형 값은 문자열리터럴로 표현된다.

■ *string_literal*

□ 문자열리터럴은 인용기호안에 포함되는 일련의 문자들로 구성된다. 문자열리터럴내에서 글자의 대소문자는 구별되며, 문자열리터럴내의 인용기호는 두 개의 연속된 인용기호로 표현된다.

□ 문자열리터럴내에서 개행문자는 유효하지 않기 때문에 문자열리터럴은 한 줄을 초과할 수 없다.

```
(*
 다음은 올바른 문자열리터럴들이다.
*)
'Is this string datatype correct?'       -- Is this string correct?로 읽힌다
'Kim''s hobby'                           -- Kim's hobby로 읽힌다
```

EXPRESS 문자집합에 속하지 않는 문자들을 포함하는 문자열리터럴들은 ISO/IEC 10646-1의 해당 셀 번호를 16진법으로 표현한다.

▷ 문자열 요소의 색인

```
254 element_qualifier = '[' index ']' .
309 index = expression .
```

문자열 요소의 색인은 해당 문자열자료형 값과 요소참조부로 이루어진다. 그 결과는 지정된 색인위치에 있는 길이가 1인 문자열자료형 값이다.

■ *index*

□ $1 \leq index \leq length$(문자열자료형 값)이어야 하며, 그렇지 않으면 미정값이 반환된다.

□ 만약 *index*가 미정값이면, 미정값이 반환된다.

■ 만일 색인대상인 문자열자료형 값이 미정값이면, 미정값이 반환된다.

```
(*
  name이라는 문자열의 세번째 문자는 다음과 같이 검토될 수 있다.
*)
LOCAL
 name : STRING := 'This is a string';
END_LOCAL;
...
IF name[3]='A'                    -- name[3]은 'i'이므로 FALSE로 평가된다
THEN ...
```

▷ 문자열 범위의 색인

```
367 range_qualifier = '[' index_1 ':' index_2 ']' .
310 index_1 = index .
309 index = expression .
311 index_2 = index .
```

문자열범위의 색인은 해당 문자열자료형 값과 범위참조부를 가지며, 그 결과는 *index_1* 부터 *index_2*까지의 길이 *index_2* - *index_1* + *1*인 문자열자료형 값이다.

- *index_1, index_2*
  - $1 \leq index\_1 \leq index\_2 \leq length$(문자열자료형 값)이어야 하며, 그렇지 않으면 미정값이 반환된다.
  - 만일 *index_1*과 *index_2* 중 하나가 미정값이면, 미정값이 반환된다.
- 만일 색인대상인 문자열자료형 값이 미정값이면, 미정값이 반환된다.

```
(*
  name이라는 문자열의 여섯번째부터 일곱번째까지의 문자열은 다음과 같이 검사될 수 있다.
*)
LOCAL
 name : STRING := 'This is a string';
END_LOCAL;
...
IF name[6:7]='is'                 -- TRUE로 평가된다
THEN ...
```

▷ 문자열자료형의 내장함수

문자열자료형으로 선언된 형식 매개변수를 갖는 내장함수들의 연산자와 함수명은 표 4-7과 같다.

표 4-7. 문자열자료형의 내장함수

연산자	함수명
+	string_concatenate()
LIKE	like()
없음	character(), code(), length(), tokenize(), value()

4.2.7 이진자료형

▷ **이진자료형의 선언**

```
228 binary_type = BINARY .
```

이진자료형(BINARY)은 0과 1을 값공간으로 가지는 비트(bit)이다.

▷ **이진자료형의 내장함수**

이진자료형으로 선언된 형식 매개변수를 갖는 내장함수로는 *blength()*가 있다.

4.3 집합형 자료형

집합형 자료형은 지정된 요소의 자료형 값들의 집합을 값공간으로 가지는 BAG, LIST, TABLE, 그리고 ARRAY자료형을 통칭한다. 각 집합형 자료형의 특성은 표 4-8과 같다. 이러한 집합형 자료형들은 1차원이다. 다차원인 경우에는 해당 차원만큼 구성요소의 자료형을 또 다른 집합형 자료형으로 중첩함으로써 표현된다. 집합형 자료형으로 선언된 형식 매개변수를 갖는 내장함수들은 집합형 자료형의 일반형인 범용집합자료형과 범용집합형 자료형에서 제공된다(4.5.2절, 4.5.3절 참조).

표 4-8. 집합형 자료형의 종류와 특성

종류	범위명세	요소의 자료형	색인용 자료형	비고
BAG자료형	요소수	기본용	없음	미정값 불가
LIST자료형	요소수	세부형	정수자료형	미정값 불가, 색인위치 변동
TABLE자료형	요소수	세부형	단순형, 지명형	미정값 허용
ARRAY자료형	색인값	기본용	정수자료형	미정값 허용

➔ 집합형 자료형의 EXPRESS-G 기호

집합형 자료형은 구성요소의 자료형으로 연결되는 관계선 옆에 해당 집합형 자료형의 첫글자(즉, A, B, L 또는 T)와 범위명세로 표시된다. 집합형 자료형이 예약어 UNIQUE에 의해 제약되면 첫글자 앞에 별표 '*'가 붙는다. 다차원 집합형 자료형은 그들이 선언되는 순서대로 1차원의 형식을 반복하여 나타낸다. TABLE자료형의 색인용 자료형은 fan-in형태의 선단으로 관계선에 연결하고 색인용 자료형측에 열린원의 선단을 두어 표시한다.

```
(*
  다음은 여러 종류의 집합형 자료형의 사례를 보여준다.
*)
... BAG OF REAL;
... LIST [1:10] OF UNIQUE point;
... TABLE [2:?] OF point INDEXED BY INTEGER;
... ARRAY [1:3] OF ARRAY [11:14] OF UNIQUE point;
END_ENTITY;
```

그림 4-3는 여러 종류의 집합형 자료형의 선언부분들에 대한 EXPRESS-G 표현 사례를 보여준다.

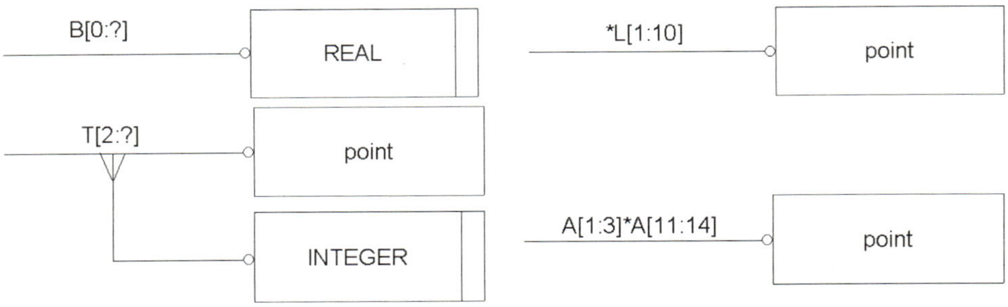

그림 4-3. 집합형 자료형들의 EXPRESS-G 표현 사례

4.3.1 BAG자료형

▷ BAG자료형의 선언

```
222 bag_type = BAG [ bound_spec ] OF [ UNIQUE ] base_type .
232 bound_spec = '[' bound_1 ':' bound_2 ']' .
230 bound_1 = integer_expression .
231 bound_2 = integer_expression .
```

BAG자료형은 기본용 자료형인 요소들의 순서없는 집합을 값공간으로 가진다. 각 요소는 반복문에 의해서만 접근가능하며, 미정값은 그 구성요소가 될 수 없다.

- *bound_spec*
  - □ *bound_1*은 이 자료형에 포함될 요소들의 최소수로, 그 값은 0과 같거나 큰 정수값으로 평가되어야 한다. *bound_1*은 미정값이 아니어야 한다.
  - □ *bound_2*는 요소들의 최대수로, *bound_1*과 같거나 큰 값 또는 미정값으로 평가되어야 한다. 만약 이 값이 미정값이 되면, 이 자료형에 포함될 요소들의 최대수는 한계가 없다.
  - □ 만약 *bound_spec*이 생략되면, 내정값은 [0:?]이다.
- *UNIQUE*

만약 예약어 UNIQUE가 지정되면, 집합 내에서 동일한 요소가 중복되지 않아야 하므로 각 요소는 서로 달라야 한다. 각 요소의 유일성을 검토하기 위한 두 요소 간의 비교는 기본적으로 내장함수 *instance_equal()*을 사용하는 데, 원하는 경우에는 내장함수 *value_unique()*로 더 제약시킬 수 있다.

```
(*
  이 예는 point형을 요소로 하는 두 종류의 BAG자료형을 정의한다. bag1은 0개 이상의 point들을 가질 수 있으며, 동일한 point인스턴스가 여러 번 나타날 수도 있다. bag2는 최소한 한 개의 point를 가져야 하고, 동일한 인스턴스가 중복될 수 없다.
*)
LOCAL
 bag1 : BAG OF point;
 bag2 : BAG[1:?] OF UNIQUE point;
END_LOCAL;
```

4.3.2 LIST자료형

▷ LIST자료형의 선언

```
326 list_type = LIST [ bound_spec ] OF [ UNIQUE ] concrete_type .
232 bound_spec = '[' bound_1 ':' bound_2 ']' .
230 bound_1 = integer_expression .
231 bound_2 = integer_expression .
```

LIST자료형은 세부형 자료형인 요소들의 순열을 값공간으로 한다. 각 구성요소의 색인은 정수자료형으로 주어지며, 그 값의 색인은 순열에 따라 변하게 된다.

- *bound_spec, UNIQUE*(4.3.1절 참조)

```
(*
  이 예는 10개의 정수들로 이루어지는 유일한 ARRAY를 5개 요소로 하는 LIST자료형을 정의한다. 그러므로 이 자료형의 정수의 총수는 50개이다. 각 ARRAY은 주어진 LIST내의 다른 ARRAY들과는 달라야 한다.
*)
LOCAL
 multi_dim : LIST[0:5] OF UNIQUE ARRAY[11:20] OF INTEGER;
END_LOCAL;
```

▷ LIST요소의 색인

```
254 element_qualifier = '[' index ']' .
309 index = expression .
```

LIST 요소의 색인은 해당 LIST자료형 값과 요소참조부로 이루어진다. 그 결과는 지정된 색인위치에 있는 구성요소이다. LIST 자료형내의 특정 요소의 색인위치는 절대적으로 정의되지 않는데, 이는 내장프로시져인 *insert()*와 *remove()*에 의해 새로운 요소가 삽입되거나 제거되면 그 이후의 모든 요소들의 색인위치가 달라지기 때문이다.

- *index*
  - $1 \leq index \leq sizeof(LIST값)$이어야 하며, 그렇지 않으면 미정값이 반환된다. LIST내의 첫 요소는 색인 위치 1로, 마지막 요소는 색인위치 *sizeof(LIST값)*로 설정된다.
  - 만약 *index*가 미정값이면, 미정값이 반환된다.
- 만일 색인대상인 LIST자료형 값이 미정값이면, 미정값이 반환된다.

▷ LIST범위의 색인

```
367 range_qualifier = '[' index_1 ':' index_2 ']' .
310 index_1 = index .
309 index = expression .
311 index_2 = index .
```

LIST 범위의 색인은 해당 LIST자료형 값과 범위참조부를 가지며, 그 결과는 *index_1* 부터 *index_2*까지의 길이 $index_2 - index_1 + 1$인 LIST자료형 값이다.

- *index_1, index_2*
  - $1 \leq index_1 \leq index_2 \leq sizeof(LIST값)$이어야 하며, 그렇지 않으면 미정값이 반환된다.
  - 만일 *index_1*과 *index_2* 중 하나가 미정값이면, 미정값이 반환된다.
- 만일 색인대상인 LIST자료형 값이 미정값이면, 미정값이 반환된다.

4.3.3 TABLE자료형

▷ TABLE자료형의 선언

```
420 table_type = TABLE [ bound_spec ] OF [ OPTIONAL ] [ UNIQUE ] concrete_type INDEXED
    BY index_type .
232 bound_spec = '[' bound_1 ':' bound_2 ']' .
230 bound_1 = integer_expression .
231 bound_2 = integer_expression .
```

TABLE자료형은 세부형 자료형인 요소들의 집합을 값공간으로 가지며, 단순형 또는 지명형 자료형의 색인이 각 요소에 대해 주어진다.

- *bound_spec*(4.3.1절 참조)
- *OPTIONAL*, *UNIQUE*

  예약어 OPTIONAL이 지정되면, 색인되는 위치에 값이 없을 수도 있음을 의미한다. 예약어 UNIQUE가 지정되면, 집합 내에서 동일한 요소가 중복되지 않아야 하므로 각 요소는 서로 달라야 한다. OPTIONAL이 UNIQUE와 동시에 선언되면 하나의 TABLE안에서 미정값을 가지는 여러 색인들이 존재할 수 있다. 즉, 미정값들 간의 비교결과가 UNKNOWN이기 때문에 유일성 제약조건에 위배되지 않는다.

■ *index_type*

□ 색인용 자료형은 집합형 자료형이나 선택자료형이 아니어야 한다[6].

□ 색인용 자료형이 묵시적으로 순서를 가질 수 있는 경우에는 TABLE내의 구성요소들은 색인값들에 의한 순서를 갖는다.

```
(*
  이 예는 엔티티 element를 위한 새로운 자료형 element_number를 선언하고, 색인으로 element_number
와 요소로 element를 갖는 테이블인 지역변수 element_table을 선언하고 있다.
*)
TYPE element_number IS SPECIALIZATION OF INTEGER;
 WHERE
  positive : SELF > 0;
END_TYPE;
ENTITY element;
 id : element_number;
END_ENTITY;
...
LOCAL
 element_table : TABLE [2:?] OF element INDEXED BY element_number;
END_LOCAL;
...
```

▷ TABLE요소의 색인

```
254 element_qualifier = '[' index ']' .
309 index = expression .
```

TABLE 요소의 색인은 해당 TABLE자료형 값과 요소참조부로 이루어진다. 각 색인의 비교는 함수 *value_equal()*로 수행된다.

■ *index*

□ index는 주어진 TABLE의 색인용 자료형에 호환인 값으로 평가되어야 한다. 만약 지정된 위치에 아무런 요소가 없다면 미정값이 반환된다.

□ 만약 *index*가 미정값이면, 미정값이 반환된다.

■ 만일 색인대상인 TABLE자료형 값이 미정값이면, 미정값이 반환된다.

6 올바르지 않은 색인용 자료형이 지정되면 구문해석 에러코드 42가 제시된다

4.3.4 ARRAY자료형

▷ **ARRAY자료형의 선언**

```
216 array_type = ARRAY [ index_spec ] OF [ OPTIONAL ] [ UNIQUE ] base_type .
313 index_spec = '[' index_1 ':' index_2 ']' .
310 index_1 = index .
309 index = expression .
311 index_2 = index .
```

ARRAY자료형은 기본용 자료형인 요소들의 집합을 값공간으로 가지며, 정수자료형의 색인이 주어지는 TABLE자료형의 특수한 경우이다.

- *index_spec*
  - □ *index_1*은 ARRAY자료형의 하한 색인을 지정하며, 그 값은 정수값이어야 한다. *index_1*은 미정값이 되지 않아야 한다.
  - □ *index_2*는 상한 색인으로, *index_1*과 같거나 큰 값 또는 미정값으로 평가되어야 한다. 만약 이 값이 미정값이 되면, ARRAY의 상한 색인은 한계가 없다.
  - □ 만약 *bound_spec*이 생략되면, 내정값은 [0:?]이다.
- *OPTIONAL*, *UNIQUE*(4.3.3절 참조)

```
(*
  지역변수 points는 ARRAY[11:14] OF UNIQUE point라는 배열을 3개 가지는 2차원 ARRAY이다. 같은
point 인스턴스는 각 ARRAY[11:14]내에서는 중복이 허용되지 않지만, 두 개의 다른 ARRAY[11:14]에는 속
할 수 있다.
*)
LOCAL
 points : ARRAY [1:3] OF ARRAY [11:14] OF UNIQUE point;
END_LOCAL;
```

▷ **ARRAY요소의 색인**

```
254 element_qualifier = '[' index ']' .
309 index = expression .
```

ARRAY 요소의 색인은 해당 ARRAY자료형 값과 요소참조부로 이루어진다.

- *index*
  - □ *index*는 정수자료형으로 평가되어야 한다. 만약 지정된 위치에 아무런 요소가 없다면 미정값이 반환된다.
  - □ 만약 *index*가 미정값이면, 미정값이 반환된다.
- 만일 색인대상인 ARRAY자료형 값이 미정값이면, 미정값이 반환된다.

4.3.5 집합형 자료형의 초기화

```
208 aggregate_initializer = type_mark '[' [ element { ',' element } ] ']' .
428 type_mark = ( typename | type_label_ref ) '::' .
429 typename = built_in_typename | entity_ref | type_label_ref | type_ref .
253 element = expression ( [ ':' repetition ] | [ '@' index_position ] ) .
377 repetition = integer_expression .
312 index_position = expression .
```

집합형 자료형의 초기값은 집합형 초기자에 의해 설정된다.

- *type_mark*(2.5.2절 참조)

  BAG, LIST, TABLE, 또는 ARRAY로 형표시를 하여야 한다. 만약 형표시가 없으면 BAG자료형으로 간주된다.

- *element*

  집합형 자료형의 각 요소의 초기값은 대괄호 내에 해당 요소의 자료형으로 평가되는 표현식으로 나열된다. 초기화되는 요소의 수는 해당 집합형 자료형의 범위 명세와 일치하여야 하며, 모자라는 경우에는 대응하는 초기값이 없는 요소들은 미정값으로 초기화된다.

  UNIQUE로 제약되지 않은 BAG과 LIST가 동일한 값을 연속하여 가질 경우에는 요소값 표현식, 콜론 ':', 그리고 양의 정수인 반복횟수로 구성되는 반복형태가 적용될 수 있다. 만약 요소값이나 반복횟수가 미정값으로 평가되면, 해당 집합형 자료형은 초기화되지 않는다. TABLE과 ARRAY를 초기화할 때는 요소값 표현식, 문자 '@', 그리고 색인값이 사용된다.

```
(*
  다음은 BAG, LIST, 그리고 TABLE자료형의 각 변수에 대한 초기화하는 예를 보여준다.
*)
TYPE table_type IS TABLE OF REAL INDEXED BY STRING;
END_TYPE;
...
LOCAL
 bag1 : BAG OF INTEGER;
 list1 : LIST OF REAL;
 table1 : table_type;
END_LOCAL;
bag1 := [-1, 0, 2*3-4];                      -- 형표시가 없으면 BAG자료형으로 간주된다
list1 := LIST::[0.0:3];
table1 : table_type := table_type::[PI@'pi', 0@'zero'];
```

4.4 지명형 자료형

지명형 자료형은 사용자가 관심영역의 객체를 실제적으로 묘사하기 위한 새로운 자료형을 선언할 수 있게 한다. 이러한 지명형 자료형으로는 정의자료형과 엔티티자료형이 있다.

4.4.1 정의자료형

정의자료형은 내장자료형이나 또는 이미 선언된 정의자료형 및 엔티티자료형을 바탕으로 새로운 자료형을 생성하며, 그 기저가 되는 자료형의 특성을 상속받는다. 이러한 정의자료형은 엔티티자료형의 속성, 지역변수, 형식 매개변수, 그리고 또 다른 정의자료형의 기저용 자료형 등을 표현하기 위하여 사용된다. 이러한 정의자료형으로 별칭형, 제약형, 그리고 특수형 정의자료형이 제공된다(5장 참조).

4.4.2 엔티티자료형

EXPRESS가 제공하는 기본적인 자료형만을 사용하여 실세계의 객체를 모델링하는 데는 한계가 있다. 엔티티자료형은 대상객체의 그룹의 특성을 묘사하는 데이터들에 대한 정의와 그 데이터를 다루는 방법 등을 하나의 객체로 통합하고, 기존의 객체를 활용하여 새로운 객체를 생성하는 객체지향형 형태의 자료형으로 구조화할 수 있게 하는 데, 이는 C++ 또는 Java에서의 클래스와 비슷하다. 이러한 엔티티자료형은 EXPRESS정보모델을 구성하기 위한 기본 단위가 된다(6장 참조).

4.5 일반형 자료형

일반형 자료형은 지정된 부류에 속하는 모든 자료형들에 대응할 수 있는 범용목적의 자료형을 기술하는 데 사용된다. 이러한 일반형 자료형은 알고리즘의 형식 매개변수와 지역변수, 함수의 반환값, 또는 추상엔티티의 속성 등의 자료형을 여러 종류의 실제값에 대해 적용될 수 있도록 한다. 일반형 자료형의 형식매개변수를 가지는 알고리즘은 실제 매개변수의 자료형에 따라 수행될 함수가 선택된다(7.2.1절 참조).

➔ 일반형 자료형의 EXPRESS-G 기호

일반형 자료형은 각 자료형의 형이름을 감싸는 우측에 두 개의 수직선을 가지는 실선박스로 표시된다. 두 개의 수직선은 더 이상 확장되지 않는 EXPRESS언어의 종단 자료형임을 의미한다. 단, 범용집합형 또는 범용집합형 자료형들은 대응하는 세부형의 집합형 자료형의 기호를 따른다.

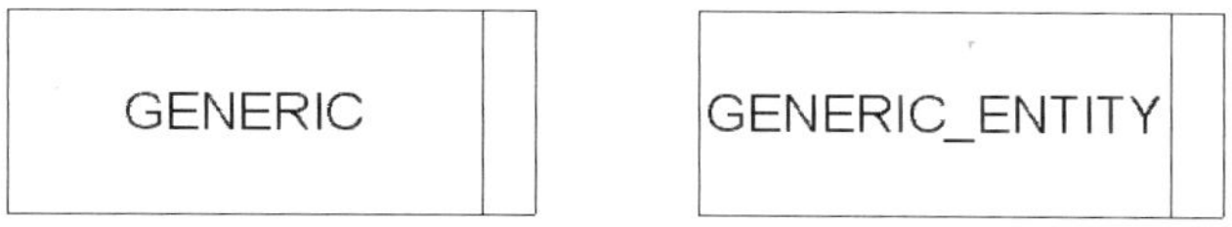

그림 4-4. 일반형 자료형의 EXPRESS-G 기호

4.5.1 범용자료형

▷ 범용자료형의 선언

```
302 generic_type = GENERIC [ ':' type_label ] .
```

범용자료형(GENERIC)은 EXPRESS의 모든 자료형들의 일반형이다.

- *type_label*(7.2.2절 참조)

```
(*
 다음의 예에서는 실수 또는 벡터를 합하는 함수 add의 선언을 보여준다. 형식 매개변수로 전달되는 두 개의 실제 매개변수들은 동일한 자료형이어야 하며, 반환값은 실제 매개변수의 자료형과 같다. 실수 또는 벡터가 아닌 경우에는 미정값이 반환된다.
*)
ENTITY point;
x,y,z : REAL;
END_ENTITY;
FUNCTION add(a,b:GENERIC:lab):GENERIC:lab;
IF (_real IN typeof(a)) AND (_real IN typeof(b))
THEN                                            -- 두 개의 매개변수 모두 실수일 때
RETURN(a+b);
ELSE
IF (point IN typeof(a)) AND (point IN typeof(b))
THEN                                            -- 두 개의 매개변수 모두 point일 때
RETURN(vector(a.x + b.x, a.y + b.y, a.z + b.z));
END_IF;
END_IF;
RETURN(?);
END_FUNCTION;
```

▷ 범용자료형의 내장함수

표 4-9는 범용자료형으로 선언된 형식 매개변수를 갖는 내장함수들을 보여준다. 이러한 내장함수가 호출되면 어떠한 자료형의 인스턴스 값이라도 실제 매개변수가 될 수 있다.

표 4-9. 범용자료형의 내장함수

연산자	함수명
=	*value_equal()*
<>	*value_not_equal()*
:=:	*instance_equal()*
:<>:	*instance_notequal()*
없음	*exists(),nvl(),typeof(),exact_typeof(),instance_of(),exact_instance_of()*

4.5.2 범용집합자료형

▷ 범용집합자료형의 선언

```
210 aggregate_type = AGGREGATE [ ':' type_label ] OF parameter_type .
```

범용집합자료형(AGGREGATE)은 모든 범용집합형 자료형들의 일반형이며, 동시에 범용자료형의 하위형이다.

```
(*
 다음의 예에서는 실수의 집합형 자료형을 받아들이는 함수를 선언한다. 이 함수는 크기가 조절된 실수들을 포함하고 전달된 집합형 자료형과 같은 자료형을 반환한다.
*)
FUNCTION scale(a:AGGREGATE:lab OF REAL; fac:REAL):AGGREGATE:lab OF REAL;
LOCAL
agg : AGGREGATE:lab OF REAL := a;
END_LOCAL;
IF (_BAG_OF__REAL IN TYPEOF(a))
THEN                                    -- 실제 매개변수가 BAG자료형인 경우
agg := lab::[];
REPEAT FOREACH i IN a;
agg := agg + fac * i;
END_REPEAT;
ELSE                                    -- 실제 매개변수가 LIST, TABLE, 또는 ARRAY자료형인 경우
REPEAT i := LOINDEX(a) TO HIINDEX(a);
agg[i] := fac * a[i];
END_REPEAT;
END_IF;
RETURN(agg);
END_FUNCTION;
```

▷ 범용집합자료형의 내장함수

표 4-10은 범용집합자료형으로 선언된 형식 매개변수를 갖는 내장함수들을 보여준다. 이러한 함수들에 대응하는 실제 매개변수는 범용집합형 자료형에 속하는 BAG, LIST, TABLE 또는 ARRAY자료형이어야 한다.

표 4-10. 범용집합자료형의 내장함수

연산자	함수명
∈	*value_in()*
IN	*member_of()*
없음	*hibound(),hiindex(),lobound(),loindex(),sizeof(),value_unique(),query()*

4.5.3 범용집합형 자료형

▷ 범용집합형 자료형의 선언

```
295 generalized_aggregation_type = generalized_array_type | generalized_bag_type |
   generalized_list_type | generalized_table_type .
296 generalized_array_type = ARRAY [ bound_spec ] OF [ OPTIONAL ] [ UNIQUE ]
   parameter_type .
232 bound_spec = '[' bound_1 ':' bound_2 ']' .
230 bound_1 = integer_expression .
231 bound_2 = integer_expression .
297 generalized_bag_type = BAG [ bound_spec ] OF [ UNIQUE ] parameter_type .
298 generalized_list_type = LIST [ bound_spec ] OF [ UNIQUE ] parameter_type .
299 generalized_table_type = TABLE [ bound_spec ] OF [ OPTIONAL ] [ UNIQUE ]
   parameter_type INDEXED BY ( generic_entity_type | named_type | simple_type ) .
```

범용집합형 자료형은 범용BAG자료형, 범용LIST자료형, 범용TABLE자료형, 그리고 범용ARRAY자료형을 통칭한다. 각 자료형은 세부형의 집합형 자료형인 BAG자료형, LIST자료형, TABLE자료형, 그리고 ARRAY자료형의 일반형이다. 이러한 범용집합형 자료형은 매개변수용 자료형을 구성요소로 가진다. 여기서, 범용TABLE자료형은 단순형과 지명형 자료형 이외에도 범용엔티티자료형을 색인용으로 가질 수 있다.

```
(*
  이 예는 형식 매개변수 선언에서 범용BAG자료형의 사용법을 보여준다.
*)
FUNCTION get_size(a:BAG OF GENERIC):INTEGER;
```

▷ 범용집합형 자료형의 내장함수

표 4-11은 범용집합형 자료형에 속하는 각 자료형으로 선언된 형식 매개변수를 갖는 내장함수들을 보여준다. 이러한 함수들은 대응하는 세부형의 집합형 자료형에 대해 각각 적용될 수 있다. 마찬가지로, 범용집합형 자료형에 대해서 정의되지 않지만 상위형인 범용집합자료형에 제공하는 연산자 및 함수들은 범용집합형 자료형에 대해서도 적용된다.

표 4-11. 범용집합형 자료형들의 내장함수

연산자	범용BAG자료형	범용LIST자료형	범용TABLE자료형	범용ARRAY자료형
=	*bag_value_equal()*	*list_value_equal()*	*table_value_equal()*	*array_value_equal()*
:=:	*bag_instance_equal()*	*list_instance_equal()*	*table_instance_equal()*	*array_instance_equal()*
+	*union()* *element_union_l()* *element_union_r()*	*append()* *element_append()* *element_prepend()*		
-	*difference()* *element_difference()*			
*	*intersection()*			
⊂	*subset()*			
⊃	*superset()*			
없음			*index_type()* *indicies_of()*	

범용집합형 자료형중 범용 LIST자료형으로 선언된 형식 매개변수를 갖는 내장프로시저로는 *insert()*와 *remove()*가 제공된다.

4.5.4 범용엔티티자료형

▷ 범용엔티티자료형의 선언

```
301 generic_entity_type = GENERIC_ENTITY [ ':' type_label ] .
```

범용엔티티자료형은 모든 엔티티자료형들의 일반형이며, 동시에 범용자료형의 하위형이다.

```
(*
  다음 함수는 두 엔티티자료형들이 어떤 인스턴스를 통해 서로 상관관계가 있는 지를 검토한다.
*)
FUNCTION check_relation(t1:e1; t2:e2; d:GENERIC_ENTITY):BOOLEAN;
RETURN((t1 IN usedin(?,d)) AND (t2 IN usedin(?,d)));
END_FUNCTION;
```

▷ 범용엔티티자료형의 내장함수

표 4-12는 범용엔티티자료형으로 선언된 형식 매개변수를 갖는 내장함수들을 보여준다. 범용엔티티자료형으로 정의된 형식 매개변수로 전달되는 실제 매개변수는 엔티티 인스턴스가 되어야 한다. 범용엔티티자료형은 상위형인 범용자료형에서 제공하는 연산자 및 함수들을 상속받는다.

표 4-12. 범용엔티티자료형의 내장함수

연산자	함수명
=	*generic_entity_value_equal()*
:=:	*generic_entity_instance_equal()*
없음	*exact_extent(),extent(),persistent(),relatedto(),rolesof(),usedin()*

범용엔티티자료형에 대해 제공되는 지역이벤트로는 *created()*와 *destroyed()*가 있으며, 내장작동으로는 *create()*, *destroy()*, *drop()*,그리고 *extend()*가 있다.

4.6 스키마정보형 자료형

알고리즘내로 실제 매개변수의 값 또는 인스턴스에 대한 스키마차원의 정보를 제공하기 위하여 스키마정보형이 사용된다. 이러한 자료형으로 형이름자료형과 역할이름자료형이 있다.

➔ 스키마정보형 자료형의 EXPRESS-G 기호

스키마정보형 자료형에 대한 어떠한 표시방법도 제공되지 않는다.

4.6.1 형이름자료형

▷ **형이름자료형의 선언**

```
430 type_name_type = TYPE_NAME [ ':' type_label_id ] .
```

형이름자료형(TYPE_NAME)은 형식 매개변수로 전달될 실제 매개변수의 값 또는 인스턴스에 대한 내장자료형의 이름이나 또는 현재 스키마내의 지명형 자료형의 이름을 값공간으로 가진다. 형이름자료형 값들은 대소문자의 구분이 없다.

- *type_label_id*

  형명칭 식별자는 전달된 실제 매개변수의 형이름을 가진다.

이러한 형이름자료형을 매개변수 또는 반환자료형으로 사용하는 주요 내장함수로는 *typeof()*, *instance_of()*, *index_type()*, *extent()*, *type_name_concatenate()*, *evaluate()* 등이 있

으며, 그리고 내장작동으로는 *drop()*이 있다. 내장함수 *typeof()*를 예를 들면, 범용자료형인 v를 인자로 받아 자료형계층상에 있는 중복되지 않는 상위형 형이름들로 구성된 BAG자료형을 반환한다.

```
FUNCTION typeof (
 v:GENERIC                          -- v는 범용자료형
 ):BAG OF UNIQUE TYPE_NAME;         -- 반환값은 상위형 형이름들을 유일하게 갖는 BAG자료형
 EXTERNAL;
END_FUNCTION;
```

▷ 각 자료형의 형이름

각 자료형의 형이름은 다음의 EXPRESS의 구문규칙에 의하여 정해진다.

```
185 complex_typename = '_' c o m p l e x .
190 real_typename = '_' r e a l .
187 integer_typename = '_' i n t e g e r .
189 logical_typename = '_' l o g i c a l .
184 boolean_typename = '_' b o o l e a n .
192 string_typename = '_' s t r i n g .
183 binary_typename = '_' b i n a r y .
182 bag_typename = '_' b a g '_' o f '_' typename .
188 list_typename = '_' l i s t '_' o f '_' typename .
181 array_typename = '_' a r r a y '_' o f '_' typename .
193 table_typename = '_' t a b l e '_' o f '_' typename .
191 role_name_typename = '_' r o l e '_' n a m e .
194 type_name_typename = '_' t y p e '_' n a m e .
186 expression_typename = '_' e x p r e s s i o n .
```

- 단순형 자료형의 형이름은 밑줄문자('_')와 해당 자료형 이름으로 구성된다.
- 집합형 자료형의 형이름은 밑줄문자, 집합형의 종류, '_of_', 기저자료형의 이름, 그리고 범주지정을 모두 합하여 구성된다.
- 지명형 자료형의 형이름은 현재 상태에서 사용되는 이름으로 정의된다. 그러므로 지명형 자료형이 스키마 인터페이스 선언에 의해 재명명된 경우에는 새로운 이름만이 현재 스키마 내에서 가시적이다. 엔티티자료형인 경우에는 구성하는 엔티티자료형들의 인스턴스 조합이 하나의 인스턴스가 되므로, 그 형이름은 더 이상 하위형들을 갖지 않은 해당 인스턴스내의 모든 엔티티자료형들의 이름들의 조합으로 정의된다.
- 형이름자료형의 형이름은 '_TYPE_NAME'이며, 역할이름자료형의 형이름은 '_ROLE_NAME'이다.
- 표현식자료형의 형이름은 '_EXPRESSION'이다.

```
(*
 집합형 자료형에 대한 형이름은 명시적이거나 묵시적으로 정의된 범주를 포함한다. 그러므로 names는
_list_of__string[1:3]이라는 형이름을 갖는다.
```

```
*)
TYPE names IS LIST[1:3] OF STRING;
END_TYPE;
LOCAL
 s1 : names := _list_of__string::['Univ.','of','Ulsan'];
 s2 : names := names::['Dept.','of','Architecture'];
END_LOCAL;
```

```
(*
  아래의 엔티티들의 선언에 의해 생성될 수 있는 인스턴스들의 형이름들로는 a, b, c, 그리고 b&c이 가능하
다.
*)
ENTITY a;
 ...
END_ENTITY;
ENTITY b
 SUBTYPE of (a);
 ...
END_ENTITY;
ENTITY c
 SUBTYPE of (a);
 ...
END_ENTITY;
```

▷ 형이름자료형의 내장함수

형이름자료형으로 선언된 형식 매개변수를 갖는 내장함수로는 *type_name_concatenate()*이 있다.

4.6.2 역할이름자료형

▷ 역할이름자료형의 선언

```
382 role_name_type = ROLE_NAME [ entity_type_label ] [ attribute_type_label ] .
261 entity_type_label = ':' type_label_id .
221 attribute_type_label = ':>' type_label_id .
```

역할이름자료형(ROLE_NAME)은 형식 매개변수로 전달될 실제 매개변수인 역할이름자료형 값에 대하여 해당 엔티티 이름과 속성의 이름을 값공간으로 갖는 자료형이다.

- *entity_type_label*

  기호 ':' 다음에 오는 엔티티 형명칭은 해당 속성을 가지는 엔티티를 나타낸다.

- *attribute_type_label*

  기호 ':>' 다음에 오는 속성 형명칭은 해당 속성의 자료형을 나타낸다.

이러한 형명칭들은 함수의 반환자료형 등을 정의하기 위하여 형명칭을 참조하는 데 사용될 수 있다. 내장함수에서 사용된 사례는 *relatedto()*와 *usedin()*을 들 수 있다.

▷ 역할이름자료형 값

역할이름자료형 값은 해당 속성을 가진 엔티티 이름, 속성참조자 '. ', 그리고 속성이름으로 구성된다. 역할이름자료형 값들은 대소문자 구분이 없다. 만약 엔티티자료형이 스키마 인터페이스 선언에 의해 재명명된 경우에는 새로운 이름만이 현재 스키마 내에서 가시적이다. 만약 재선언된 속성이 다른 이름으로 바뀐다면 해당 속성의 이름은 그것이 재선언된 엔티티에 대해서는 새로운 이름이 되고 본래의 엔티티에 대해서는 이전이름이 된다.

```
(*
 다음의 예는 스키마 인터페이스를 통한 하위형/상위형 그래프와 관련한 역할이름들을 보여준다. 스키마 s1이
갖는 역할이름들로는 e1.att1, e2.att1, 그리고 e2.att2들이 있으며, 스키마 s2의 역할이름으로는
e.att1과 e3.att가 있다.
*)
SCHEMA s1;
 ENTITY e1;
  att1 : REAL;
 END_ENTITY;
 ENTITY e2;
  SUBTYPE OF (e1);
  att2 : INTEGER;
 END_ENTITY;
END_SCHEMA;

SCHEMA s2;
 USE FROM s1 (e1 AS e);
 ENTITY e3;
  SUBTYPE OF (e);
  SELF\e.att1 RENAMED att : INTEGER;
 END_ENTITY;
END_SCHEMA;
```

4.7 표현식자료형

▷ 표현식자료형의 선언

```
280 expression_type = EXPRESSION '(' concrete_type ')' .
```

표현식자료형(EXPRESSION)은 EXPRESS 표현식 자체를 값공간으로 가진다. 이러한 표현식자료형은 엔티티의 속성으로만 선언될 수 있으며, 엔티티의 유도속성이나 영역규칙, 거동내의 지역이벤트 구동명세, 반동의 PRE 또는 POST조건과 실행문 등에서 평가한 결과를 이용하기 위하여 사용된다. 엔티티 선언에 한정된 상황에서 이러한 표현식이 평가되므로, 표현식내의 피연산자들로 상수, SELF, 그리고 다른 속성들만이 사용된다.

■ *concrete_type*

공식명세나 응용프로그램에서 그 평가값을 올바르게 다루기 위하여, 표현식자료형은 표현식 평가의 반환자료형 이름을 지정하여야 한다. 실제 표현식 값의 평가결과는 지정한 자료형의 하위형이 될 수 있다.

```
(*
 표현식자료형에 의해 조건을 갖는 point는 각 인스턴스에서 제공되는 표현식을 갖게 된다. 스키마에서는 이러한 표현식의 내용은 표현되지 않는다.
*)
ENTITY constrained_point;
 x,y,z : REAL;
 constraint : EXPRESSION(BOOLEAN)
 WHERE
  wr: evaluate(constraint) < 1000;
END_ENTITY
...
LOCAL
 p1 : constrained_point                    -- p1은 영역규칙을 만족하므로 유효한 인스턴스
      := constrained_point(3.0, -4.0, x**2 + y**2 + nvl(z,0.0)**2);
END_LOCAL;
```

➔ 표현식자료형의 EXPRESS-G 기호

표현식자료형은 해당 자료형의 형이름을 감싸는 우측에 두 개의 수직선을 가지는 실선박스로 표시된다. 두 개의 수직선은 더 이상 확장되지 않는 EXPRESS언어의 종단 자료형임을 의미한다.

그림 4-5. 표현식자료형의 EXPRESS-G 기호

▷ 표현식자료형의 내장함수

표현식자료형으로 선언된 형식 매개변수를 갖는 내장함수들로는 *evaluate(), expression_to_string(), expression_type(),* 그리고 *string_to_expression()*등이 제공된다.

5. EXPRESS의 정의자료형

EXPRESS의 지명형 자료형에 속하는 정의자료형은 관심영역의 객체들을 보다 실제적으로 묘사하기 위하여 기존의 자료형들을 바탕으로 새로운 자료형을 선언할 수 있게 한다. 생성된 자료형은 그 기저가 되는 자료형의 하위형이 되며, 따라서 그 특성을 상속받는다. 이러한 정의자료형은 엔티티의 속성, 알고리즘내의 지역변수, 함수의 형식 매개변수, 그리고 또 다른 정의자료형의 기저용 자료형 등을 표현하기 위하여 사용된다. 이러한 정의자료형으로는 별칭형 정의자료형, 제약형 정의자료형, 그리고 특수형 정의자료형 등, 세가지 형태가 제공된다.

5.1 별칭형 정의자료형

별칭형 정의자료형은 IS로 선언되며, 기저용 자료형을 대신하는 새로운 형이름을 선언한다. 동일한 기저용 자료형은 여러 개의 정의자료형을 선언하는 데 사용될 수 있다. 별칭형 정의자료형에서 기저용 자료형을 제약하는 것은 불가능하다.

5.1.1 별칭자료형

```
424 type_decl = TYPE type_id ( aliased_type_decl | constrained_type_decl |
    specialised_type_decl ) END_TYPE ';' .
215 aliased_type_decl = IS underlying_type ';' .
431 underlying_type = constructed_type | specialisable_type .
402 specialisable_type = aggregation_type | simple_type | type_ref .
```

별칭자료형은 기저용 자료형의 사용의도를 명확하게 나타내기 위한 별칭을 부여하는 데 사용된다. 별칭자료형은 기저용 자료형과 동일한 값공간을 가지며 호환이 가능하다.

- *TYPE, type_id, END_TYPE*

  형 선언은 예약어 TYPE부터 해당 형선언을 종결하는 예약어 END_TYPE까지 새로운 범주를 정의한다. 형 식별자는 그것을 정의하는 선언의 범주 내에서 가시적이다. 만약 정의자료형과 같은 식별자가 내부범주에서 재선언되는 경우에는 내부범주의 식별자가 지명형 자료형이거나 형명칭이 아니라면 두 식별자 모두 내부범주에서 가시적이다.

- *specialisable_type*

  단순형, 집합형, 그리고 다른 정의자료형인 특화용 자료형이 기저용으로 사용된다.

➔ 별칭자료형에 대한 EXPRESS-G 기호

별칭자료형은 해당 형이름을 감싸는 쇄선박스로 표시되며, 기저용 자료형측에는 열린원의 선단을 가진 점선으로 연결된다.

그림 5-1. 별칭자료형에 대한 EXPRESS-G 기호

```
(*
  아래의 예는 내장자료형인 문자열자료형을 기저로 identifier라는 새로운 자료형을 선언하여 그 의미를 뚜렷이 하였으며, 이러한 identifier를 요소로 갖는 LIST자료형인 name을 선언한다.
*)
TYPE identifier IS STRING;
```

```
END_TYPE;
TYPE name IS LIST[1:3] identifier;
END_TYPE;
```

그림 5-2는 정의자료형 name의 EXPRESS-G표현을 보여준다.

그림 5-2. 정의자료형 name의 EXPRESS G 표현

5.1.2 나열자료형

```
424 type_decl = TYPE type_id ( aliased_type_decl | constrained_type_decl |
   specialised_type_decl ) END_TYPE ';' .
215 aliased_type_decl = IS underlying_type ';' .
431 underlying_type = constructed_type | specialisable_type .
246 constructed_type = enumeration_type | select_type .
265 enumeration_type = extensible_enumeration_type | fixed_enumeration_type .
282 extensible_enumeration_type = EXTENSIBLE ENUMERATION [ ( ( OF enumeration_items ) |
   enumeration_extension ) ] .
286 fixed_enumeration_type = ENUMERATION ( ( OF enumeration_items ) |
   enumeration_extension ) .
264 enumeration_items = '(' enumeration_id { ',' enumeration_id } ')' .
263 enumeration_extension = BASED_ON type_ref WITH enumeration_items .
```

나열자료형은 별칭형 정의자료형의 기저용으로만 사용되며, 나열항목 식별자들의 집합을 그 값공간으로 가진다. 나열자료형은 제한된 범위의 값(예, 요일이름 또는 월이름)을 가지는 경우에 사용된다.

- *enumeration_items*

  나열항목들은 나열자료형의 값들을 나타내며, 해당 나열자료형이 가시적인 모든 범주내에서 나열항목들의 각 식별자도 가시적이다. 만약 두 개의 나열자료형이 동일한 식별자를 나열항목으로 선언하면, 해당 나열항목 식별자의 참조는 *type_id.enumeration_id*형태로 표현된다.

- *EXTENSIBLE*

  다른 나열자료형의 선언에 의해 확장될 수 있는 나열자료형은 예약어 EXTENSIBLE로 정의되는데, 확장될 경우 기저 자료형의 새로운 값공간은 현재 나열항목들과 모든 확장형들에서 추가되는 항목들의 합집합이 된다. 확장가능한 나열자료형은 나열항목들 없이 선언될 수도 있다. 이러한 확장가능한 나열자료형은 현재 스키마내에서 확장형들의 일반화로서의 역할을 하며, 모든 확장형은 이 자료형과 호환적이다. 확장형 나열자료형은 그 자신이 또한 확장가능한 나열자료형으로 선언될 수 있다.

- *BASED_ON, WITH*

  이미 선언된 확장가능한 나열자료형의 확장형은 예약어 BASED_ON 다음에 오는 *type_ref*의 나열항목들과 예약어 WITH 다음에 추가되는 나열항목들의 합집합을 그 값공간으로 가진다. 그러므로 하나의 문맥 내에서 두 번이상 확장되는 기존의 확장가능한 나열자료형은 확장형들보다 더 큰 값공간을 가질 수 있다. 확장형은 나열항목들을 추가하지 않고도 선언될 수 있다. 확장가능한 나열자료형이 확장될 때 항목들의 순서는 무의미하다. 두 개의 다른 나열자료형들은 같은 *enumeration_id*항목으로 동일한 확장가능한 나열자료형을 확장할 수 있는 데, 이 경우에 기존의 확장가능한 나열자료형이나 새로운 두 개의 나열자료형들내에 있는 *enumeration_id*는 모두 같은 값을 가리킨다.

➔ 나열자료형에 대한 EXPRESS-G 기호

나열자료형은 해당 형이름을 감싸는 우측에 두 개의 수직선(종단자료형을 의미함)을 가진 쇄선박스로 표시된다. 나열항목들은 표시되지 않는다. 확장가능한 나열자료형은 해당 자료형의 이름앞에 '(EX)'를 두며, 해당 자료형과 확장형을 연결하고 확장형측에 열린원의 선단을 가진 굵은선으로 표시된다. 특정한 확장가능한 나열자료형에 대하여 확장형들이 많을 경우에는 이 굵은선은 분기된다.

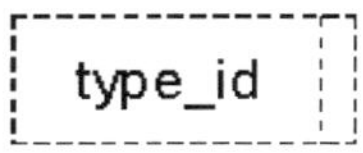

그림 5-3. 나열자료형에 대한 EXPRESS G 기호

```
(*
 다음의 예는 아무런 항목을 가지지 않는 확장가능한 나열자료형 day를 선언하고, Friday항목을 공통으로 갖는 두 개의 다른 스키마에서 이를 확장하였다. 응용 스키마인 app_day에서 두 개의 스키마에서 선언한 정의자료형을 차용하는 데, 이러한 상황하에서 day는 7개의 요일 모두를 값공간으로 가진다. 그러므로 day.Friday, weekday.Friday, 그리고 weekend.Friday는 동일한 항목을 가르킨다. 그러나 스키마 week_end내에서 day는 weekend와 동일한 값공간만을 갖게 된다.
*)
SCHEMA basic_day;
TYPE day IS EXTENSIBLE ENUMERATION;
TYPE workday IS ENUMERATION
 BASED_ON day WITH (Monday,Tuesday,Wednesday,Thursday,Friday,Saturday);
END_TYPE;
END_SCHEMA;

SCHEMA week_day;
 USE FROM basic_day (day);
 TYPE weekday IS EXTENSIBLE ENUMERATION
  BASED_ON day WITH (Monday,Tuesday,Wednesday,Thursday,Friday);
```

```
 END_TYPE;
END_SCHEMA;

SCHEMA week_end
 USE FROM basic_day (day);
 TYPE weekend IS ENUMERATION BASED_ON day WITH (Friday,Saturday,Sunday);
 END_TYPE;
END_SCHEMA;

SCHEMA app_day;
 USE FROM week_day (weekday);
 USE FROM week_end (weekend);
END_SCHEMA;
```

그림 5-4는 basic_day내의 day와 workday의 관계를 EXPRESS-G로 보여준다.

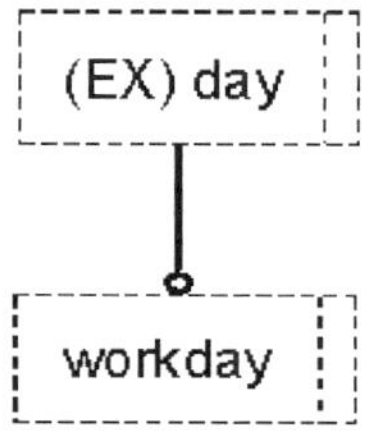

그림 5-4. 정의자료형 day와 workday의 EXPRESS-G 표현

5.1.3 선택자료형

```
424 type_decl = TYPE type_id ( aliased_type_decl | constrained_type_decl |
   specialised_type_decl ) END_TYPE ';' .
215 aliased_type_decl = IS underlying_type ';' .
431 underlying_type = constructed_type | specialisable_type .
246 constructed_type = enumeration_type | select_type .
396 select_type = extensibe_select_type | fixed_select_type .
283 extensible_select_type = EXTENSIBLE [ GENERIC_ENTITY ] SELECT [ ( select_items |
   select_extension ) ] .
287 fixed_select_type = [ GENERIC_ENTITY ] SELECT ( select_items | select_extension ) .
395 select_items = '(' named_type { ',' named_type } ')' .
394 select_extension = BASED_ON type_ref WITH select_items .
```

선택자료형은 별칭형 정의자료형의 기저용으로만 사용되며, 그 선택항목들내에 있는 지명형 자료형들을 값공간으로 가진다. 그러므로 선택자료형에 의한 정의자료형은 단지 새로운 형 식별자를 부여하는 역할을 하며, 해당 정의자료형에서 주어진 선택항목들의 자료형의 하위형은 아니다. 이러한 선택자료형은 그 선택항목들내에 있는 각 지명형 자료형의 일반화의 역할을 한다. 즉, 선택항목들의 모든 요소들이 특정한 성질을 가지고 있는 경우에는 그 선택자료형도 역시 그 성질을 가지며, 일부 항목만이 어떤 성질을 갖고 있다면 그 선택자료형은 해당 성질을 가지지 않는다.

■ *select_items*

선택항목들내의 각 요소는 지명형 자료형인 정의자료형 또는 엔티티자료형이어야 한다.

■ *EXTENSIBLE*

다른 선택자료형의 선언에 의해 확장될 수 있는 선택자료형은 예약어 EXTENSIBLE로 정의되는 데, 확장될 경우 기저 자료형의 새로운 값공간은 현재 선택항목들과 모든 확장형들에서 추가되는 항목들의 합집합이 된다. 확장가능한 선택자료형은 선택항목들 없이 선언될 수도 있다. 이러한 확장가능한 선택자료형은 현재 스키마 내에서 일반화로서의 역할을 하며, 모든 확장형은 이 자료형과 호환적이다. 확장형 선택자료형은 그 자신이 또한 확장가능한 선택자료형으로 선언될 수 있다.

■ *GENERIC_ENTITY*

예약어 GENERIC_ENTITY는 선택항목들로 엔티티자료형이던지 또는 엔티티자료형들만을 그 선택항목들로 가지는 또다른 선택자료형들만을 가지도록 제약한다. 만약 어떤 선택자료형이 확장가능한 GENERIC_ENTITY형이라고 제약되면 그 자료형의 모든 확장형도 GENERIC_ENTITY형이어야 한다.

■ *BASED_ON*, *WITH*

이미 선언된 확장가능한 나열자료형의 확장형은 예약어 BASED_ON 다음에 오는 *type_ref*의 선택항목들과 예약어 WITH 다음에 추가되는 선택항목들의 합집합을 그 값공간으로 가진다. 그러므로 하나의 문맥 내에서 두 번이상 확장되는 기존의 확장가능한 선택자료형은 확장형들보다 더 큰 값공간을 가질 수 있다. 확장형 선택자료형은 선택항목들을 추가하지 않고도 선언될 수도 있다.

➔ 선택자료형에 대한 EXPRESS-G 기호

선택자료형은 해당 형이름을 감싸는 좌측에 두 개의 수직선을 가진 쇄선박스로 표시된다. 선택항목들의 각 요소를 나타내는 기호는 해당 선택자료형으로부터 분기되고 요소측에 열린원의 선단을 가진 실선으로 표시된다. 만약 선택자료형이 GENERIC_ENTITY형의 선택자료형이면 해당 형이름앞에 윗첨자 별표 '*'가 붙는다. 확장가능한 선택자료형들은 해당 자료형의 이름앞에 '(EX)'를 두며, 해당 자료형과 확장형을 연결하고 확장형측에 열린원의 선단을 가진 굵은선으로 표시된다. 특정한 확장가능한 선택자료형에 대하여 확장형들이 많을 경우에는 이 굵은선은 분기된다.

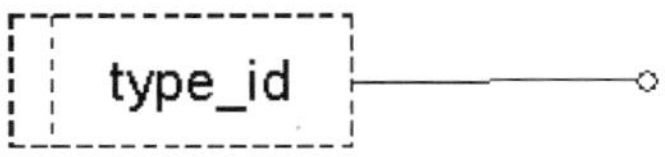

그림 5-5. 선택자료형에 대한 EXPRESS G 기호

```
(*
 다음의 예는 circle의 속성 magnitude를 묘사하기 위하여 선택자료형 radius를 선언한다. 정의자료형
radius는 엔티티 size_entity 와 또 다른 정의자료형 size_type 중의 하나의 값을 가진다.
*)
TYPE dim IS SELECT(dim_entity,dim_type);
END_TYPE;
ENTITY dim_entity;
 attr : INTEGER;
END_ENTITY;
TYPE dim_type IS REAL;
END_TYPE;
ENTITY rectangle;
 width : dim;
 height : dim;
 WHERE
  wr : width > 0 AND height > 0;
END_ENTITY;
```

그림 5-6은 선택자료형 dim의 EXPRESS-G 표현을 보여준다.

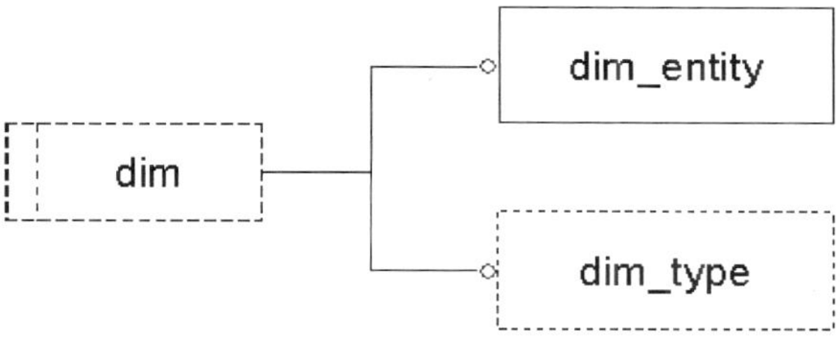

그림 5-6. 선택자료형 dim의 EXPRESS-G 표현

5.2 제약형 정의자료형

```
424 type_decl = TYPE type_id ( aliased_type_decl | constrained_type_decl |
   specialised_type_decl ) END_TYPE ';' .
245 constrained_type_decl = IS SUBTYPE OF specialisable_type ';' where_clause .
438 where_clause = WHERE domain_rule ';' { domain_rule ';' } .
251 domain_rule = [ rule_label_id ':' ] logical_expression .
```

제약형 정의자료형은 IS SUBTYPE OF로 선언되며, 선언된 모든 영역규칙들을 만족하는 기저용 자료형 의 일부를 값공간으로 가진다. 제약형 정의자료형은 기저용 자료형의 하위형으로 그 값은 기저용 자료형과 호환적이다.

- *where_clause*

  영역규칙들은 예약어 WHERE다음에 오며, 제약형 정의자료형의 값공간을 제약

하는 조건들을 명시한다. 이 조건들은 해당 자료형으로 선언된 모든 값들에 적용되어 해당 자료형에 속하는지를 판단하는 데 사용된다.

- □ 각 영역규칙의 규칙명칭은 형선언의 범주 내에서 가시적이다. 이러한 규칙명칭은 문서 또는 응용프로그램에서 영역규칙에 관한 정보제공을 위하여 사용될 수 있다.
- □ 예약어 SELF는 각 영역규칙에서 적어도 한번은 나타나야 한다[7]. 영역규칙은 기저자료형의 값공간에 속하는 특정값에 대해 영역규칙내의 모든 SELF를 그 값으로 대체시킴으로서 평가된다.
- □ 모든 영역규칙들이 TRUE값으로 평가될 때 해당 값은 현재 자료형에 속하게 된다. 만약 FALSE값으로 평가되면 그것은 위배가 된다. 만약 표현식이 UNKNOWN이거나 미정값이면 판단이 보류된다.

➔ 제약형 정의자료형에 대한 EXPRESS-G 기호

제약형 정의자료형은 해당 형이름을 감싸는 쇄선박스와 기저형을 연결하고, 기저형측에 열린원의 선단을 가진 점선으로 표시된다. 제약형 정의자료형의 형이름 앞에는 항상 별표 '*'를 붙여 제약조건이 있음을 표시한다.

그림 5-7. 제약형 정의자료형에 대한 EXPRESS-G 기호

```
(*
  다음의 예는 정수들 중에서 1년중의 일수를 나타내는 제약형 정의자료형을 보여준다.
*)
TYPE day_in_year_number IS INTEGER;
 WHERE
  wr : {1 <= SELF <= 366};
END_TYPE;
```

그림 5-8은 정의자료형 day_in_year_number의 EXPRESS-G 표현을 보여준다.

그림 5-8. 제약형 정의자료형 day_in_year_number의 EXPRESS-G 표현

---

7 각 지역규칙이 SELF를 가지지 않는 경우에는 구문해석 에러코드 33이 제시된다.

5.3 특수형 정의자료형

```
424 type_decl = TYPE type_id ( aliased_type_decl | constrained_type_decl |
   specialised_type_decl ) END_TYPE ';' .
403 specialised_type_decl = IS SPECIALIZATION OF specialisable_type ';' where_clause .
```

특수형 정의자료형은 IS SPECIALIZATION OF로 선언되며, 선언된 모든 영역규칙들을 만족하는 기저용 자료형의 별도 복사본을 값공간으로 가진다. 따라서 특수형 정의자료형과 기저용 자료형을 서로 호환하여 사용하기 위해서는 형표시를 이용하여 자료형을 변환하여야 한다. 특수형 정의자료형 선언은 기저용 자료형을 매개변수로 사용하는 모든 함수들도 묵시적으로 복사한다.

➔ 특수형 정의자료형에 대한 EXPRESS-G 기호

특수형 정의자료형은 해당 형이름을 감싸는 쇄선박스와 기저형을 연결하고, 기저형측에 열린원의 선단을 가진 실선으로 표시된다. 특수형 정의자료형이 영역규칙에 의해 제약되면 형이름 앞에 별표 '*' 가 붙는다.

그림 5-9. 특수형 정의자료형에 대한 EXPRESS-G 기호

```
(*
 다음 형선언은 element_number라는 특수형 정의자료형을 보여준다. 이러한 element_ number는 양의 정수값들의 복사본을 그 값공간으로 가지며, 특별히 추가되지 않는 한 정수에 적용되는 함수나 연산자가 사용된다. 이 경우에는 그 결과값을 형전환을 하여야만 본래의 element_number 자료형으로 저장될 수 있다.
*)
TYPE element_number IS SPECIALIZATION OF INTEGER;
 WHERE
  positive : SELF > 0;
END_TYPE;
...
LOCAL
 a, b, c : element_number;
END_LOCAL;
a := 5;
b := 4;
c := element_number::(a + b); -- 정수자료형 연산자(+)의 값을 element_number로 변환
```

그림 5-10은 특수형 정의자료형 element_number의 EXPRESS-G 표현을 보여준다.

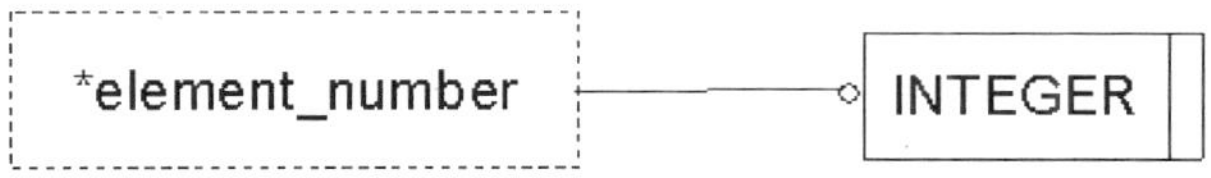

그림 5-10. 특수형 정의자료형 element_number의 EXPRESS-G 표현

6. 엔티티자료형과 제약조건

엔티티자료형은 EXPRESS의 정보모델을 구성하는 가장 중요한 기본단위이며, 내장자료형이나 새로운 자료형의 선언에 의한 단순한 자료형만으로 묘사하기 힘든 관심영역의 객체를 속성과 지역규칙 등으로 통합하여 모델링할 수 있게 한다. 이러한 엔티티자료형으로는 하나의 객체 자체로 모든 주요 특성들을 완벽하게 정의하는 단순엔티티자료형과 기존 엔티티를 조합하여 속성, 거동, 그리고 제약조건 등을 상속받는 복합엔티티자료형이 있다. 엔티티자료형의 제약조건으로는 개별 인스턴스에 적용될 지역규칙인 유일성규칙과 영역규칙, 해당 엔티티의 전체 인스턴스군에 집단적으로 적용되는 (전역)규칙, 그리고 복합엔티티의 상위형과 하위형 엔티티들간의 조합에 대한 하위형 제약조건 등이 있다. 만약 엔티티자료형의 인스턴스들이 이러한 모든 제약조건들을 만족하면 정보기지의 유효한 영구구성원들로 인정되고, 만약 제약조건들에 미정값이 포함되면 판단이 보류되어 잠정적으로 정보기지 내에 존재하게 된다.

6.1 엔티티

```
258 entity_decl = entity_head entity_body END_ENTITY ';' .
259 entity_head = ENTITY entity_id [ ABSTRACT ] [ subtype_declaration ] ';' .
413 subtype_declaration = [ CONNOTATIONAL ] SUBTYPE OF '(' entity_ref { ',' entity_ref }
    ')' .

256 entity_body = { explicit_attr } [ derive_clause ] [ inverse_clause ] [ unique_clause
    ] [ where_clause ] .
278 explicit_attr = attribute_decl { ',' attribute_decl } ':' [ OPTIONAL ] ( base_type |
    expression_type ) ';' .
218 attribute_decl = attribute_id | redeclared_attribute .
371 redeclared_attribute = qualified_attribute [ RENAMED attribute_id ] .
361 qualified_attribute = SELF group_qualifier attribute_qualifier .
303 group_qualifier = '\' entity_ref .
220 attribute_qualifier = '.' attribute_ref .
250 derive_clause = DERIVE derived_attr { derived_attr } .
249 derived_attr = attribute_decl ':' base_type ':=' expression ';' .
324 inverse_clause = INVERSE inverse_attr { inverse_attr } .
323 inverse_attr = attribute_decl ':' [ BAG [ bound_spec ] OF [ UNIQUE ] ] entity_ref
    FOR attribute_ref ';' .
232 bound_spec = '[' bound_1 ':' bound_2 ']' .
230 bound_1 = integer_expression .
231 bound_2 = integer_expression .
432 unique_clause = UNIQUE unique_rule ';' { unique_rule ';' } .
433 unique_rule = [ rule_label_id ':' ] referenced_attribute { ',' referenced_attribute
    } .
372 referenced_attribute = attribute_ref | qualified_attribute .
438 where_clause = WHERE domain_rule ';' { domain_rule ';' } .
251 domain_rule = [ rule_label_id ':' ] logical_expression .
```

엔티티자료형은 숫자나 문자열 등의 간단한 자료형으로만 묘사하기 어려운 관심영역의 객체를 여러 속성들과, 지역규칙인 유일성규칙과 영역규칙 등을 조합하여 표현할 수 있게 한다. 여기서, 각 속성의 자료형은 엔티티 인스턴스에서 해당 속성이 가질 수 있는 값공간을 정의하며, 해당 엔티티자료형과 속성의 자료형 사이에 관계를 형성한다. 유일성규칙은 하나의 엔티티자료형에 속하는 모든 인스턴스들을 대상으로 해당 속성의 값들의 유일성에 관한 제한조건을 나타내며, 영역규칙은 해당 엔티티자료형의 개별 인스턴스에 대하여 허용되는 속성값이나 속성값들 사이의 관계에 대한 제한조건들을 표현한다.

■ *ENTITY, entity_id, END_ENTITY*

엔티티 선언은 예약어 ENTITY부터 해당 엔티티 선언을 종결하는 예약어 END_ENTITY까지 새로운 범주를 정의한다. 엔티티 식별자는 그것을 정의한 선언의 범주 내에서는 가시적이다. 엔티티 식별자는 해당 식별자를 재선언하는 내부 범주 내에서도 가시적인 상태가 유지된다. 이러한 엔티티 선언의 범주 내에서 명시속성, 유도속성, 그리고 역속성 등이나, 유일성규칙과 영역규칙 등의 규칙명칭은 가시적인 식별자를 선언할 수 있다.

- *explicit_attr, derive_clause, inverse_clause* : 엔티티의 속성은 6.1.1절에서 자세히 설명된다.
- *unique_clause, where_clause* : 지역규칙은 6.1.2절에서 자세히 설명된다.
- *ABSTRACT, subtype_declaration* : 복합엔티티의 선언은 6.1.3.1절에서 자세히 설명된다.
- *group_qualifier, attribute_qualifier* : 부분 복합엔티티의 참조는 6.1.3.2절에서 자세히 설명된다.
- *redeclared_attribute* : 속성의 재선언은 6.1.4.1절에서 자세히 설명된다.

엔티티의 범주는 묵시적으로 해당 엔티티에 대한 전역규칙(6.2절 참조)과 거동(8.2절 참조)으로 확장된다. 여기서, 전역규칙은 엔티티선언 자체에서는 나타나지 않으나 해당 엔티티자료형들의 모든 인스턴스들에게 적용되는 제약조건들을 정의하며, 거동은 해당 엔티티의 인스턴스가 반응할 지역이벤트와 어떻게 반응할 지를 나타내는 반동 등의 동적 알고리즘을 기술한다. 상위형 엔티티와 하위형들과의 조합관계가 특정한 스키마에 따라 달라질 경우에는 그 제약조건을 기술하기 위하여 해당 상위형 엔티티를 대상으로 하위형 제약조건이 선언된다(6.3절 참조).

➔ 엔티티자료형에 대한 EXPRESS-G 기호

엔티티자료형은 해당 엔티티 이름을 감싸는 실선박스로 표시된다. 추상엔티티는 엔티티이름앞에 '(AE)'를 둠으로서 나타낸다. 엔티티의 속성은 해당 엔티티와 속성자료형을 연결하고, 속성자료형측에 열린원의 선단을 가진 관계선상에 속성의 이름을 두어 표시한다. 만약 해당 속성이 유일성규칙이나 영역규칙등의 지역규칙에 의해 제약되면 속성이름 앞에 별표 '*'가 붙는다.

각 속성의 종류에 대한 표시방법은 다음과 같다.

- 명시속성 : 필수 명시속성은 실선으로, 선택 명시속성은 쇄선으로 표시된다.
- 유도속성 : 속성이름앞에 '(DER)'이 붙는 것을 제외하고는 필수 명시속성과 같다.
- 역속성 : 역속성은 명시속성이 정의된 엔티티에서 현재의 엔티티로 주어지는 관계선 근처에 현재의 역속성 이름 앞에 '(INV)'를 붙여 표시한다.

만약 해당 엔티티자료형이 전역규칙에 의해 제약되면, 엔티티이름 앞에 별표 '*'가 붙는다.

그림 6-1. 엔티티자료형에 대한 EXPRESS-G 기호

```
(*
  다음은 엔티티 building이 여러 개의 엔티티 element들로 구성되는 모델을 보여준다.
*)
```

```
ENTITY building;
 elements : LIST[1:?] OF element;
 material : STRING;
END_ENTITY;
ENTITY element;
 id : INTEGER;                                      -- 필수 명시속성
 material : OPTIONAL STRING;                        -- 선택 명시속성
 INVERSE                                            -- 역속성
  contained : BAG[1:1] OF building FOR elements;
 UNIQUE                                             -- 유일성규칙
  UR : id;
 WHERE                                              -- 영역규칙
  positive : id > 0;
END_ENTITY;
```

그림 6-2는 building과 element, 두 엔티티들의 EXPRESS-G 표현을 보여준다.

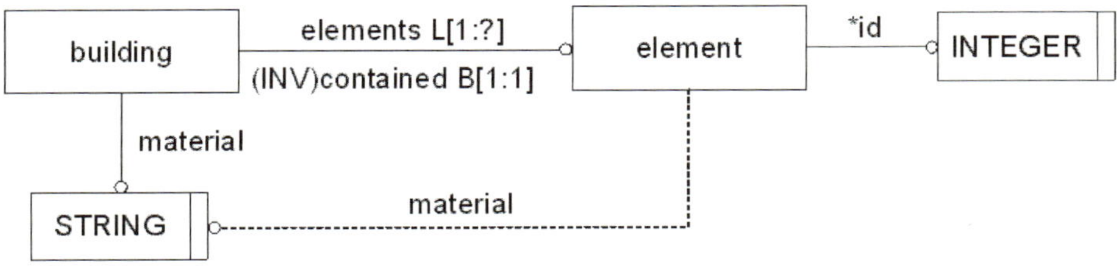

그림 6-2. 예제의 엔티티들에 대한 EXPRESS-G 표현

복합엔티티자료형의 상위형과 그 하위형들간의 관계는 해당 상위형으로부터 하위형들로 연결하고, 하위형측에 열린원의 선단을 가진 굵은선으로 표시된다. 특정한 상위형에 대하여 하위형들이 조합형태의 제약조건인 경우에는 분기된 굵은선으로, 그렇지 않는 경우에는 별도의 굵은선이 주어진다. 하나의 하위형이 여러 개의 상위형들을 가지는 경우에는 각 선은 구별이 되어야 하고 서로 교차되어서는 안된다. 재선언된 속성은 속성이름앞에 '(RT)'를 붙임으로서 표시된다. 만약 속성재선언이 속성의 새이름을 포함한다면, 원래 이름뒤에 기호 '>'를 붙이고 새로운 이름을 기입한다.

```
(*
 어떤 기하시스템은 실수좌표계를 사용하는 데, 다른 경우에는 정수좌표계를 사용하는 경우도 있다. 하위형에서
상속속성이 재선언될 때 관계선은 그 하위형으로부터 새로운 속성자료로 연결된다. 그 관계선은 상속된 속성의
이름과 같은 역할이름이 '(RT)'다음에 부여된다.
*)
ENTITY point;
 x : REAL;
 y : REAL;
END_ENTITY;
ENTITY integer_point
 SUBTYPE OF (point);
 SELF\point.x RENAMED ix : INTEGER;
 SELF\point.y RENAMED iy : INTEGER;
END_ENTITY;
```

6.1.1 엔티티의 속성

엔티티의 속성으로는 해당 엔티티의 인스턴스를 생성하기 위하여 그 값이 반드시 제공되어야 하는 명시속성, 제공된 표현식에 의해 그 값이 계산되는 유도속성, 그리고 현재 엔티티를 사용하는 다른 엔티티 인스턴스들과의 관계를 설정하기 위한 역속성 등이 있다. 각 속성 식별자는 그것이 선언된 엔티티나 그 엔티티의 모든 하위형들의 범주 내에서 가시적이다. 그러므로, 하위형이 그 상위형중의 하나로부터 상속받은 속성을 재선언하는 경우를 제외하고는 상위형들 중의 속성과 같은 식별자를 갖는 속성을 선언해서는 안된다(6.1.4.1절 참조). 현재 선언되는 엔티티가 추상엔티티인 경우에는 일반형 자료형이 속성의 자료형으로 선언될 수 있다(6.1.3.1절 참조).

6.1.1.1 명시속성

명시속성은 속성 식별자와 해당 속성의 자료형으로 선언된다. 엔티티 인스턴스를 생성하는 경우에 명시속성들에 대해서는 대응하는 값(선택 명시속성인 경우에는 미정값 포함)들이 반드시 제공되어야 한다. 이러한 명시속성은 현재의 엔티티자료형과 속성으로 선언된 자료형 사이에 관계를 형성한다.

- *OPTIONAL*
  - 예약어 OPTIONAL은 해당 속성이 값을 가지지 않을 경우도 있다는 것을 나타낸다. 이 경우에 해당 속성은 미정값(?)이 된다. OPTIONAL로 선언되지 않은 명시속성은 해당 엔티티자료형의 인스턴스를 생성할 때 반드시 그 값이 제공되어야 한다.
  - 선택속성은 값을 가지지 않는 경우도 있기 때문에 참조할 경우, 특히 규칙 내에서는 주의하여야 한다. 속성의 값이 존재하는 지의 여부는 내장함수 *exists()*로 파악할 수 있으며, 없는 경우에 사용될 대체값을 제공하기 위해서 내장함수 *nvl()*이 사용될 수 있다(6.1.2.2절 참조).

```
(*
 다음의 엔티티 point는 2차원을 기준으로 하며, 선택적으로 z좌표값을 가진다. 따라서 point의 인스턴스를
생성할 때 속성 z에 대해서는 값이 주어질 수도 있고 아닐 수도 있다.
*)
ENTITY point;
 x : REAL;
 y : REAL;
 z : OPTIONAL REAL;
END_ENTITY;
```

6.1.1.2 유도속성

유도속성은 표현식을 평가함으로서 그 값이 계산될 수 있는 속성을 표현한다.

■ *DERIVE, expression*

유도속성들은 예약어 DERIVE다음에 선언되며, 각 유도속성의 선언은 속성 식별자, 자료형, 그리고 속성값을 계산하는 데 사용될 표현식으로 구성된다. 여기서, 표현식은 범주내의 속성, 상수(SELF 포함), 그리고 함수 식별자 등을 참조할 수 있다. 특정한 인스턴스에 대한 유도속성의 값은 SELF를 현재의 인스턴스로 대체하고 속성참조를 해당하는 속성의 값으로 대체한 표현식을 평가함으로서 결정된다. 표현식 *expression*을 평가한 값은 해당 속성의 자료형과 호환되어야 한다.

```
(*
 다음 예에서 line은 시작점 sp와 끝점 ep의 명시속성들을 가지며, 선의 길이를 위한 len을 유도속성으로 가
진다.
*)
ENTITY point;
 x,y : REAL;
 z: OPTIONAL REAL;
END_ENTITY;
ENTITY line;
 sp : point;
 ep : point;
 DERIVE
  len : REAL :=SQRT((sp.x-ep.x)**2+(sp.y-ep.y)**2+(nvl(sp.z,0.0)-nvl(ep.z,0.0))**2);
END_ENTITY;
```

6.1.1.3 역속성

명시속성에 의해 선언된 속성의 자료형은 해당 엔티티 자료형과 묵시적인 역관계를 가진다. 이 역관계는 [0:?]의 범위를 갖지만, 기본적으로 속성의 자료형으로부터 참조될 수 없다. 역속성은 현재 엔티티가 다른 엔티티의 명시속성에 대해 어떤 역관계상태에 있는 지를 명시적으로 정의하기 위해서 이용된다.

■ *INVERSE*

역속성들은 예약어 INVERSE다음에 선언되며, 각 역속성의 선언은 속성 식별자와 역관계상태를 표현하기 위한 BAG자료형으로 구성된다.

■ *bound_spec, bound_1, bound_2*

*bound_spec*은 현재 인스턴스가 엔티티 *entity_ref*의 속성 *attribute_ref*로 사용될 수 있는 역관계정도를 위한 범위를 지정한다. *bound_1*이 0인 경우에는 현재 엔티티의 인스턴스가 *entity_ref* 에 의해 꼭 참조되어야 할 필요는 없다는 것을 의미하며, *attribute_ref*가 선택 명시속성인 경우가 해당된다. 만약 *bound_1*이 1인

경우이면 현재 엔티티의 인스턴스가 적어도 하나의 *entity_ref*의 인스턴스에 의해 사용되어야 한다. *bound_2*가 1인 경우에는 현재 엔티티의 하나의 인스턴스는 많아야 하나의 *entity_ref*의 인스턴스에 사용된다는 조건을 의미하며, *attribute_ref*가 집합형자료형이 아닌 경우에는 유일성규칙을 부가하는 것과 같다. 만약 범위지정이 [1:1]인 경우에는 *entity_ref FOR attribute_ref*로 간략히 표현할 수 있다.

■ *UNIQUE*

현재 엔티티의 하나의 인스턴스는 특정한 *entity_ref*의 인스턴스내에서 한번을 초과해서 사용될 수 없다. 만약 *attribute_ref*가 예약어 UNIQUE를 사용하지 않은 집합형 자료형인 경우에는 역관계에 있는 현재 엔티티 인스턴스는 *entity_ref*의 *attribute_ref*로 여러 번 사용될 수 있다. 만약 예약어 UNIQUE를 사용한 집합형 자료형인 경우에는 해당 엔티티 인스턴스는 많아야 한번만 사용될 수 있다. 그러므로, 현재 엔티티의 역속성을 BAG OF UNIQUE로 선언하더라도 더 이상의 제약조건을 추가하지 못한다.

■ *entity_ref*

□ 현재 엔티티로 직접적인 관계를 정의하는 *entity_ref*는 관련된 명시속성 *attribute_ref*를 가져야 하며 그 자료형은 다음 중의 하나이어야 한다.

- 선언되는 현재 엔티티이거나 그 상위형
- 위 자료형을 포함하는 선택자료형
- 위 자료형을 기본형으로 하는 집합형 자료형

□ 역속성에 의해 참조되는 엔티티는 *entity_ref*의 하위형이 될 수 있다. 이 경우에 역속성은 해당하는 하위형의 인스턴스들만을 가질 수 있다. 이 방식으로 참조되는 하위형들은 그 속성을 유도속성으로 재선언을 하지 않아야 한다.

■ *attribute_ref*

명시속성 *attribute_ref*의 이름은 해당 엔티티의 하위형/상위형 그래프내에서 유일해야 한다.

```
(*
 엔티티 assembly는 하나의 part를 가진다. 역속성의 정의가 없으므로 각 part인스턴스는 여러 개의
assembly 인스턴스들에서 사용될 수 있다.
*)
ENTITY assembly;
 part : part;
END_ENTITY;
ENTITY part;
 ...
END_ENTITY;
```

```
(*
  엔티티 assembly는 하나의 part를 가진다. 역속성 used는 BAG[1:1] OF assembly FOR part와 동일하므로 하나의 part인스턴스는 반드시 하나의 assembly 인스턴스에서만 사용된다. 또한 assembly에 의해 사용되지 않는 part의 인스턴스는 존재할 수 없다. 만약 역속성 used가 BAG[0:1] OF assembly FOR part로 선언된다면 하나의 part 인스턴스는 하나의 assembly에만 사용되던지 또는 전혀 사용되지 않을 수 있다.
*)
ENTITY assembly;
 part : part;
END_ENTITY;
ENTITY part;
 ...
 INVERSE
  used : assembly FOR part;
END_ENTITY;
```

```
(*
  하나의 assembly는 임의갯수(0도 포함)의 part들로 구성된다. 각 part는 정확하게 두 개의 다른 assembly들에 사용되어야 한다.
*)
ENTITY assembly;
 parts : OPTIONAL LIST [0:?] OF part;
 UNIQUE
  UR1 : parts;
END_ENTITY;
ENTITY part;
 ...
 INVERSE
  used : BAG [2:2] OF UNIQUE assembly FOR parts;
END_ENTITY;
```

```
(*
  엔티티 circle은 속성 center로 point 인스턴스를 가진다. Point 엔티티의 역속성에서 각 point인스턴스는 적어도 하나의 circle의 center로서 사용되어야 하는 조건을 명시하고 있다.
*)
ENTITY circle;
 center : point;
 radius : real;
END_ENTITY;
ENTITY point;
 x,y : real
 INVERSE
  centers : set[1:?] of circle FOR center;
END_ENTITY;
```

6.1.2 엔티티의 지역규칙

엔티티의 속성들에 대한 제약조건은 지역규칙인 유일성규칙과 영역규칙에 의해 설정될 수 있다. 각 지역규칙에는 규칙명칭이 부여될 수 있으며, 그것을 정의한 선언의 범주 내에서 가시적이다. 이러한 규칙명칭은 문서 또는 응용프로그램에서 유일성규칙에 관한 정보제공을 위하여 사용될 수 있다.

6.1.2.1 유일성규칙

유일성규칙은 개별 속성 또는 여러 속성들의 조합에 대한 유일성 제약조건을 설정한다.

- *UNIQUE*

  유일성규칙은 예약어 UNIQUE다음에 오며, 규칙명칭 식별자와 속성이름이나 속성이름들의 목록으로 정의된다.

- *referenced_attribute*
  - □ 하나의 속성이름을 가지는 단순 유일성규칙은 정보기지내 엔티티자료형의 인스턴스들이 지정한 속성에 대해서 같은 값을 가질 수 없음을 나타낸다. 두 개 이상의 속성이름들의 목록을 가진 연합 유일성규칙은 엔티티자료형의 인스턴스들이 지정된 속성들에 대해 동일한 조합상태의 값들을 가질 수 없음을 나타낸다.
  - □ 값의 비교는 내장함수 *instance_equal()*에 의하며, 값차원으로는 판단되지 않는다.
  - □ 만약 선택속성이 유일성규칙에 나타나고 그 속성이 값을 가지고 있지 않고 다른 모든 규칙들이 만족된다면, 유일성규칙의 판단은 보류된다.

```
(*
  엔티티 ent1은 두 개의 인스턴스들이 a와 b, 각 속성에 대해 같은 값을 가질 수 없다. 그러나 엔티티 ent2
는 a와 b의 조합이 유일하여야 한다.
*)
ENTITY ent1;
 a,b : INTEGER;
 UNIQUE
  ur1 : a;
  ur2 : b;
END_ENTITY;
ENTITY ent2;
 a,b : INTEGER;
 UNIQUE
  ur : a,b;
END_ENTITY;
```

6.1.2.2 영역규칙

영역규칙은 각 엔티티 인스턴스에 대해 개별 속성이나 여러 속성들의 조합된 값들에 대한 제약조건을 설정한다.

- *WHERE*

  영역규칙들은 예약어 WHERE 다음에 오며, 규칙명칭 식별자와 논리표현식으로 정의된다.

  - □ 각 영역규칙의 표현식은 현재 선언되는 엔티티의 인스턴스를 참조하는 SELF,

또는 해당 엔티티 또는 그 상위형에서 선언된 속성들에 대한 참조를 포함하여야 한다[8].

- 모든 영역규칙들이 TRUE값으로 평가될 때 해당 인스턴스는 정보기지 내에의 유효한 인스턴스가 된다. 만약 FALSE값으로 평가되면 그것은 위배가 된다. 만약 표현식이 UNKNOWN이거나 미정값이면 판단이 보류된다.
- 만약 선택속성이 영역규칙에 나타나고 그 속성이 값을 가지고 있지 않으면, 표현식을 평가할 때 속성값으로 미정값이 사용되므로, 이 경우에는 내장함수 *nvl()*이 대체값을 제공하기 위하여 사용될 수 있다.

```
(*
 두 개의 엔티티들은 벡터의 길이가 정확히 1이 되는 것을 요구한다. 엔티티 unit_vector은 z가 미정값인 경우에 x와 y의 값에 상관없이 항상 UNKNOWN으로 평가된다. 그러나 엔티티 direction에서는 내장함수 nvl()에 의해 z가 값을 가지는 경우에는 해당 값을, 그렇지 않은 경우에는 0.0을 반환하므로 평가가 제대로 이루어진다.
*)
ENTITY unit_vector;
 x,y : REAL;
 z : OPTIONAL REAL;
 WHERE
  unit : x**2 + y**2 + z**2 = 1.0;
END_ENTITY;
ENTITY direction;
 x,y : REAL;
 z : OPTIONAL REAL;
 WHERE
  unit : x**2 + y**2 + nvl(z,0.0)**2 = 1.0;
END_ENTITY;
```

6.1.3 복합엔티티

6.1.3.1 복합엔티티자료형의 선언

단순엔티티자료형은 하나의 개체 자체로 모든 주요 특성들을 완벽하게 정의하는 엔티티를 말하며, 복합엔티티자료형은 상위형인 다른 엔티티들로부터 속성, 거동, 그리고 제약조건 등을 상속받는 관계에 있는 하위형 엔티티들을 말한다. 복합엔티티자료형은 그 상위형들내에 포함되지 않은 추가적인 특성들을 가질 수 있다.

- *ABSTRACT*

  하나의 상위형 엔티티는 예약어 ABSTRACT에 의해 명시적으로 선언될 수 있다. 이러한 추상엔티티는 그 하위형을 통해서만 인스턴스가 생성된다. 추상엔티티는 명시속성 및 유도속성을 범용자료형으로 정의할 수 있으며, 이들은 인스턴스를

[8] 각 지역규칙이 SELF나 속성참조를 하지 않는 경우에는 구문해석 에러코드 32가 발생한다

생성할 수 있는 모든 하위형들에서 세부자료형으로 재선언되어야 한다. 어떠한 하위형도 가지지 않는 추상엔티티만 포함된 스키마는 불완전하며, 참조하는 스키마에서 하위형이 선언되지 않고서는 인스턴스가 만들어질 수 없다[9].

```
(*
 다음의 엔티티general_approval에서는 승인될 수 있는 사실들의 집합을 나타내려고 한다. 그러므로 이 모델은 다른 스키마들에서 사용될 수 있으며, 승인될 실제적인 항목을 나타내기 위해서는 세분화될 수 있다.
*)
ENTITY general_approval ABSTRACT;
 approved_items : BAG OF GENERIC_ENTITY;
 status : approval_status;
END_ENTITY;
...
```

- *SUBTYPE OF*

하나의 상위형 엔티티는 직계 하위형인 다른 엔티티의 SUBTYPE OF 선언목록 내에 직계 상위형으로 열거되어 묵시적으로 선언될 수 있다. 특정한 엔티티로부터 시작하여 SUBTYPE OF연결들을 따라 찾아갈 수 있는 엔티티들은 모두 해당 엔티티자료형의 상위형들이다. 그러므로, 하위형은 모든 상위형들의 목록에 나타나는 엔티티들의 상위형이 될 수 없다. 즉, 하위형/상위형 관계는 비회전적이다. 특정한 엔티티자료형에 대해 어떠한 하위형 제약조건도 주어지지 않으면, 해당 엔티티자료형의 모든 하위형들은 묵시적으로 ANDOR 구성체로 선언된 것으로 간주된다(6.3.3절 참조). 이 때 상위형을 위해 생성된 엔티티 인스턴스는 그 하위형의 제한조건들을 만족하더라도 하위형의 인스턴스로는 사용될 수 없다. 그러나 하위형 인스턴스를 구성하기 위해 생성된 상위형의 인스턴스는 하위형의 일부로 사용될 수 있다.

```
(*
 홀수들은 정수의 하위형이므로 정수는 홀수들의 상위형이 된다.
*)
ENTITY integer_entity;
 value : INTEGER;
END_ENTITY;
ENTITY odd_entity;
 SUBTYPE OF (integer_entity);
 WHERE
  not_even : odd(value);
END_ENTITY;
```

- *CONNOTATIONAL*

엔티티자료형에 의해 생성된 인스턴스는 *extend()*나 *drop()*의 내장작동을 사용하

---

9 추상엔티티의 인스턴스를 생성하는 경우에는 구문해석 경고코드 1이 발생한다.

여 해당 자료형 정보를 변경하지 않는 한 해당 자료형의 인스턴스로 유지된다. 예약어 CONNOTATIONAL로 정의되는 함축적 하위형은 상위형 인스턴스가 하위형에서 명시한 모든 제약조건들을 만족하면 상위형의 인스턴스만으로도 그 하위형 인스턴스로서 취급될 수 있도록 한다. 이 때, 함축적 하위형은 상위형이 갖는 정보에 제한조건들만을 추가하며, 새로운 명시속성 선언들을 추가할 수 없다. 또한 ABSTRACT나 TOTAL_OVER로 제한될 수도 없다.

```
(*
 다음의 예에서는 함축적 하위형과 외연적 하위형인 두 개의 하위형들이 선언된다.
*)
ENTITY person;
 name : STRING;
 age : INTEGER;
 ...
END_ENTITY;
ENTITY male;
 SUBTYPE OF (person);
 ...
END_ENTITY;
ENTITY child;
 CONNOTATIONAL SUBTYPE OF (person);
 WHERE
  young : age < 12;
END_ENTITY;
FUNCTION play(subject : child) : STRING;
 ...
END_FUNCTION;
...
LOCAL
 hui : male := person('Kim', 11) || male();
 seog : male := person('Gang', 16) || male();
 kind_of_play : STRING;
END_LOCAL;
kind_of_play:= play(hui);      -- hui는 child의 제약조건을 만족하므로 인자로 사용가능
kind_of_play:= play(seog);     -- seog는 제약조건에 위반하므로 play는 미정값을 반환
```

6.1.3.2 부분 복합엔티티의 참조

복합엔티티자료형이 같은 이름의 여러 속성들을 가지거나 선택자료형이 같은 이름의 속성들을 갖는 여러 엔티티들을 포함할 때 복합엔티티를 구성하는 특정한 엔티티나 그 엔티티에 속한 속성을 지칭할 필요가 있다. 하나의 복합엔티티 인스턴스에 대한 그룹참조는 부분 복합엔티티 값(partial complex entity value)을 참조하며, 엔티티 값의 비교연산자(=) 또는 복합엔티티 인스턴스 생성자(||)의 피연산자로서 사용된다. 속성참조는 엔티티 인스턴스 또는 부분 복합엔티티 값의 속성을 참조한다.

■ *group_qualifier*

□ 그룹참조는 기호 '\'와 복합엔티티의 이름으로 구성되는 그룹참조자(*group_qualifier*)에 의한다. 그룹참조 뒤에 속성참조가 오는 경우에는 그룹참조가 속성참조를 위한 엔티티 범주를 지정한다.

□ 그룹참조자(\)의 좌측 표현식은 SELF 또는 복합엔티티값, 또는 적어도 하나의 엔티티자료형을 사용하여 정의된 선택자료형으로 평가되어야 한다. 그룹참조자의 우측에 명시된 엔티티 이름은 좌측 표현식이 SELF 또는 복합엔티티 인스턴스이면 해당 엔티티자료형의 하위형/상위형 그래프 내의 엔티티가 되어야 하며, 선택자료형이면 해당 선택항목내에 있거나 그 하위형이어야 한다.[10].

□ 만약 그룹참조자의 좌측 표현식이 미정값이면 결과도 미정값이 된다. 만일 지정된 엔티티자료형이 참조되는 복합엔티티 인스턴스 내에 현재 상태에서 존재하지 않으면 미정값이 반환된다.

■ *attribute_qualifier*

□ 속성참조는 기호 '.'와 해당 속성의 이름으로 구성되는 속성참조부(*attribute_qualifier*)에 의한다.

□ 속성참조자(.)의 좌측 표현식의 자료형은 엔티티자료형이거나 부분 복합엔티티값, 또는 적어도 하나의 엔티티자료형을 사용하여 정의된 선택자료형이어야 한다. 속성참조자의 우측에 명시된 속성은 좌측 표현식의 자료형이 엔티티자료형인 경우에는 해당 엔티티자료형 또는 그것의 하위형/상위형 그래프 내의 엔티티 내에, 부분 복합엔티티 값인 경우에는 해당하는 부분 복합엔티티자료형의 엔티티 내에 존재하여야 하며, 좌측 표현식의 자료형이 선택자료형이면 선택된 엔티티자료형이나 그것의 상위형 또는 하위형 내에서 선언되어야 한다[11].

□ 만약 속성참조자의 좌측 표현식이 미정값이거나 주어진 속성에 값이 아직 배정되지 않은 경우에는 미정값이 반환된다.

```
(*
  이 예제는 그룹참조와 속성참조가 어떻게 사용되는 지를 보여준다.
*)
ENTITY ent1 ABSTRACT;
 attr1 : REAL;
 attr2 : INTEGER;
```

---

10 복합엔티티자료형이 지정된 엔티티자료형을 가지지 않은 경우에는 구문해석 에러코드 45가 발생한다.

11 만약 주어진 속성이 좌측 표현식의 자료형이나 그것의 상위형 또는 하위형 내에서 발견되지 않은 경우에는 구문해석 에러코드 44가 발생한다

```
END_ENTITY;
ENTITY ent2;
 SUBTYPE OF (ent1);
 attr : INTEGER;
END_ENTITY;
...
LOCAL
 var1 : ent1 := ent1(1.0,11) || ent2(1); -- 구성연산자로 복합엔티티 구성
 var2 : ent2 := ent1(1.0,12) || ent2(2);
END_LOCAL;
IF var1\ent1 = var2\ent1                  -- 두 변수내의 부분 복합엔티티 값 \ent1의 비교
THEN
...
ELSE
 var2\ent1.attr1 = var1\ent1.attr1;       -- 속성값이 다를 경우 var1을 구성하는 ent1
 var2\ent1.attr2 = var1\ent1.attr2;       -- 속성값을 var2의 ent1의 속성값으로 모두 복사한다
END_IF;
```

6.1.3.3 엔티티 인스턴스의 생성

엔티티 (자료형) 인스턴스는 해당 엔티티자료형에 따른 하나의 값이다. 단순엔티티 인스턴스는 해당 단순엔티티자료형이 선언될 때 묵시적으로 선언된 생성자(generator)의 호출에 의해 생성된다. 생성자의 호출은 해당 위치에 지정한 엔티티자료형에 대한 단순엔티티 인스턴스 또는 부분 복합엔티티 값을 반환한다. 생성자 식별자는 엔티티 식별자와 같으며, 생성자의 가시성은 엔티티 선언의 가시성과 같다.

```
257 entity_constructor = entity_ref '(' [ expression { ',' expression } ] ')' .
```

- 생성자는 해당 엔티티자료형의 명시속성의 순서와 자료형이 동일한 형식 매개변수를 갖는다. 즉, 생성자는 상위형으로부터 상속되거나 해당 엔티티자료형에서 재선언된 속성들을 가지지 않는다. 만약 엔티티가 어떠한 명시속성도 갖지 않는다면, 매개변수가 없이 빈괄호만 기술되어야 한다. 즉, 괄호는 항상 존재하여야 한다. 이것은 빈괄호가 생략될 수 있는 명시적으로 선언된 함수들과 다르다.
- 생성자를 호출할 때 선택 명시속성의 값을 모르는 경우에는 미정값이 주어질 수 있다.
- 생성자 호출시 전달된 실제 매개변수의 값은 복사되어 각 명시속성에 저장된다. 그러므로 해당 속성이 엔티티자료형인 경우에는 인스턴스에 대한 참조값을 가지며, 단순형 자료형인 경우에는 복사된 값을 가지며, 집합형 자료형인 경우에는 각 요소에 대해 동일한 방식이 적용된다.

```
(*
 다음의 엔티티 point를 선언하면, 묵시적으로 FUNCTION point(x,y,z : REAL):point; 형태의 생성자가
생성된다. 생성자는 이 자료형의 인스턴스에 값을 부여할 때 사용될 수 있다. 속성참조는 용법을 보여준다.
```

```
*)
ENTITY point;
 x,y,z, : REAL;
END_ENTITY;
ENTITY colored_point
 SUBTYPE OF (point);
 color : color;
END_ENTITY;
...
PROCEDURE foo;
LOCAL
 v1 : point := point(1.0,2.0,3.0);
 v2 : colored_point := point(1.0,2.0,3.0)||colored_point(red);
                       -- 복합엔티티 인스턴스 구성연산자(||)에 의한 인스턴스의 결합
 x : REAL;
END_LOCAL;
...
x := v1.x;             -- 지역변수 x는 1.0을 가진다
IF v1.color = red      -- 상위형 point로 선언된 v1은 하위형 colored_point의 인스턴스도
THEN                   -- 동시에 가질 수 있지만 현재는 포함되지 않았기 때문에 미정값이 반환된다
...
IF v2.color = red      -- 참조가 가능하므로 조건문은 TRUE로 평가된다
THEN
...
```

■ 복합엔티티 인스턴스는 부분 복합엔티티 값들을 구성연산자(||)로 결합하여 표현한다. 구성연산자에 의한 피연산자들의 결합순서는 중요하지 않으며, 미정값을 가진 피연산자가 있으면 해당 표현식은 미정값으로 평가된다. 하나의 복합엔티티 인스턴스를 완성하기 위하여 구성연산자와 부분 복합엔티티 값들의 결합에 의해 잠정적으로 복합엔티티자료형의 일부를 구성하는 엔티티들의 집합을 부분 복합엔티티자료형(partial complex entity datatye)이라 한다. 부분 복합엔티티자료형의 형이름은 각 엔티티들의 형이름을 기호 '&'로 조합한 값이다.

```
(*
 다음은 선언된 엔티티들로 구성연산자를 사용하여 복합엔티티 인스턴스를 생성하는 예를 보여준다.
*)
ENTITY a ABSTRACT;
 a1 : REAL;
END_ENTITY;
ENTITY b SUBTYPE OF (a);
 b1 : LOGICAL;
END_ENTITY;
ENTITY c SUBTYPE OF (a);
 c1 : STRING;
END_ENTITY;
...
LOCAL
 v1 : a;
 v2 : c;
END_LOCAL;
```

```
v2 := a(0.52) || c('ulsan');     -- 우측 표현식의 부분 복합엔티티 형이름이 a&c로 v2에 배정된다
v1 := v2 || b(TRUE);             -- 부분 복합엔티티 형이름이 a&b&c로 유효하므로
                                 -- v2의 값이 복사되어 v1에 배정된다
v1 := v2\a || b(UNKNOWN);
v1 := v1 || v2;                  -- 형이름이 a&b&a&c로 유효하지 않으므로 배정되지 않는다
```

- 만약 복합엔티티 인스턴스 내에 상위형의 명시속성으로부터 하위형의 유도속성으로 재선언된다면, 상위형 생성자의 호출 시에 해당 속성에 대응하는 임의의 값을 제공하여야 한다. 그러나 해당 속성이 추후 하위형에서 유도속성의 표현식을 평가한 값을 가질 것이므로 그 값은 실제로 무시된다.

6.1.4 엔티티의 상속

6.1.4.1 속성의 상속과 재선언

상위형에서 선언된 모든 속성들은 그 하위형에서 가시적이므로, 하위형 엔티티는 그 상위형의 속성을 참조할 수 있다. 그러므로 하위형 엔티티는 재선언하는 경우를 제외하고 그 상위형으로부터 상속되는 속성과 같은 식별자를 가지는 속성을 선언할 수 없다. 일반적으로 하위형은 상위형으로부터 상속된 속성을 활용하며, 자신의 특성을 나타내는 제약조건이나 속성을 추가로 선언하는 역할을 하는 것을 의미한다.

하위형은 하나의 상위형으로부터 어떤 속성을 상속받은 다른 상위형들로부터 다시 그 속성을 상속받을 수 있다. 이러한 반복상속인 경우에 해당 속성은 하나의 저장소만을 가진다. 그러나 하위형은 각 상위형이 선언한 제약조건들을 모두 상속받으므로, 상충되는 제약조건을 상속받는 하위형은 유효한 인스턴스를 생성할 수 없다. 하위형은 여러 개의 상위형들로부터 속성들을 상속받을 수 있다. 이러한 다중상속(multiple inheritance)인 경우에는 아무런 상속관계가 없는 상위형들이 같은 식별자의 속성들을 가질 수 있다. 이러한 경우에는 속성참조자 앞에 그룹참조자를 두어 해당 속성을 가진 상위형 엔티티를 지정하여야 한다.

```
(*
 엔티티 multi_inherit의 상위형인 ent1과 ent2는 속성 attr을 공통으로 갖는다. 엔티티 ent1의 속성
attr이 제약되는 지를 알리기 위해 영역규칙에 자신의 인스턴스를 가르키는 'SELF', 그룹참조 '\ent1', 그리
고 속성참조 '.attr'의 형태의 일반참조의 사례를 보여준다.
*)
ENTITY ent1;
 attr : REAL;
 ...
END_ENTITY;
ENTITY ent2;
 attr : BINARY;
 ...
```

```
END_ENTITY;
ENTITY multi_inherit;
 SUBTYPE OF (ent1,ent2);
 ...
 WHERE
  nonzero : SELF\ent1.attr <> 0.0;
END_ENTITY;
```

하위형 엔티티는 그 상위형으로부터 상속되는 속성을 자신의 특성에 맞게 재선언할 수 있다. 이러한 속성을 위한 저장소는 상위형 내에 유지되지만, 해당 속성에 대해 허용되는 값공간은 각 하위형내에서 주어진 제약조건에 의해 제약된다. 그러므로, 하위형에서 재선언하는 속성의 새로운 자료형은 본래의 상위형의 해당 속성의 자료형과 같거나 그것의 세부형(specialization)이어야 한다.

- *redeclared_attribute*
  - 재선언되는 속성은 SELF, 그룹참조부, 그리고 속성참조부로 참조된다.
  - 어떤 속성이 상호 배타적이지 않는 두 개의 하위형들에서 재선언되고, 두 개의 하위형 인스턴스 모두를 필요로 하는 경우에는 해당 속성은 두 개의 재선언들에 적합한 값을 가져야 한다.
  - 예약어 RENAMED다음에 새로운 식별자가 주어지는 경우에 그 식별자는 현재 엔티티의 상위형들에 있는 속성들과 같으면 안된다. 본래의 식별자는 해당 속성을 선언한 엔티티의 범주에서 가시성이 유지되며, 새로운 식별자는 현재 엔티티와 하위형들에서 사용이 가능한 상태로 남는다.

상위형의 속성을 하위형에서 재선언할 수 있는 경우는 아래와 같다.

- 명시속성을 유도속성으로 변경하는 경우
- 선택 명시속성을 필수 명시속성으로 변경하는 경우
- 속성의 자료형을 그 하위형으로 변경하는 경우
- 선택자료형을 선택항목들 중 일부 또는 각 항목의 하위형들로 구성되는 선택자료형으로 변경하는 경우
- 엔티티자료형(GENERIC_ENTITY 포함)을 그 하위형들로 구성되는 선택자료형(GENERIC_ENTITY 선택자료형 포함)으로 변경하는 경우
- 속성의 이름을 변경하는 경우

```
(*
 원 circle은 중심 center와 반지름 radius로 정의된다. circle_2pt는 circle의 하위형으로 중심
center와 원주상에 있는 circum_pnt로 정의된다. 상속된 radius속성은 유도속성으로 재선언되며, 그 값은
함수 distance()에 의해 계산된다.
*)
```

```
ENTITY circle;
 centre : point;
 radius : REAL;
END_ENTITY;
ENTITY circle_2pt;
 SUBTYPE OF (circle);
 circum_pnt : point;
 DERIVE
  SELF\circle.radius : REAL := distance(SELF\circle.centre, circum_pnt);
END_ENTITY;
FUNCTION distance(sp,ep:point):REAL;     -- 두 점 사이의 거리
RETURN(SQRT((sp.x-ep.x)**2+(sp.y-ep.y)**2+(nvl(sp.z,0.0)-nvl(ep.z,0.0))**2));
END_FUNCTION;
```

```
(*
  아래는 상위형의 선택 명시속성을 필수 명시속성으로, 그리고, 속성의 자료형을 그 하위형으로 변경하여 재선
언하는 예를 보여준다. 기타, 집합형 자료형을 UNIQUE나 범위색인으로 구성요소의 개수를 제한하여 재선언할
수 있다.
*)
ENTITY root;
 val : REAL;
 attr : OPTIONAL super;
END_ENTITY;
ENTITY leaf;
 SUBTYPE OF (root);
 SELF\root.val : INTEGER;                   -- root의 value를 실수에서 정수로 변경
 SELF\root.attr : sub;                      -- root의 attr을 선택 super에서 필수 sub로 변경
END_ENTITY;
ENTITY super;
 things : LIST [1:?] OF thing;
 items : BAG [0:?] OF item;
END_ENTITY;
ENTITY sub;
 SUBTYPE OF (super);
 SELF\super.things : LIST [1:?] OF UNIQUE thing;   -- UNIQUE로 요소갯수 제한
 SELF\super.items : BAG [1:3] OF item;             -- 범주로 요소갯수 제한
END_ENTITY;
```

6.1.4.2 제약조건의 상속

상위형에서 선언된 모든 지역규칙이나 전역규칙들은 그 하위형에도 적용된다. 그러나, 속성의 상속에 대해서는 재선언에 의해 제약조건을 더 세부화하는 방향으로 하위형에서 수정이 가능하지만, 규칙의 상속은 하위형에서 어떤 규칙을 수정하거나 제거하는 것이 불가능하다. 그러나 하위형에서 새로운 규칙은 추가될 수 있다. 하위형이 여러 개의 상위형들을 가지면, 그 하위형은 모든 상위형들의 제약조건들을 상속받는다.

6.1.4.3 거동의 상속

상위형에서 선언된 모든 거동들은 하위형에도 적용된다. 그러므로 각 하위형 인스턴

스는 해당 이벤트가 발생되고 관련된 조건들이 만족되면 선언된 반동이 수행된다(8.2절 참조).

6.2 (전역)규칙

```
383 rule_decl = rule_head algorithm_head { stmt } where_clause END_RULE ';' .
384 rule_head = RULE rule_id FOR '(' entity_ref { ',' entity_ref } ')' ';' .

213 algorithm_head = { decl } [ constant_decl ] [ local_decl ] .
247 decl = entity_decl | function_decl | procedure_decl | type_decl .
```

규칙, 즉, 전역규칙(RULE)은 하나의 엔티티자료형의 인스턴스군이나 하나 이상의 엔티티자료형들의 인스턴스군들에 집단적으로 적용되는 제약조건들을 정의한다. 반면에 엔티티의 지역규칙인 유일성규칙이나 영역규칙은 해당 엔티티자료형의 각 인스턴스에 개별적으로 적용되는 제약조건을 부여한다. 모든 엔티티자료형의 인스턴스들의 유효집합은 어떠한 전역규칙도 위배하지 않아야 하며, 만약 위배되는 인스턴스들은 스키마에 적합하지 않게 되므로 유효집합에서 배제된다.

- *RULE, rule_id, END_RULE*

  규칙 선언은 예약어 RULE부터 규칙 선언을 종결하는 예약어 END_RULE까지 새로운 범주를 정의한다. 규칙 식별자는 그것이 선언된 스키마의 범주 내에서 가시적이다. 규칙 식별자는 구현된 응용프로그램이나 주석태그를 위해 사용된다.

- *entity_ref*

  규칙내에서 지역변수로 사용되는 *entity_ref*는 묵시적으로 해당 엔티티의 모든 인스턴스들을 가지는 BAG자료형으로 선언된다.

- *algorithm_head*

  규칙 선언의 범주내에서 엔티티, 함수, 프로시져, 형, 상수, 지역변수 선언등은 가시적인 식별자들을 선언할 수 있다.

- *where_clause*

  해당 규칙에서 선언된 모든 영역규칙들이 TRUE값으로 평가될 때 제약조건은 만족된다. 만약 FALSE값이 하나라도 있는 경우에는 위배가 된다. 만약 표현식이 UNKNOWN이거나 미정값이면 판단이 보류된다.

➔ 규칙에 대한 EXPRESS-G 기호

규칙에 대한 직접적인 기호는 제공되지 않는다. 그렇지만, 규칙에 의해 제약되는 엔티티는 엔티티이름 앞에 별표 '*'가 붙는다.

```
(*
  다음의 규칙은 point의 모든 인스턴스들중에서 원점에 위치하는 것이 적어도 1개가 존재해야 하는 조건을 정의한다.
*)
RULE at_least_one_points_at_origin FOR (point);
 WHERE
  sizeof(query(tmp <* point | tmp = point(0.0,0.0,0.0))) >= 1;
END_RULE;
```

```
(*
  다음의 예는 엔티티 속성들에 대해 조합값의 유일성을 선언하는 데 규칙이 사용되는 것을 보여준다. ent의 조합 유일성의 조건은 a와 b의 인스턴스들에 적용된다
*)
ENTITY ent;
 att1 : a;
 att2 : b;
 UNIQUE
  ur : att1, att2;
END_ENTITY;
```

```
(*
  다음 규칙에서 bag1자료형은 인스턴스 유일성을 보장하지만 요구되는 값의 유일성을 제약시키지는 못한다. 이것은 영역규칙 wr에 의해 제약된다.
*)
RULE value_unique_rule FOR (ent);
 ENTITY tmp;
  att1 : a;
  att2 : b;
 END_ENTITY;
 LOCAL
  bag1 : BAG OF UNIQUE tmp := [];
 END_LOCAL;
 REPEAT FOREACH i IN ent;
  bag1 := bag1 + tmp(i.att1, i.att2);
 END_REPEAT;
 WHERE
  wr : value_unique(bag1);
END_RULE;
```

6.3 하위형 제약조건

```
410  subtype_constraint_decl  =  subtype_constraint_head  subtype_constraint_body  END_
   SUBTYPE_CONSTRAINT ';' .
411 subtype_constraint_head = SUBTYPE_CONSTRAINT subtype_constraint_id FOR entity_ref
   ';' .
```

```
409 subtype_constraint_body = [ abstract_supertype ] [ total_over ] [ subtype_
   expression ';' ] .
199 abstract_supertype = ABSTRACT SUPERTYPE ';' .
422 total_over = TOTAL_OVER '(' entity_ref { ',' entity_ref } ')' ';' .
414 subtype_expression = subtype_factor { ANDOR subtype_factor } .
415 subtype_factor = subtype_term { AND subtype_term } .
416 subtype_term = entity_ref | one_of | '(' subtype_expression ')' .
338 one_of = ONEOF '(' subtype_expression { ',' subtype_expression } ')' .
```

특정한 스키마의 범주 내에서 하위형 제약조건은 상위형 엔티티에 대한 하위형 엔티티들의 구성요건을 지정하는 데 사용된다. 명시적이거나 묵시적으로 선언된 상위형 엔티티의 인스턴스는 하나 이상의 그 하위형들의 인스턴스를 구성하는 데 사용되므로, 하위형 인스턴스는 그 상위형 인스턴스와 호환된다.

- *SUBTYPE_CONSTRAINT, subtype_constraint_id, END_SUBTYPE_CONSTRAINT*
  하위형 제약조건 선언은 예약어 SUBTYPE_CONSTRAINT 부터 해당 하위형 제약조건을 종결하는 예약어 END_SUBTYPE_CONSTRAINT 까지 선언대상이 되는 엔티티 *entity_ref* 의 범주를 확장한다. 하위형 제약조건 식별자는 그것을 정의한 선언의 범주 내에서 가시적이다. 하위형 제약조건 식별자는 구현된 프로그램이나 주석태그를 위해 사용된다.
- *abstract_supertype* : 추상상위형 제약조건은 6.3.1절에서 자세히 설명된다.
- *total_over* : 전체범위 제약조건은 6.3.2절에서 자세히 설명된다.
- *subtype_expression* : 직계 하위형들의 조합은 6.3.3절에서 자세히 설명된다.

➔ 하위형 제약조건에 대한 EXPRESS-G 기호

추상상위형 제약조건은 'ABS'를 감싸는 원을 해당 엔티티로 연결하고, 엔티티측에 열린화살표를 가진 실선으로 표시된다. 전체범주 제약조건은 'T'를 감싸는 원으로부터 상위형 엔티티와 하위형 엔티티들로 연결하는 실선에 의해 표시되며, 하위형측에 열린화살표의 선단을 가진다. ONEOF 제약조건으로 모든 하위형들이 배타적이게 제약된 경우에는 해당 엔티티들을 공통의 분기점을 두어 연결하고, 분기점 위치에 문자 '1'을 두어 그 사실을 표시한다.

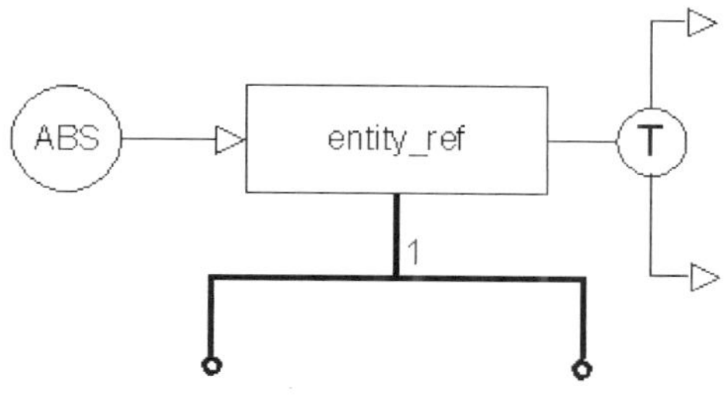

그림 6-3. 하위형 제약조건에 대한 EXPRESS-G 기호

6.3.1 추상상위형 제약조건

엔티티에 대해 선언되는 추상 엔티티는 그것을 정의하거나 인터페이스하는 스키마에 무관하게 항상 추상적이지만, 하위형 제약조건을 통하여 선언되는 추상상위형은 해당 스키마 내에서만 엔티티가 추상형으로 정의된다.

- *ABSTRACT SUPERTYPE*

  추상상위형 엔티티는 하위형 제약조건이 정의되는 스키마 내에서 그 하위형을 통해서만 인스턴스가 만들어질 수 있다[12].

```
(*
 다음의 엔티티 person은 스키마 person_model내에서는 인스턴스가 아무런 조건없이 생성될 수 있다. 그러
나 스키마 university_member_model에서는 추상상위형으로 선언되어 그 하위형인 professor, student,
또는 staff 중의 하나의 인스턴스의 부분 복합엔티티 값으로만 생성될 수 있다.
*)
SCHEMA person_model;
 ENTITY person;
  name : STRING;
 END_ENTITY;
END_SCHEMA;

SCHEMA university_member_model;
 USE FROM person_model;
 SUBTYPE_CONSTRAINT university_member FOR person;
  ABSTRACT SUPERTYPE;
  ONEOF(professor,student,staff);
 END_SUBTYPE_CONSTRAINT;
 ENTITY professor;
  SUBTYPE OF (person);
 END_ENTIY;
 ...
END_SCHEMA;
```

6.3.2 전체범주 제약조건

전체범주 하위형 제약조건은 상위형엔티티에 대한 하위형들의 전체 집합을 정의한다. 이러한 제약조건을 만족하기 위해서는 해당 엔티티자료형이나 하위형 제약조건으로 정의된 다른 하위형들은 적어도 전체집합 내에 있는 하나의 하위형을 반드시 포함하여야 한다.

- *TOTAL_OVER*
  - □ TOTAL_OVER 제약조건 내에 지정된 모든 하위형들은 해당 상위형에 대한 직계 하위형이 된다.
  - □ 동일한 엔티티자료형에 대해 여러 개의 하위형 제약조건들이 TOTAL_OVER

12 추상엔티티의 인스턴스를 생성하는 경우에는 구문해석 경고코드 1이 발생한다.

제약조건들을 선언하는 경우에는 모든 TOTAL_OVER 제약조건들을 동시에 만족해야 한다.

```
(*
 다음은 person_model2에서는 엔티티 person에 대한 추상상위형과 하위형전체범주 male과 female만을 선언하였다. 그러므로 male 또는 female 중 하나만, 또는 male과 female 모두를 포함하는 인스턴스가 생성될 수 있다. 그러나 child만의 독립적인 인스턴스는 생성될 수 없으며, 반드시 male과 female중 적어도 하나의 인스턴스와 조합되어야 한다.
*)
SCHEMA person_model2;
 ENTITY person;
  name : STRING;
 END_ENTITY;
 SUBTYPE_CONSTRAINT person_sex FOR person;
  ABSTRACT SUPERTYPE;
  TOTAL_OVER(male,female);
 END_SUBTYPE_CONSTRAINT;
 ENTITY male;
  SUBTYPE OF (person);
 END_ENTITY;
 ENTITY female;
  SUBTYPE OF (person);
 END_ENTITY;
 ENTITY child;
  SUBTYPE OF (person);
 END_ENTITY;
END_SCHEMA;
```

6.3.3 직계 하위형들의 조합

하위형 제약조건은 두 개 이상의 직계 하위형들이 어떻게 조합될 지를 선언한다. 만약 특정한 엔티티자료형에 대해 직계 하위형들의 조합에 대한 아무런 제약조건이 언급되지 않으면, 모든 하위형들은 묵시적으로 ANDOR로 선언된 것으로 간주된다. 해당 엔티티의 하위형들 일부에 대해 하위형 제약조건이 선언된 경우에는 해당 하위형들에 대해서만 그 조건이 적용되며, 나머지 하위형들에 대해서는 ANDOR로 간주된다.

직계 하위형들의 조합형태를 묘사하는 연산자로는 ONEOF, ANDOR, AND, 그리고 소괄호 등이 있다. 이러한 조합 연산자들의 평가는 가장 우선순위가 높은 연산자가 먼저 평가되는 방식으로 왼쪽에서 오른쪽으로 진행된다. 표 6-1은 상위형 표현식 연산자들에 대한 우선순위를 보여준다. 같은 행에 있는 연산자들은 우선순위가 같으며, 각 행은 우선순위가 낮아지는 순서로 되어있다. 그러므로 표현식 a ANDOR b AND c는 a ANDOR (b AND c)와 결과가 같으며, (a ANDOR b) AND c와는 다르다.

표 6-1. 직계 하위형들의 조합 연산자의 우선순위

우선순위	조합 연산자
1	( ) ONEOF
2	AND
3	ANDOR

6.3.3.1 선택형

선택형(ONEOF)은 해당 엔티티자료형의 하위형 요소들로 주어지는 ONEOF목록 중에서 하나만을 하위형으로 선택하므로, 목록내의 각 요소는 목록 내에 있는 다른 요소와 함께 인스턴스가 만들어질 수 없다. 복잡한 제약조건들을 기술하기 위하여 선택형 제약조건은 다른 하위형 제약조건들과 조합될 수 있다. 예를 들면, ONEOF(a,b,c)는 인스턴스가 a, b, c중 오직 하나로 구성되는 것을 의미한다.

6.3.3.2 연결형

연결형(AND)은 상위형이 분류가능한 여러 그룹의 하위형들로 구성되고 각 그룹 내의 하위형들은 선택측면에서 서로 배타적일 때의 제약조건을 나타낸다. 연결형 조건은 다른 하위형/상위형 제약조건들에 의해 구성된 그룹들을 연관시키는 데만 사용된다. 예를 들면, a AND b는 a와 b가 동시에 구성되는 것을 의미한다.

```
(*
 다음의 university_member_model은 person_model3의 모든 항목들을 차용하여 이용한다. 스키마
university_member_model내에서 person은 male과 female 중의 하나와 professor, student, staff
중의 하나의 인스턴스를 가져야 한다.
*)
SCHEMA person_model3;
 ENTITY person;
  name : STRING;
 END_ENTITY;
 SUBTYPE_CONSTRAINT person_sex FOR person;
  ABSTRACT SUPERTYPE;
  TOTAL_OVER(male,female);
  ONEOF(male,female);
 END_SUBTYPE_CONSTRAINT;
 ENTITY male;
  SUBTYPE OF (person);
 END_ENTITY;
 ENTITY female;
  SUBTYPE OF (person);
 END_ENTITY;
END_SCHEMA;

SCHEMA university_member_model;
 USE FROM person_model3;
 ENTITY professor;
```

```
 SUBTYPE OF (person);
 END_ENTIY;
 ENTITY student;
  SUBTYPE OF (person);
 END_ENTITY;
 ENTITY staff;
  SUBTYPE OF (person);
 END_ENTITY;
 SUBTYPE_CONSTRAINT university_member FOR person;
  ABSTRACT SUPERTYPE;
  ONEOF(professor,student,staff);
 END_SUBTYPE_CONSTRAINT;
END_SCHEMA;
```

그림 6-4는 이러한 하위형 제약조건에 대한 EXPRESS-G 표현을 보여준다.

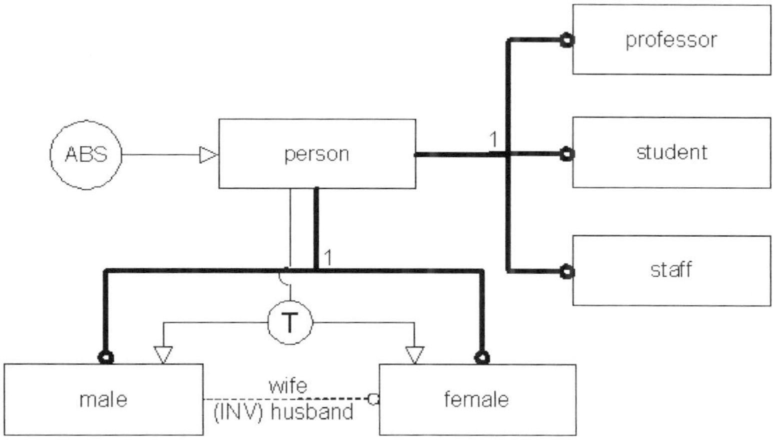

그림 6-4. 하위형 제약조건의 EXPRESS-G 표현 사례

6.3.3.3 조합형

조합형(ANDOR)은 하위형들이 서로 배타적이 아닐 때, 즉, 상위형의 인스턴스가 하나 이상의 여러 하위형들로 구성되는 인스턴스인 경우의 하위형 제약조건을 지정한다. 예를 들면, a ANDOR b은 a, b, 또는 a와 b, 세가지 경우 중 하나가 될 수 있다.

```
(*
 다음의 person_model4에서의 person에 대해서는 묵시적인 하위형 제약조건인 professor ANDOR
student ANDOR staff이 적용된다.
*)
SCHEMA person_model4;
 ENTITY person;
  name : STRING;
 END_ENTITY;
 ENTITY professor;
```

```
  SUBTYPE OF (person);
 END_ENTIY;
 ENTITY student;
  SUBTYPE OF (person);
 END_ENTITY;
 ENTITY staff;
  SUBTYPE OF (person);
 END_ENTITY;
END_SCHEMA;
```

7. 정적 알고리즘

정적 데이터모델(static data model)은 정보기지내의 데이터들이 EXPRESS의 내장자료형과 사용자가 선언한 정의자료형이나 엔티티자료형에 따라 생성되고, 그 자료형이 정적으로 유지된다고 가정한다. 물론 정의자료형의 값들은 해당 자료형 내의 영역규칙을 만족하고, 엔티티 인스턴스들은 해당 엔티티에 대해 정의된 지역규칙과 전역규칙, 그리고 하위형 제약조건에 적합하여야 한다. 함수와 프로시저는 자료형의 값들을 매개변수로 하여 사용자가 원하는 결과를 얻기 위한 정적 알고리즘을 기술할 수 있게 한다. 함수와 프로시저는 변수의 값을 수정할 수는 있으나 그 자료형을 다른 자료형으로 변경할 수 없다.

7.1 실행문

```
406 stmt = alias_stmt | assignment_stmt | case_stmt | compound_stmt | dynamic_stmt |
    escape_stmt | if_stmt | null_stmt | procedure_call_stmt | repeat_stmt | return_stmt
    | skip_stmt .
252 dynamic_stmt = action_trigger | execute_stmt | local_signal | raise_stmt |
    signal_stmt | synchronise_stmt | wait_stmt .
```

EXPRESS의 실행문은 구문에 따라 정적 실행문과 동적 실행문으로 대별된다. 정적 실행문은 규칙, 함수, 또는 프로시져 등의 정적 알고리즘이나, 거동내의 반동 또는 작동 등의 동적 알고리즘을 정의하는 데 이용된다. 그러나 동적 실행문은 동적 데이터모델을 위한 알고리즘을 위해서만 사용된다. 여기서는 정적 실행문들을 다루며, 동적 실행문은 다음 장에서 설명된다. EXPRESS가 제공하는 정적 실행문들은 표 7-1과 같다.

표 7-1. EXPRESS의 정적 실행문

실행문의 종류	내용
별칭문(*alias_stmt*)	참조부가 붙는 변수들의 이름을 짧게 함.
배정문(*assignment_stmt*)	표현식의 평가값을 변수에 배정함.
경우문(*case_stmt*)	경우에 따라 선택적으로 문장을 수행함.
복합문(*compound_stmt*)	여러 개의 문장들을 하나의 문장처럼 다룸.
진위문(*if_stmt*)	조건에 따른 문장을 수행함.
무위문(*null_stmt*)	어떤 문장도 수행되지 않음.
반복문(*repeat_stmt*)	해당 문장들을 제어조건에 따라 반복시킴.
탈출문(*escape_stmt*)	반복문 범주로부터 벗어나게 함.
도약문(*skip_stmt*)	현재의 반복을 끝내고 다음의 반복을 검토.
반환문(*return_stmt*)	함수 또는 프로시져의 실행을 종결함.

7.1.1 별칭문

```
214 alias_stmt = ALIAS variable_id FOR general_ref { qualifier } ';' stmt { stmt }
    END_ALIAS ';' .
```

별칭문은 참조부가 붙는 매개변수나 지역변수의 문장이 길어 국부적으로 짧은 별칭을 정하여 표현식을 간략한다. 별칭문은 예약어 ALIAS부터 해당 별칭문을 종결하는 예약어 END_ALIAS까지 새로운 범주를 정의한다.

- *variable_id*

  예약어 FOR 다음에 오는 식별자를 참조하기 위해 묵시적으로 선언되는 변수 식별자로서, 해당 별칭문의 범주 내에서 가시적이다.

■ *general_ref*와 *qualifier*(7.1.2절 참조)

```
(*
  다음의 함수 distance()는 별칭문을 사용하여 반환문내의 표현식을 간략화한다.
*)
ENTITY point;
 x,y : REAL;
 z: OPTIONAL REAL;
END_ENTITY;
ENTITY line;
 start_point,end_point : point;
 DERIVE
  len : REAL := distance(SELF);
END_ENTITY;
FUNCTION distance(aline : line) : real;
 ALIAS s FOR aline.start_point;
  ALIAS e FOR aline.end_point;
   RETURN(sqrt((s.x-e.x)**2+(s.y-e.y)**2+(nvl(s.z,0.0)-nvl(e.z,0.0))**2));
  END_ALIAS;
 END_ALIAS;
END_FUNCTION;
```

7.1.2 배정문

```
217 assignment_stmt = general_ref { qualifier } ':=' expression ';' .
300 general_ref = parameter_ref | variable_ref .
363 qualifier = attribute_qualifier | group_qualifier | index_qualifier |
   state_qualifier .
220 attribute_qualifier = '.' attribute_ref .
303 group_qualifier = '\' entity_ref .
314 index_qualifier = element_qualifier | range_qualifier .
254 element_qualifier = '[' index ']' .
367 range_qualifier = '[' index_1 ':' index_2 ']' .
405 state_qualifier = '%' ( PRE | POST ) .
```

배정문은 배정기호 ':='의 좌측 표현식의 평가값에 우측 표현식의 평가값을 배정한다. 배정문은 우측 표현식이 엔티티자료형이 아닌 경우에는 해당 자료형 값을 복사하여 매개변수나 지역변수에 배정하며, 엔티티 인스턴스인 경우에는 그 인스턴스에 대한 참조를 부여한다. 후자의 경우에는 해당 매개변수나 지역변수에 대한 변경사항들은 본래의 인스턴스 내에 반영된다. 즉, 두 개의 지역변수들에 동일한 엔티티 인스턴스가 배정되면, 하나의 변수에 적용된 수정사항은 다른 하나의 변수에 반영된다. 유효하지 않은 부분 복합엔티티 인스턴스들은 매개변수나 지역변수에 배정될 수 없고 함수나 프로시져의 실제 매개변수로 전달될 수도 없다.

■ *general_ref*, *expression*

값을 배정받을 매개변수나 지역변수의 자료형과 표현식의 결과자료형이 다음 중 하나일 때 배정호환이 된다고 본다.

□ 자료형이 동일한 경우

□ 배정받을 변수의 하위형 자료형으로 표현식이 평가되는 경우

□ 배정받을 변수가 선택자료형인 경우에 하나 이상의 선택항목의 자료형들과 배정호환이 되는 값으로 표현식이 평가되는 경우

```
(*
  다음은 유효한 배정들이다.
*)
ENTITY point;
 x,y,z : REAL;
END_ENTITY;
PROCEDURE proc;
 LOCAL
  a : INTEGER := 100;
  b : REAL;
  p : point := point(1.0,2.0,3.0);
 END_LOCAL;
 ...
 a := a * 10;
 b := 2.5 * a;
 p.x := b;
...
```

■ *general_ref*와 *qualifier*

매개변수나 지역변수에는 필요에 따라 참조부가 부가된다. 이러한 참조부로는 엔티티내의 속성을 지칭하는 속성참조부, 복합엔티티 내의 부분 복합엔티티 값을 나타내는 그룹참조부, 집합형 자료형이나 문자열자료형의 요소참조부와 범위참조부, 그리고 알고리즘에 전달된 매개변수의 국부적인 값의 상태를 표시하는 상태참조부 등이 있다.

□ 속성참조부(*attribute_qualifier*)

속성참조자(.)의 좌측 표현식이 우측에 명시된 속성을 갖고 해당 속성이 어떤 값 또는 미정값(선택속성에 의하거나 또는 아직까지 값의 설정이 안된 이유등으로)을 가지는 인스턴스로 평가되면 본래의 속성 값은 배정문의 우측 표현식의 값에 의해 대체된다[13]. 속성참조자의 좌측 표현식이 미정값이 아닌 한 참조부가 반복하여 부가될 수 있다[14].

□ 그룹참조부(*group_qualifier*)

---

13 만약 속성참조자의 좌측 표현식이 지정된 속성을 가지지 않는 인스턴스로 평가되면, 실행 에러코드 1이 발생한다.

14 만약 속성참조자의 좌측 표현식이 미정값으로 평가되면, 실행 에러코드 6이 발생한다.

그룹참조자(\)의 좌측 표현식이 그룹참조의 우측에 명시된 엔티티를 갖는 복합 엔티티 인스턴스로 평가되면, 본래의 부분 복합엔티티 값은 배정문의 우측 표현식의 값에 의해 대체된다. 그룹참조자의 좌측 표현식이 미정값이 아닌 한 참조부가 반복하여 부가될 수 있다[15].

□ 요소참조부(*element_qualifier*)

- 요소참조자([])의 좌측 표현식의 선언자료형은 STRING, LIST, TABLE 또는 ARRAY 중의 하나이거나 이러한 자료형들 중 하나를 구성요소로 하는 선택자료형이어야 한다[16].
- 요소참조자의 좌측 표현식이 STRING으로 평가되고 { 1 <= *index_1* <= *length(left)* }이면[17] STRING의 해당 위치에 있는 문자는 우측 표현식의 값으로 대체된다.
- 요소참조자의 좌측 표현식이 LIST로 평가되고 1<= *index_1*<= *sizeof*(*left*)이면[18], LIST의 해당 위치에 있는 요소는 우측 표현식의 값으로 대체된다. 필요시 다른 참조부가 부가될 수 있다.
- 요소참조자의 좌측 표현식이 TABLE로 평가되고 색인값이 해당 TABLE의 색인용 자료형과 일치하고[19] TABLE의 해당 색인위치에 이미 값이 있거나 미정값이면, TABLE의 해당 색인위치에 있는 값은 우측 표현식의 값으로 대체된다. 해당 색인위치에 아무런 값이 없는 경우에는, TABLE의 해당위치에 우측 표현식의 값이 삽입된다[20].
- 요소참조자의 좌측 표현식이 ARRAY로 평가되고 *loindex(left)* <= *index* <= *hiindex*(*left*)이면[21], 만약 ARRAY의 해당 위치에 이미 값이 있다면 그 값은 우측 표현식의 값으로 대체된다. 필요시 다른 참조부가 부가될 수 있다. 만

---

15 만약 그룹참조자의 좌측 표현식이 미정값으로 평가되면, 실행 에러코드 7이 발생한다.

16 만약 요소참조자의 좌측 표현식이 ARRAY, LIST 또는 STRING 중 하나로 평가되고 색인값이 정수형으로 평가되지 않으면 실행 에러코드 10이 발생한다.

17 만약 요소참조자의 좌측 표현식이 STRING으로 평가되고 NOT({1 <=*index_1* <= *length (left)*})이면 실행 에러코드 11이 발생된다.

18 만약 요소참조자의 좌측 표현식이 LIST로 평가되고 NOT({1 <=*index*_1 <= *sizeof (left)*})이면 실행 에러코드 11이 발생된다.

19 만약 요소참조자의 좌측 표현식이 TABLE로 평가되고 색인값이 해당 TABLE의 선언된 색인용 자료형과 부적합한 형으로 평가되면, 실행 에러코드 11이 발생된다.

20 만약 TABLE로 새로운 값을 추가하는 것이 해당 TABLE의 범위를 초과하는 경우에는 실행에러가 발생된다.

21 만약 요소참조자의 좌측 표현식이 ARRAY로 평가되고 NOT({*loindex(left)*) <= *index* <= *hiindex(left)*})이면, 실행 에러코드 10이 발생된다.

약 ARRAY의 해당 위치가 미정값이고 부가의 참조부가 없다면 해당 위치로 우측 표현식의 값이 삽입된다.

□ 범위참조부*(range_qualifier)*

- 범위참조자([:])의 좌측 표현식의 선언자료형은 STRING이거나 STRING자료형을 요소로 하는 선택자료형이어야 한다.
- 범위참조자의 좌측 표현식은 해당 요소들에 배정이 되기 전에 초기화되어 값을 가져야 한다.
- 만약 범위참조자의 좌측 표현식이 STRING으로 평가되고 *1 <= index_1 <= index_2* 이고 *index_2 <= length(left)*이면[22] *index_1*과 *index_2*사이에 있는 요소들은 우측 표현식의 값으로 대체된다. 만약 *length(right) <> (index_2 - index_1 + 1)*이면 이 배정에 의해 *length(left)*는 변경된다.

□ 상태참조부*(state_qualifier)*

배정은 상태참조부 매개변수들에게 이루어질 수 없다[23].

7.1.3 경우문

```
236 case_stmt = CASE selector OF { case_branch } [ OTHERWISE ':' stmt ] END_CASE ';' .
393 selector = expression .
234 case_branch = case_label { ',' case_label } ':' stmt .
235 case_label = expression .
```

경우문은 조건에 따라 여러 경우의 문장들을 선택적으로 수행한다

- *selector*

  선택자는 분기조건을 지정하는 표현식으로, 실행될 문장은 이 선택자의 평가값과 동일한 첫번째 경우명칭(*case_label*)에 연계된 문장이 실행된다. 많아야 하나의 분기경우가 선택된다. 만약 선택자가 미정값으로 평가되면, OTHERWISE 절이 있는 경우에 한하여 실행된다.

- *case_branch*

  경우분기는 콤마로 분리된 하나 이상의 경우명칭들과 실행문으로 구성된다. 즉, 하나의 실행문은 여러 개의 경우명칭들에 의해 공유될 수 있다.

- *case_label*

---

22 만약 범위참조자의 좌측 표현식이 STRING으로 평가되고 색인값들 중 하나가 정수형으로 평가되지 않으면, 실행 에러코드 10이 발생된다.

23 상태참조부를 가진 매개변수에 배정이 되는 경우에는 구문해석 에러코드 46이 발생된다.

경우명칭(*case_label*)의 평가결과는 선택자의 평가값과 호환되어야 한다. 미정값이나 FALSE의 결과를 주는 경우명칭은 선택되지 않는다. 만약 어떠한 경우명칭들도 선택자와 같은 값으로 평가되지 않는다면, OTHERWISE 절이 있는 경우에는 그와 관련한 문장들이 실행되며, OTHERWISE 절이 없으면 경우문과 관련한 어떤 문장도 실행되지 않는다.

```
(*
 정수형의 경우명칭을 사용한 예는 다음과 같다. i가 3인 선택자에 대해 sqrt(x)의 값이 x에 배정된다.
*)
LOCAL
 i : INTEGER;
 x : REAL := 100.0;
END_LOCAL;
...
i := 3;
CASE i OF
 1,2 : x := x**2;
 3 : x := sqrt(x);
 OTHERWISE : x := 0.0;
END_CASE;
```

7.1.4 복합문

```
238 compound_stmt = BEGIN stmt { stmt } END ';' .
```

복합문은 여러 개의 문장들을 하나의 문장으로 묶는다. 예약어 BEGIN과 END는 일련의 문장들을 묶는 역할을 한다.

```
(*
 다음의 예는 하나의 경우명칭에 대해 여러 개의 문장이 수행되도록 복합문을 사용하였다.
*)
i := 3;
CASE i OF
 1,2 : x := x**2;
 3 :
   BEGIN
    x := SQRT(x);
    IF x > 10.0
    ...
    END_IF;
   END;
 OTHERWISE : x := 0.0;
END_CASE;
```

7.1.5 진위(眞僞)문

```
304 if_stmt = IF logical_expression THEN stmt { stmt } [ ELSE stmt { stmt } ] END_IF ';'
   .
```

진위(眞僞)문은 조건에 따라 문장들을 실행한다. 만약 조건식 *logical_expression*이

TRUE로 평가되면 THEN 다음의 문장들이 실행되며, FALSE, UNKNOWN 또는 미정값으로 평가되면, ELSE 절이 있는 경우에 한하여 ELSE 다음의 문장이 실행되고 없는 경우에는 진위문이 종결된다.

```
(*
  다음 진위문은 a가 10보다 큰 경우에는 sqrt(a)를, 그렇지 않은 경우에는 a**3을 b에 배정한다.
*)
a := a+1;
IF a > 10
THEN
 b := sqrt(a);
ELSE
 b := a**3;
END_IF;
```

7.1.6 무위(無爲)문

```
337 null_stmt = ';' .
```

무위(無爲)문은 세미콜론(;)만으로 구성되는 실행문이다. 무위문은 어떠한 내용도 수행되지 않는다.

```
(*
  다음은 무위문의 사용 예를 보여준다.
*)
IF a = 13
THEN
;                          -- a=13일 때 어떤 내용도 수행하지 않고 진위문 다음으로 진행한다
ELSE
 b := 5;
END_IF;
```

7.1.7 반복문

```
376 repeat_stmt = REPEAT repeat_control ';' stmt { stmt } END_REPEAT ';' .
375 repeat_control = [ aggregate_control | increment_control ] [ while_control ] [
   until_control ] .
207 aggregate_control = FOREACH variable_id IN aggregate_source .
209 aggregate_source = aggregate_expression .
306 increment_control = variable_id ':=' start_value TO end_value [ BY increment ] .
404 start_value = real_expression .
255 end_value = real_expression .
305 increment = real_expression .
439 while_control = WHILE logical_expression .
434 until_control = UNTIL logical_expression .
```

반복문은 조건에 따라 일련의 문장들을 반복시키는 데 사용된다. 반복문은 예약어 REPEAT부터 반복문을 종결하는 예약어 END_REPEAT 까지 새로운 범주를 정의한다. 반복제어(*repeat_control*)는 반복이 시작되거나 계속되는 형태를 조절한다.

■ *aggregate_control*

집합제어는 집합형 자료형의 각 요소를 대상으로 반복문의 몸체를 실행한다. 반복변수 *variable_id*는 외부범주에서 선언된 *variable_id*에 우선하며, 그 값은 반복문의 밖에서 사용할 수 없다.

- □ *aggregate_source*는 반복문이 시작할 때 한번만 평가되며, 집합값이어야 한다. 만약 *aggregate_source*가 미정값으로 평가되면, 반복문은 실행되지 않는다.
- □ 반복문이 시작되면 반복변수 *variable_id*의 자료형이 집합형 자료형의 기본자료형으로 묵시적으로 선언되며, 반복이 다른 제어에 의해 종결되지 않는다면, 각 요소는 한번씩 사용된다. ARRAY와 LIST자료형의 요소들은 색인에 의한 순서대로 선택된다.
- □ 반복문의 몸체는 반복변수의 값을 수정할 수 없다.

```
(*
  이 예제는 실수값을 갖는 집합요소의 평균값을 어떻게 구하는 지 보여준다.
*)
FUNCTION mean_value (agg:AGGREGATE OF REAL:t_lab):REAL:t_lab;
 LOCAL
  sum : REAL:t_lab := t_lab::0;
 END_LOCAL;
 REPEAT FOREACH i IN agg;
  sum = sum + i;
 END_REPEAT;
 RETURN(sum/sizeof(agg));
END_FUNCTION;
```

■ *increment_control*

증분제어는 일정하게 증감되는 반복변수 *variable_id*의 값에 대해 반복문의 몸체가 실행되도록 한다. 반복변수는 외부범주에서 선언된 *variable_id*에 우선하며, 그 값은 반복문의 밖에서 사용할 수 없다.

- □ *start_value, end_value* 그리고 *increment*을 표현하는 *real_expressions*는 반복문을 시작할 때 한번만 평가되며, 실수값이어야 한다. 증분제어의 첫 평가시에 증분이 양수이고 *start_value* > *end_value*이거나, 증분이 음수이고 *start_value* < *end_value*이거나, 또는 증분이 0이면 반복문은 실행되지 않는다. 또한 이들 중 하나라도 미정값으로 평가되면, 반복문은 실행되지 않는다.
- □ 반복문이 시작되면 반복변수 *variable_id*이 실수형으로 묵시적으로 선언되며, *start_value*로 초기화되고, 매 반복 후 *increment*만큼 증가된다. 만약 증분이 기술되지 않으면, 내정값인 1이 사용된다. *variable_id*의 값이 지정된 범위를 벗

어나거나, 반복이 다른 제어에 의해 종결되지 않는다면, 반복문의 실행은 계속된다.

□ 반복문의 몸체는 반복변수의 값을 수정할 수 없다.

■ *while_control*

WHILE 제어는 *logical_expression*이 참으로 평가되는 한 반복문의 몸체를 반복하여 실행한다. 여기서 *logical_expression*은 각 반복의 초기단계에서 평가되며, 그 결과는 논리자료형이어야 한다. 만약 WHILE제어의 논리표현식이 FALSE, UNKNOWN, 또는 미정값으로 평가되면, 몸체는 실행되지 않는다.

■ *until_control*

UNTIL제어는 *logical_expression*이 참이 될 때까지 반복문의 몸체의 실행을 계속한다. 여기서 *logical_expression*은 각 반복의 끝단계에서 평가되며, 그 결과는 논리자료형이어야 한다. 만약 UNTIL제어만 존재하면, 적어도 한번은 항상 실행된다.

반복을 종결하기 위한 여러 제어조건들은 조합하여 사용될 수 있다. 이러한 경우에 반복의 제어조건들은 다음과 같이 처리된다.

a) 반복문을 시작하여 집합제어 또는 증분제어가 있다면, 해당 제어의 규칙에 따라 평가된다.
b) WHILE 제어가 없거나 WHILE 제어표현식이 참이면, 반복문의 몸체가 실행된다. 만일 WHILE 제어표현식이 거짓, UNKNOWN, 또는 미정값이면, 반복문의 실행은 종결된다.
c) 반복문의 몸체부분이 실행된다.
d) UNTIL 제어가 없거나 있더라도 그 결과가 거짓, UNKNOWN, 또는 미정값이면 다음 단계가 실행되고, UNTIL제어표현식이 참이면 반복문의 실행은 종결된다.
e) 집합제어에 대해서는 반복변수로 사용되지 않은 요소가 선택되고 위의 c)단계가 실행된다. 모든 요소가 반복변수로 사용되었다면, 반복문의 실행은 종결된다. 증분제어에 대해서는 반복변수를 증분만큼 증가시킨 값이 허용범위에 있다면, 위의 c)단계가 실행된다. 그렇지 않은 경우에는 반복문의 실행은 종결된다.

```
(*
  이 예제는 하나이상의 조건들이 반복문내에서 어떻게 사용될 수 있는가를 보여준다. 이 문장은 오차범위가 원하는 범주에 들거나 반복횟수가 100회가 될 때까지 반복한다. 즉, 그 답이 충분히 빨리 수렴하지 않을 때 반복은 중단된다.
*)
REPEAT i:=1 TO 100 UNTIL epsilon < 1.E-6;
  ...
```

```
 epsilon := ...;
END_REPEAT;
```

7.1.7.1 탈출문

```
266 escape_stmt = ESCAPE ';' .
```

탈출문은 반복문의 범주 내에서만 사용되며, 해당 반복문을 종결하여 그 다음 문장으로 옮겨가게 한다. 이러한 탈출문은 무한반복이 될 수 있는 상황을 종결할 수 있도록 한다.

```
(*
  다음의 탈출문은 a<0인 경우에 반복문을 종결하고 END_REPEAT다음의 문장으로 제어를 넘기게 된다.
*)
REPEAT UNTIL (a=1);
 ...
 IF (a < 0)
 THEN
  ESCAPE;
 END_IF;
 ...
END_REPEAT;
```

7.1.7.2 도약문

```
401 skip_stmt = SKIP ';' .
```

도약문은 반복문의 범주 내에서만 사용되며, 해당 반복문의 몸체 끝으로 즉시 이동하여 반복들을 제어하기 위한 다음 조건들이 검토된다.

```
(*
  다음의 도약문은 a<0인 경우에 END_REPEAT로 제어를 넘겨 그 다음의 반복을 계속한다.
*)
REPEAT UNTIL (a=1);
 ...
 IF (a < 0)
 THEN
  SKIP;
 END_IF;
 ...
END_REPEAT;
```

7.1.8 반환문

```
380 return_stmt = RETURN [ '(' expression ')' ] ';' .
```

반환문은 함수 또는 프로시져 내에서만 나타나며, 함수 또는 프로시져의 실행을 종결한다. 함수의 반환문은 그 결과값이 될 표현식을 반드시 가져야 하며, 반환문이 실행되면 함수의 호출위치로 표현식의 평가값을 반환한다. 표현식의 평가값은 선언된 함수의 반환자료형과 호환되어야 한다. 프로시져의 반환문은 표현식을 가지지 않으며, 반환문이 실행되면 제어가 호출위치로 넘겨진다.

```
(*
  다음은 올바른 반환문들이다.
*)
...
IF (a < 0)
THEN
 RETURN(99.9);
ELSE
 RETURN(p.x);                    -- p는 point의 인스턴스
END_IF;
...
```

7.2 함수

```
291 function_decl = function_head [ pre_conditions ] mechanism END_FUNCTION ';' .
292 function_head = FUNCTION function_id [ [ operator_decl ] formal_parameter_list ]
    ':' parameter_type ';' .
339 operator_decl = operator_symbol_id '^' digit .
340 operator_symbol_id = simple_id | symbol_character_sequence .
417 symbol_character_sequence = not_letter_or_others [ symbol_character [ symbol_
    character [ symbol_character ] ] ] .
141 not_letter_or_others = \a ( [ \x \x D ] ' ' '!' '%' [ '''' ']' ) ',' '.' ':' ';' [
    '?' '^' ] [ 'a' ']' ) ) .
146 symbol_character = \a ( [ \x \x D ] ' ' '!' '%' [ '''' ']' ) ',' '.' ':' ';' '?' '@' [
    '[' '^' ] [ '{' '}' ] ] .
138 digit = '0' | '1' | '2' | '3' | '4' | '5' | '6' | '7' | '8' | '9' .
289 formal_parameter_list = '(' formal_parameter { ';' formal_parameter } ')' .
288 formal_parameter = parameter_id { ',' parameter_id } ':' parameter_type .

351 pre_conditions = PRE_CONDITION condition { condition } .
240 condition = [ condition_id ':' ] logical_expression ';' .
241 condition_id = simple_id .

335 mechanism = algorithm | EXTERNAL ';' .
212 algorithm = algorithm_head stmt { stmt } .
213 algorithm_head = { decl } [ constant_decl ] [ local_decl ] .
247 decl = entity_decl | function_decl | procedure_decl | type_decl .
328 local_decl = LOCAL local_variable { local_variable } END_LOCAL ';' .
332 local_variable = variable_id { ',' variable_id } ':' parameter_type [ ':='
    expression ] ';' .
```

함수는 표현식 내에서 호출시 전달된 매개변수들에 작용되어 원하는 최종상태를 선언된 자료형 값으로 반환하는 알고리즘이다. 이러한 알고리즘은 필요시 어디서든지 호출될 수 있으므로 스키마의 구성을 효율적이게 한다.

■ *FUNCTION, function_id, END_FUNCTION*

함수 선언은 예약어 FUNCTION부터 해당 함수선언을 종결하는 예약어 END_FUNCTION까지 새로운 범주를 정의한다. 함수 식별자는 그것을 정의한 선언의 범주내에서 가시적이다. 이러한 함수 선언의 범주 내에서 매개변수, 형명칭, 사전조건, 엔티티, 함수, 프로시져, 형, 상수, 지역변수 등은 가시적인 식별자들을 선언할 수 있다.

- *operator_decl* : 연산자 선언은 7.2.1절에서 자세히 설명된다.
- *formal_parameter_list*

  함수의 형식 매개변수는 VAR이라고 선언될 수 없기 때문에 함수내에서 매개변수들에 대한 변경사항은 해당 함수를 호출한 위치로 반영되지 않는다. 그러나 현재의 함수가 함수, 프로시져, 또는 규칙의 *algorithm_head*안에서 선언되는 경우에는 외부범주에서 선언된 지역변수들이나 매개변수들을 수정할 수 있다. 함수의 매개변수에 대한 내용은 7.2.2절에서 자세히 설명된다.
- *pre_conditions, PRE_CONDITION*

  함수의 사전조건은 전달되는 매개변수들이 유효한지를 검토하는 데 사용된다. 사전조건은 함수가 실행되기 전에 TRUE또는 UNKNOWN으로 평가되어야 하는 일련의 논리표현식들로 구성된다. 사전조건을 위한 논리표현식은 상수들과 전달된 매개변수들로 구성된다. 만약 하나 또는 그 이상의 논리 표현식들이 거짓이나 미정값으로 평가되는 경우에는 해당 함수는 수행되지 않고 미정값이 반환된다.
- *mechanism*

  함수의 알고리즘은 형, 엔티티자료형, 함수 또는 프로시져, 상수, 지역변수 등의 지역선언들과 실행문들로 구성된다. 이러한 알고리즘은 함수호출에 의해 생성될 결과를 정의하는 반환문의 실행으로 종결된다. 함수가 호출될 때 실행가능한 모든 경로들에 대해 존재해야 하는 각 반환문은 함수의 반환자료형과 호환되는 값으로 평가될 표현식을 포함하여야 한다[24,25,26]. 함수의 정의가 외부에 있는 경우에는 예약어 EXTERNAL을 사용한다. 이러한 외부함수의 정의나 실행을 지원하기 위한 메커니즘은 응용프로그램에서 지원되어야 한다.
- *local_decl*

  지역변수 선언은 7.2.3절에서 자세히 설명된다.

---

24 함수가 가능한 모든 경로에 대해 반환문을 가지지 않는 경우에는 구문해석 에러코드 22가 제시된다.
25 반환값이 함수의 반환자료형과 일치하지 않을 경우에는 구문해석 에러코드 24가 제시된다.
26 함수내의 반환문이 표현식을 가지지 않을 경우에는 구문해석 에러코드 23이 제시된다.

➔ 함수에 대한 EXPRESS-G 기호

함수에 대한 어떠한 표시방법도 제공되지 않는다.

7.2.1 사용자정의 연산자

7.2.1.1 연산자기호

함수선언은 함수의 식별자를 정의하는 것 이외에 표현식에 내장연산자처럼 사용될 수 있는 사용자 연산자기호를 정의한다. 만약 연산자기호가 지정되지 않으면 함수 선언은 단지 함수만을 선언하고 연산자는 정의하지 않는다. 연산자기호에 관한 일반적인 규칙은 다음과 같다.

- 연산자기호는 대소문자 구분이 없는 식별자이던지, 또는 글자가 아닌 문자 다음에 오는 대소문자 구분이 되는 4자리까지 가능한 일련의 기호문자들이 될 수 있다[27]. 연산자기호는 여백을 포함하지 않는다. 연산자기호는 예약어나 예약기호와 같지 않아야 한다.
- 만약 연산자기호가 지정되면, 해당 함수는 하나 또는 두 개의 매개변수를 가져야 한다. 하나의 매개변수인 경우에는 단항연산자가 되며, 해당 매개변수는 *operand*라고 명명된다. 만약 두 개의 매개변수인 경우에는 이항연산자로 각 매개변수는 *left*와 *right*로 명명된다[28].
- 연산자기호는 매개변수들의 개수가 다르던지 그 자료형이 다르면 현재 범주에서 가시적인 다른 연산자기호와 동일할 수 있다[29].
- 우선순위는 1과 5사이의 값이어야 한다[30]. 만약 연산자기호가 현재 범주에서 가시적인 다른 연산자와 같으면 두 개의 연산자는 같은 우선순위를 가져야 한다[31].
- 연산자기호는 3.1.3절의 일반적인 범주와 가시성의 규칙을 따른다. 단, 내부범주에서 해당 연산자기호가 재선언되는 경우라도 외부범주의 연산자기호는 가시적이다. 이 때 특정한 표현식내의 연산자기호에 대해 실제로 적용될 연산자는 피연산자들의 자료형에 관련하여 가장 세부적인 매개변수를 정의하는 함수이다. EXPRESS의 내장연산자들은 가상의 전체 범주 내에서 선언된 것으로 간주된다. 하나의 스키마 내 연산자들은 그 연산자가 선언된 함수를 인터페이스함으로서

---

27 연산자기호가 유효하지 않은 경우에는 구문해석 에러코드 25가 발생된다.
28 사용자가 정의한 매개변수의 이름이 틀린 경우에는 구문해석 에러코드 26이 발생된다.
29 연산자 선언이 구별되지 않은 경우에는 구문해석 에러코드 27이 발생한다.
30 연산자 우선순위가 1과 5 사이가 아니라면 구문해석 에러코드 28이 발생한다.
31 동일한 연산자 기호가 우선순위가 다를 경우에는 구문해석 에러코드 29가 발생한다.

다른 스키마 내에서 가시적으로 된다(3.2장 참조).

```
(*
  다음 예는 두 개의 벡터를 취하여 다른 하나의 벡터를 반환하는 벡터외적 연산자 x와 덧셈 연산자 +를 정의하
는 예를 보여준다. 각 연산자는 내장 연산자들과 우선순위가 같다. 그러므로 V1xV2 + V3xV4는 v1과 v2의 외
적에 v3와 v4의 외적을 더한 것이다.
*)
FUNCTION cross_product x^3 (left, right : vector) : vector;
FUNCTION vector_addition +^4 (left, right : vector) : vector;
```

7.2.1.2 연산자의 결정

연산자를 가진 표현식을 평가하기 위하여 실제로 사용될 함수와 그 반환자료형은 피연산자의 자료형에 따라 결정된다. 만약 함수의 실제 매개변수가 선언된 매개변수의 세부형인 경우에는 실제로 반환되는 자료형이 선언된 반환자료형의 세부형이 될 수 있다. 두 자료형들 간의 세부성을 결정하는 규칙은 아래와 같다.

- 특수형 정의자료형은 기저가 되는 특화용 자료형보다 더 세부적이다.
- 유일성규칙으로 제약되는 집합형 자료형은 그렇지 않은 집합형 자료형보다 더 세부적이다.
- 일반적인 항목으로 구성된 TABLE 과 ARRAY자료형은 선택적인 항목으로 구성된 경우보다 더 세부적이다.
- 보다 세부적인 항목의 색인을 가진 TABLE자료형은 그렇지 않은 TABLE자료형보다 더 세부적이다.
- 보다 세부적인 항목으로 구성된 집합형 자료형은 그렇지 않은 집합형 자료형보다 더 세부적이다.
- 하위형 엔티티는 그 상위형보다 더 세부적이다.

이러한 세부성 관계는 표현식에서 어떤 연산자가 사용될 것인 지를 결정하기 위한 주요한 근거가 된다. EXPRESS명세의 적합성을 검토하기 위하여 사용될 수 있는 연산자에 의한 함수의 결정과정은 다음과 같다[32,33].

- 단항연산자인 경우에는 현재의 단항연산자기호를 정의하는 가시적인 모든 함수들 중에서 해당 피연산자의 자료형과 호환인 가장 세부적인 매개변수를 정의하는 함수가 사용된다.

---

32 만약 피연산자가 가시적인 모든 함수들의 매개변수들과 일치하지 않으면 구문해석 에러코드 39가 발생한다.

33 만약 가장 세부적인 자료형을 결정할 수 없어 어떤 피연산자가 사용될지 모르는 경우에는 구문해석 에러코드 40이 발생한다. 이 경우에는 형표시로 애매한 상황을 해결할 수 있다.

- 이항연산자인 경우에는 현재의 이항연산자기호를 정의하는 가시적인 모든 함수들 중에서 비선택자료형 피연산자를 최우선으로 하고 좌측 피연산자를 그 다음 순위로 하는 가장 세부적인 매개변수를 정의하는 함수가 사용된다. 만약 같은 레벨로 하나이상의 함수가 있다면 반대 측의 가장 세부적인 매개변수를 정의하는 함수가 사용된다. 예를 들면, 좌측 피연산자가 선택자료형이고 우측 피연산자가 비선택자료형이면 좌측 피연산자와 호환인 가장 세부적인 우측 매개변수를 정의하는 함수가 사용된다. 만약 같은 레벨로 하나이상의 함수가 있다면 가장 세부적인 좌측 매개변수를 정의하는 함수가 사용된다.

정보기지가 EXPRESS명세에 적합한 지를 결정하기 위하여 연산자에 의한 함수의 결정과정은 위와 비슷하며, 차이점들은 다음과 같다.

- 정보기지에서 특정한 값이 선택항목들로부터 어느 자료형인지 정확히 알기 때문에 선택자료형에 관련해서는 복잡성이 없다.
- 복합엔티티 인스턴스들에 대해서는 추가적인 복잡성이 있다. 왜냐하면 공통의 상위형을 두는 같은 수준의 ANDOR 하위형 자료형들에서 두 개의 연산자들이 발견될 수 있기 때문이다. 이 경우에는 미정값이 반환된다[34].

7.2.2 매개변수 선언

7.2.2.1 형식 매개변수 선언

형식 매개변수는 함수로의 입력을 정의하며, 각 형식 매개변수에 대해 식별자와 자료형이 명시된다. 형식 매개변수 식별자는 그것을 선언한 선언의 범주 내에서 가시적이다. 형식 매개변수의 자료형으로는 일반형 자료형이 사용될 수도 있다. 매개변수의 자료형에 관한 정보를 알고리즘내로 전달하거나 함수의 반환자료형을 선언하기 위하여 형이름 자료형이 사용될 수 있다.

```
(*
  다음의 함수 선언은 형식 매개변수들이 어떻게 선언되는 가를 보여준다.
*)
FUNCTION distance(p1, p2: point):REAL;
...
PROCEDURE middle_point(p1, p2: point; VAR result:point );
...
```

34 두 연산자들 중 어느 연산자를 사용할 것인지를 결정하기가 어려우므로 실행 에러코드 4가 발생한다.

7.2.2.2 형명칭 선언

형명칭은 함수를 호출할 때 전달되는 실제 매개변수의 자료형 이름을 갖는다. 형명칭은 그것을 정의한 선언의 범주 내에서 가시적이다[35]. 이러한 형명칭은 일반형 자료형으로 선언된 형식 매개변수에 추가로 정의되어, 역시 일반형 자료형으르 선언된 다른 형식 매개변수, 지역변수, 또는 함수의 반환자료형 등을 형식 매개변수와 동일한 자료형으로 제한하는 데 이용된다.

```
426 type_label = type_label_id | type_label_ref .
```

- 형식 매개변수 선언 내에서 처음으로 나타나는 형명칭 *type_label_id*은 그것을 선언하는 것이 되고, 그 이후에 나타나는 형명칭인 *type_label_ref*은 첫번째에 대한 참조가 된다.
- 형명칭에 대한 참조를 가지는 형식 매개변수, 지역변수, 그리고 반환자료형은 해당 형명칭을 선언했던 형식 매개변수에 전달되었던 실제 매개변수의 자료형과 일치하여야 한다.

형명칭을 이용하는 내장함수들로는 *exact_extent(), exact_instance_of(), exact_typeof(), extent(), index_type(), indicies_of(), typeof()* 등과, 내장작동인 *drop()*과 *instance_of()* 등이 있다.

```
(*
  이 예제는 함수를 선언할 때 형명칭이 어떻게 사용되고, 함수를 호출할 때 그 결과로 생긴 자료형의 적합성 검증이 어떻게 되는 지를 보여준다.
*)
...
ENTITY person;
 name : STRING;
END_ENTITY;
ENTITY student;
 SUBTYPE OF (person);
END_ENTITY;
ENTITY graduate;
 SUBTYPE OF (student);
END_ENTITY;
FUNCTION func (p1:GENERIC:t_lab; p2:GENERIC:t_lab):GENERIC:t_lab;
 ...
END_FUNCTION;
...
LOCAL
 p : person := person(...);
 s : student := person(...) || student(...);
```

35 형명칭참조가 올바르지 않으면 구문해석 에러코드 38이 발생한다.

```
g : graduate := person(...) || student(...) || graduate(...);
s2 : student;
END_LOCAL;
S2 := func(s, p);    -- p의 자료형은 s의 자료형과 같지 않으므로 에러가 발생한다
S2 := func(p, s);    -- s는 p자료형에 해당되지만 s2와 배정호환이 않된다
```

7.2.3 지역변수 선언

지역변수 선언은 LOCAL로부터 END_LOCAL까지의 블록 내에서 지역변수 식별자와 그 자료형, 그리고 표현식으로 구성된다. 지역변수 식별자는 그 지역변수 선언이 나타나는 지역변수 선언의 범주내에서 가시적이다.

- 지역변수들에는 값들이 부가될 수 있으며, 표현식 내에 쓰여질 수 있다. 만약 초기화가 되지 않으면 미정값이 지역변수에 부여된다.
- 지역변수는 그것을 사용하는 다른 종속적인 지역변수의 선언 내에 나타날 수 있다. 이러한 종속적인 지역변수들의 선언은 비회전적이어야 한다.
- 엔티티자료형들로 선언된 지역변수들은 형식 매개변수로부터 전달된 인스턴스들을 배정받을 수 있다. 이러한 지역변수에 대한 변경은 배정이 참조로 이루어지기 때문에 형식 매개변수에 영향을 준다. 그러나 형식 매개변수에 대한 변경은 호출위치에 반영되지 않기 때문에 이러한 지역변수를 반환하려고 시도하는 경우에는 주의하여야 한다.

```
LOCAL
 r : REAL := 0.0;
 i : INTEGER;
END_LOCAL;
...
IF exists(r-result)            -- TRUE로 평가된다
...
IF exists(i-result)            -- FALSE로 평가된다
```

7.2.4 함수 호출

```
290 function_call = function_ref [ actual_parameter_list ] .
206 actual_parameter_list = '(' parameter { ',' parameter } ')' .
346 parameter = expression .
```

함수 호출은 그 참조와 필요한 경우에 뒤따라오는 실제 매개변수 목록으로 구성되며, 지정된 함수를 수행시킨다. 실제 매개변수가 함수선언내의 형식 매개변수로 전달되어 알고리즘의 수행이 반환문으로 종결되면, 함수호출 표현식은 함수의 반환 값으로 평가된다. 함수선언에서는 실제 매개변수들이 미정값으로 평가될 경우에 대비하여야 하며, 함수는 경우에 따라 미정값을 반환할 수도 있다.

- *actual_parameter_list*

  해당 함수에 대해 정의된 형식 매개변수들의 갯수, 자료형, 그리고 순서와 일치해야 한다.

```
(*
 다음의 함수 선언과 호출의 예를 보여준다.
*)
ENTITY point;
 x, y, z : REAL;
END_ENTITY;
FUNCTION middle_point(p1, p2: point):point;
 ...
END_FUNCTION;
IF middle_point(p1,p2).x = 0.0
THEN
...
END_IF;
```

함수 호출은 인스턴스 공간을 확장한다. 함수를 평가하는 동안에 별도로 만들어진 인스턴스는 생성시킨 호출의 외부에서는 알 수가 없고, 특히 영구구성원에 속하지 않는다. 그러므로 고유성 제약조건(uniqueness constraints), 영역규칙(domain rules), 그리고 전역규칙(global rules)들을 위배할 수도 있다. 영구구성원이 되기 위해서는 그러한 인스턴스가 함수호출의 결과로서 또는 결과 내에 포함되어 반환되어야 한다. 이러한 경우에 해당 인스턴스는 호출위치에서 알려진 채로 남게된다. 만약 인스턴스가 이러한 방식으로 스키마 레벨(예를들면, 유도속성이나 상수의 값으로)로 반환되면, 해당 인스턴스는 인스턴스군의 부분으로 간주된다. 그러나, 함수와 프로시져는 정보기지의 값공간을 이루는 영구구성원들을 변경하여 자료형을 바꿀 수 없다.

7.3 프로시져

```
358 procedure_decl = procedure_head pre_post_conditions mechanism END_ PROCEDURE ';' .
359 procedure_head = PROCEDURE procedure_id ['(' [ VAR ] formal_parameter { ';' [ VAR ]
   formal_parameter } ')' ] ';' .
288 formal_parameter = parameter_id { ',' parameter_id } ':' parameter_type .

352 pre_post_conditions = [ pre_conditions ] [ post_conditions ] .
351 pre_conditions = PRE_CONDITION condition { condition } .
350 post_conditions = POST_CONDITION condition { condition } .
240 condition = [ condition_id ':' ] logical_expression ';' .
241 condition_id = simple_id .

335 mechanism = algorithm | EXTERNAL ';' .
```

```
212 algorithm = algorithm_head stmt { stmt } .
213 algorithm_head = { decl } [ constant_decl ] [ local_decl ] .
247 decl = entity_decl | function_decl | procedure_decl | type_decl .
```

프로시져는 호출위치로부터 매개변수를 받아 원하는 최종상태를 얻기 위하여 주어진 방식으로 연산을 수행하는 알고리즘이다.

■ *PROCEDURE, procedure_id, END_PROCEDURE*

프로시져 선언은 예약어 PROCEDURE 부터 해당 프로시져 선언을 종결하는 예약어 END_PROCEDURE 까지 새로운 범주를 정의한다. 프로시져 식별자는 그것을 정의한 선언의 범주 내에서 가시적이다. 이러한 프로시져 선언의 범주 내에서 매개변수, 형명칭, 사전조건 및 사후조건, 엔티티, 함수, 프로시져, 형, 상수, 지역변수 등은 가시적인 식별자들을 선언할 수 있다.

■ *VAR, formal_parameter*

프로시져에 대한 형식 매개변수는 VAR로 선언될 수도 있으며, 이는 매개변수가 변경되면 그 내용이 호출된 위치로 전달될 수 있음을 의미한다. VAR로 선언되지 않은 매개변수들도 변경될 수는 있지만, 제어가 호출자에 되돌려질 때 그 변경내용은 반영되지 않는다. 그러나 현재의 프로시져가 함수, 프로시져, 또는 규칙의 *algorithm_head*안에서 선언되는 경우에는 외부범주에서 선언된 지역변수들이나 매개변수들을 수정할 수 있다. 프로시져의 매개변수에 대한 내용은 함수의 경우와 같다.

■ *pre_post_conditions*

프로시져가 원하는 효과를 생성하는 것을 보장하도록 프로시져 호출에 관한 제약조건으로는 전달된 매개변수가 유효한지에 관한 사전조건과 변경된 매개변수들이 유효한지에 대한 사후조건이 있다. 프로시져에 전달된 매개변수들의 국부적인 상태는 상태참조부로 명시된다. 즉, 호출시 프로시져에 전달되었던 매개변수의 값은 해당 매개변수 뒤에 '%PRE'로, 프로시져가 수행되고 나서 종결 직전의 매개변수의 값은 해당 매개변수 뒤에 '%POST'로 표현된다.

□ *PRE_CONDITION*

프로시져가 실행되기전에 TRUE 또는 UNKNOWN으로 평가되어야 하는 일련의 논리표현식들로 구성된다[36]. 사전조건을 위한 논리표현식은 상수들과 PRE 상태의 전달된 매개변수들로 구성된다.

---

36 만약 사전조건의 논리표현식들 하나가 거짓이나 미정값으로 평가되는 경우에는 해당 프로시져는 수행되지 않고 실행 에러코드 2가 반환된다.

□ *POST_CONDITION*

프로시져의 실행이 종결되기 직전에 TRUE 또는 UNKNOWN으로 평가될 일련의 논리표현식들로 구성된다[37]. 사후조건을 위한 논리표현식은 상수들과 PRE나 POST 상태의 전달된 매개변수들로 구성된다. 프로시져가 사후조건을 위배하여 정보기지에 미정상태를 남길 수 있는 경우에는 정보기지를 유효한 상태로 되돌려놓기 위하여 구현프로그램에 따라 특별한 조처가 수행될 수 있다.

■ *mechanism*

프로시져의 알고리즘은 함수의 경우와 같다. 단, 프로시져의 반환문은 생성될 결과를 정의하기 위한 표현식을 가지지 않는다. 프로시져의 정의가 외부에 있는 경우에는 예약어 EXTERNAL을 사용한다. 이러한 외부 프로시져의 정의나 실행을 지원하기 위한 메커니즘 등은 응용프로그램에서 지원되어야 한다.

➔ 프로시져에 대한 EXPRESS-G 기호

프로시져에 대한 어떠한 표시방법도 제공되지 않는다.

7.3.1 프로시져 호출문

```
357 procedure_call_stmt = procedure_ref [ actual_parameter_list ] ';' .
206 actual_parameter_list = '(' parameter { ',' parameter } ')' .
346 parameter = expression .
```

프로시져 호출문은 프로시져 참조와 선택적인 실제 매개변수 목록으로 해당 프로시져를 수행시킨다. 이러한 프로시져 호출은 엔티티 인스턴스의 공간을 확장한다. 프로시져를 평가하는 도중에 생성된 인스턴스는 해당 프로시져의 외부로는 알려지지 않으며 해당 자료형의 인스턴스군에 속하지 않는다. 그러나, 프로시져 호출의 결과내에 인스턴스가 포함되어 반환되면, 해당 인스턴스는 프로시져 호출의 위치에서 알려진 상태를 유지한다. 만약 인스턴스가 이러한 방식으로 스키마 레벨(예를 들면, 유도속성이나 상수값으로)로 반환되면, 해당 인스턴스는 인스턴스군의 부분으로 간주된다.

■ *actual_parameter_list*

실제 매개변수 목록은 해당 프로시져에 대해 정의된 형식 매개변수들의 개수, 자료형, 그리고 순서와 일치해야 한다.

---

[37] 만약 사후조건의 논리표현식들 중 하나가 거짓으로 평가되는 경우에는 해당 프로시져는 바르게 실행되지 않았다고 간주되고 실행 에러코드 3이 반환된다.

```
(*
  다음 예제는 내장프로시저인 remove()를 호출한다.
*)
LOCAL
 int_list : LIST OF INTEGER := _list_of__integer::[5,4,3,2,1];
END_LOCAL;
remove(int_list,2);                         -- int_list는 [5,3,2,1]가 된다
```

8. 동적 알고리즘

동적 데이터모델(dynamic data model)은 데이터가 정보기지 내에서 동적으로 변하는 양상을 묘사할 수 있는 항목들로 구성된다. 이러한 동적모델은 동적 실행문들을 비롯하여 거동, 작동, 그리고 이벤트 등으로 묘사되며, 적합성 부류 2와 부류 4 명세에 사용된다. 거동내의 반동이나 작동은 정보기지내의 영구구성원들을 생성, 제거, 또는 수정할 수 있어 실세계를 모사하기 위한 활동 정보기지를 정의하는 데 사용될 수 있다. 이벤트는 이러한 반동이나 작동을 구동시키는 역할을 한다.

8.1 동적 실행문

동적 실행문은 거동내의 반동, 작동, 그리고 반동이나 작동 내에서 중첩된 다른 문장들내에서 매개변수들 또는 지역변수들을 대상으로 실행될 동적 알고리즘을 정의하는 데 이용된다. EXPRESS의 동적 실행문들은 표 8-1과 같다.

```
252 dynamic_stmt = action_trigger | execute_stmt | local_signal | raise_stmt |
   signal_stmt | synchronise_stmt | wait_stmt .
```

표 8-1. EXPRESS의 동적 실행문

실행문의 종류	내용
작동구동문(*action_trigger*)	작동을 구동시킴.
대기문(*wait_stmt*)	지정된 시간동안 대기함.
수행문(*execute_stmt*)	작동문과 대기문을 위한 실행쓰레드를 생성.
동기문(*synchronise_stmt*)	지정된 문장들의 실행이 모두 종결되도록 함.
예외처리문(*raise_stmt*)	예외처리식별자의 위치로 제어를 되물림.
지역신호문(*local_signal*)	하나의 인스턴스의 지역이벤트를 호출함.
신호문(*signal_stmt*)	모든 인스턴스들에게 전역이벤트를 호출함.

8.1.1 작동구동문

```
205 action_trigger = action_ref [ actual_parameter_list ] [ ':' trigger_label_id ] ';' .
206 actual_parameter_list = '(' parameter { ',' parameter } ')' .
346 parameter = expression .
```

작동구동문은 지정한 작동을 호출하여 실행시킨다. 작동구동문은 대상 엔티티의 인스턴스 영역을 확장한다. 작동호출 내에서 생성된 모든 인스턴스들은 생성시킨 호출의 밖으로 알려지게 되며, 특히 고려되고 있는 인스턴스군의 부분이 된다.

- *actual_parameter_list*

  실제 매개변수 목록은 해당 작동에 대해 정의된 형식 매개변수들의 갯수, 자료형, 그리고 순서와 일치해야 한다.

- *trigger_label_id*

  실행될 작동의 구동명칭 식별자로 동기화 또는 예외처리 내용을 처리하기 위하여 사용된다. 구동명칭 식별자는 그것이 선언된 작동이나 반동의 범주 내에서 가시적이다.

```
(*
  이 예는 ent가 생성될 때 속성 attr이 0보다 작은 경우에 예외처리 except1을 발생시키는 내용을 보여준
다.
*)
ENTITY ent;
 attr : INTEGER;
END_ENTITY;
BEHAVIOUR behaviour_ent FOR ent;
 REACTIONS
  ON created => action_ent(SELF):t_lab;
 EXCEPTION
  WHEN t_lab.except1 => ...     -- 작동 action_ent내의 except1일 때 처리내용 서술
END_BEHAVIOUR;
ACTION action_ent(para:ent) FOR behaviour_ent;
 EXCEPTIONS except1;
 IF (para.attr < 0)
 THEN
  RAISE except1;                -- 인스턴스 생성시 attr<0일 때 예외처리를 발생시킨다
 ELSE
  ...
 END_IF;
END_ACTION;
```

8.1.2 대기문

```
437 wait_stmt = WAIT ( real_expression ) [ ':' trigger_label_id ] ';' .
```

대기문은 현재의 실행쓰레드를 지정된 시간동안 기다리게 한다. 작동구동문에서와 마찬가지로 구동명칭 식별자가 사용될 수 있다.

- *real_expression*

  대기시간을 나타내며, 초 단위의 실수값으로 평가된다.

```
(*
  이 예제는 수행문의 첫번째 인자에 대한 실행쓰레드의 시간을 지연시키기 위해 대기문을 사용한 사례를 보여준
다.
*)
ACTION make_coffee(machine:coffee_machine);
 ...
 EXECUTE((place_order(beer); wait(180)):order_made; get_together:all_ready;)
 SYNCHRONISE(order_made, all_ready);
 propose_toast;
END_ACTION;
```

8.1.3 수행문

```
276 execute_stmt = EXECUTE '(' execution_list ')' ';' .
277 execution_list = independent_stmt { ';' independent_stmt } .
307 independent_stmt = action_or_wait | stmt_sequence .
204 action_or_wait = action_trigger | wait_stmt .
407 stmt_sequence = '(' action_or_wait action_or_wait { action_or_wait } ')' [ ':'
   trigger_label_id ] .
```

수행문은 수행목록에 기술된 각 문장이 별개의 실행쓰레드 내에서 수행되도록 한다. 각 문장은 실제 구현되는 응용프로그램에 따라 동시에 또는 순차적으로 수행될 수 있다.

- *execution_list*

  수행목록은 작동구동문 또는 대기문 또는 이들로 구성되는 문장목록 등으로 나열된다.

- *stmt_sequence*

  하나의 별도 쓰레드 내에서 차례로 수행되어야 할 문장들의 목록으로 구동명칭 식별자가 부가될 수 있다.

```
(*
  이 예제는 여러 개의 작동들이 독립적인 쓰레드로 수행되게 한다.
*)
ACTION prepare_dinner(cook:person);
 ...
 EXECUTE(cook_rice;make_soup(cook.taste));
 ...
END_ACTION;
```

8.1.4 동기문

```
418 synchronise_stmt = SYNCHRONISE '(' trigger_label_ref { ',' trigger_label_ref } ')'
    ';' .
```

동기문은 다음에 오는 문장이 실행되기 전에 구동명칭 참조에 의한 동적문장들이 모두 실행되도록 현재의 실행쓰레드를 기다리게 한다.

- *trigger_label_ref*

  실행이 시작된 동적문장들에 대한 구동명칭 식별자에 대한 참조이다.

```
(*
  이 예제는 여러 개의 작동들이 독립적인 쓰레드로 수행되게 한다.
*)
ACTION have_dinner(cook:person);
 ...
 EXECUTE(cook_rice:main_dish;make_soup(cook.taste):side_dish);
 SYNCHRONISE(main_dish, side_dish);
 cook!set_table;
 ...
END_ACTION;
```

8.1.5 예외처리문

```
366 raise_stmt = RAISE exception_ref ';' .
```

예외처리문은 작동을 호출한 곳으로 제어를 되물리는 데 사용된다. 예외처리는 현재의 작동내에서나 현재의 작동에 의해 호출된 작동 내에서 선언될 수 있다[38].

```
(*
  다음 예제는 값이 범위를 초과했을 때 어떻게 예외처리로 되돌리는 가를 보여준다.
*)
ACTION check_value(para:REAL);
 EXCEPTIONS under,over;
 IF (para < 0.0)
 THEN
  RAISE under;
 END_IF;
 IF (para > 100.0)
 THEN
  RAISE over;
 END_IF;
 ...
END_ACTION;
```

8.1.6 지역신호문

```
329 local_signal = local_signal_target '!' event_ref [ actual_parameter_list ] ';' .
330 local_signal_target = ( attribute_ref | parameter_ref | variable_ref ) {
    attribute_qualifier | group_qualifier } .
220 attribute_qualifier = '.' attribute_ref .
303 group_qualifier = '\' entity_ref .
206 actual_parameter_list = '(' parameter { ',' parameter } ')' .
346 parameter = expression .
```

지역신호문은 엔티티 인스턴스를 대상으로 거동 내에서 선언한 지역이벤트를 호출한다.

- *local_signal_target*

  지역신호 *event_ref*를 받을 대상인 엔티티 인스턴스나 복합엔티티 값을 지정한다. 만약 대상 엔티티에 아무런 반동이 정의되지 않은 경우에는 어떠한 동작도 수행되지 않는다.

- *actual_parameter_list*

  *event_ref*와 함께 제공되는 실제 매개변수로, 이는 거동의 지역이벤트 선언의 형식 매개변수들의 개수, 자료형, 그리고 순서와 일치해야 한다.

```
(*
  다음 예제는 엔티티 geometry에 대해 show()라는 지역이벤트를 선언하고, 이를 작동에서 호출한 내용을 보여준다.
*)
ENTITY geometry;
 ...
END_ENTITY;
BEHAVIOUR display FOR geometry;
 show(option:BOOLEAN);
 redraw(option:INTEGER);
```

38 만약 예외처리를 받을 데가 없으면, 실행 에러코드 12가 발생한다.

```
 ...
END_BEHAVIOUR;
ACTION display_all(geos:BAG OF geometry);
 REPEAT FOREACH ele IN geos;
  ele!show(FALSE);
 END_REPEAT;
END_ACTION;
```

8.1.7 (전역)신호문

```
397 signal_stmt = SIGNAL event_ref [ actual_parameter_list ] [ TO expression ] ';' .
206 actual_parameter_list = '(' parameter { ',' parameter } ')' .
346 parameter = expression .
```

신호문은 모든 엔티티의 인스턴스군에게 내부 전역이벤트를 알리기 위해 사용된다.

- *actual_parameter_list*

  *event_ref*와 함께 제공되는 실제 매개변수로, 이는 해당 전역이벤트 선언의 형식 매개변수들의 개수, 자료형, 그리고 순서와 일치해야 한다.

- *expression*

  *event_ref*가 보내질 인스턴스군으로, 각 인스턴스는 이 신호를 받을 수 있는 자료형이어야 한다.

```
(*
 이 예제는 작동 redraw()가 building의 모든 요소들에게 신호를 어떻게 보내는 지를 보여준다.
*)
ENTITY building;
 elements : LIST[1:?] OF element;
 material : STRING;
END_ENTITY;
ENTITY element;
 ...
INVERSE                                          -- 역속성 선언
  contained : BAG[1:1] OF building FOR elements;
 ...
END_ENTITY;
ACTION show(bldg:building);
 ...
 SIGNAL show(FALSE) TO bldg.elements;
 ...
END_ACTION;
```

8.2 거동

```
224 behaviour_decl = behaviour_head behaviour_body END_BEHAVIOUR ';' .
225 behaviour_head = BEHAVIOUR behaviour_id FOR entity_ref ';' .
```

```
227 behaviour_body = event_spec { event_spec } [ reaction_clause ] .
270 event_spec = event_id ( local_trigger | external_interface ) ';' .
331 local_trigger = ':' WHEN logical_expression .
284 external_interface = [ formal_parameter_list ] .
289 formal_parameter_list = '(' formal_parameter { ';' formal_parameter } ')' .
288 formal_parameter = parameter_id { ',' parameter_id } ':' parameter_type .
368 reaction_clause = REACTIONS reaction_def { reaction_def } .
369 reaction_def = ON event_ref '=>' pre_post_conditions [ action_trigger ] [
   exception_handler ] .
352 pre_post_conditions = [ pre_conditions ] [ post_conditions ] .
351 pre_conditions = PRE_CONDITION condition { condition } .
240 condition = [ condition_id ':' ] logical_expression ';' .
241 condition_id = simple_id .
350 post_conditions = POST_CONDITION condition { condition } .
205 action_trigger = action_ref [ actual_parameter_list ] [ ':' trigger_label_id ] ';' .
271 exception_handler = EXCEPTION exception_handle { exception_handle } .
272 exception_handle = WHEN exception_reference { ',' exception_reference } '=>' stmt .
273 exception_reference = [ ( action_ref | trigger_label_ref ) '.' ] exception_ref .
```

거동 선언은 엔티티자료형에 대한 지역이벤트와 해당 이벤트에 대해 어떻게 반응할지를 나타내는 반동을 정의한다. 하나의 엔티티자료형은 여러 개의 거동선언들을 가질 수 있으며, 스키마의 문맥에 따라 거동선언이 달라질 수 있다. EXPRESS에서 발생되는 모든 이벤트들은 비동기적이다. 즉, 이벤트 신호가 두 개 이상의 엔티티 인스턴스들에 전송될 때 해당 신호가 동시에 보내지던지 또는 순서를 갖던지 아무런 제약이 없다.

■ *BEHAVIOUR, behaviour_id, END_BEHAVIOUR*

거동 선언은 예약어 BEHAVIOUR부터 해당 거동선언을 종결하는 예약어 END_BEHAVIOUR까지 새로운 범주를 정의한다. 거동 식별자는 그것이 선언된 스키마의 범주내에서 가시적이다. 이러한 거동선언은 그 대상이 되는 엔티티의 범주를 확장한다.

■ *event_spec*

지역이벤트는 엔티티자료형의 인스턴스에 대한 지역이벤트를 생성하고, 이 이벤트에 대한 반동을 정의하기 위하여 식별자를 선언한다.

□ *event_id*

지역이벤트 식별자는 거동 대상이 되는 엔티티와 그 하위형들의 범주 내에서 가시적이다. 그러므로 그 자신이나 상위형들에서 선언된 이벤트 식별자와 같은 지역이벤트 식별자를 선언할 수 없다. 이러한 지역이벤트 식별자는 전역이벤트 이름과 달라야 한다. 같을 경우에는 해당 엔티티나 그 하위형들의 모든 인스턴스들은 전역이벤트의 신호를 무시한다.

□ *local_trigger*

거동 대상이 되는 엔티티 인스턴스가 어느 한 시점에서 FALSE 로 평가된 논리표현식이 다음 시점에서 TRUE 또는 UNKNOWN으로 평가되어질 때 이벤트가 자동으로 발생되는 내부구동 이벤트(*local_trigger*)로 해당 인스턴스에게만 신호가 보내진다.

□ *external_interface*

정보기지의 내부에서 다른 이벤트에 대한 반동의 일부로 발생하거나 또는 정보기지의 바깥에서 발생되는 외부구동 이벤트로, 지역신호문을 사용하여 특정 인스턴스에 신호를 보낸다.

□ *formal_parameter*

매개변수의 식별자는 지역이벤트 선언의 범주 내에서 가시적이다.

■ *reaction_clause*

반동선언은 예약어 REACTIONS로 시작한다. 각 반동은 예약어 ON 부터 새로운 반동선언을 알려주는 다른 예약어 ON까지 또는 거동선언을 종결하는 예약어 *END_BEHAVIOUR*까지 새로운 범주를 정의한다. 이러한 반동선언은 엔티티자료형의 인스턴스가 해당 이벤트에 대해서 어떤 방식으로 반응할 것인가를 명시한다. 각 반동은 이벤트참조, 기호 '=>', 사전 및 사후조건, 작동구동문, 그리고 예외처리기 등으로 구성된다.

□ *event_ref*

*event_ref*는 전역이벤트 또는 지역이벤트가 될 수 있다.

□ *pre_post_conditions*

사전 및 사후조건은 원하는 결과를 수행하는 것을 보장하도록 이벤트호출에 관한 제한조건을 나타내며, 그 구문은 프로시저의 사전 및 사후조건과 같다.

□ *action_trigger*

반동내의 작동구동문은 정보기지의 새로운 영구구성원을 생성하거나, 인스턴스 내의 속성들의 값을 완전히 제거하거나 수정하거나, 또는 다른 작동을 호출하거나 새로운 이벤트들을 발생시키는 동적문장들로 구성된다. 반동의 범주 내에서 구동명칭은 가시적인 식별자들을 선언할 수 있다.

□ *exception_handler*

예외처리기는 예약어 EXCEPTION으로 시작한다. 각 예외처리 문장은 예약어 WHEN과 처리내용이 동일한 예외처리 참조들, 기호 '=>', 그리고 실행문으로 구성된다. 예외처리 참조를 올바르게 하기 위해 해당 예외처리 식별자가 선언된 작동참조(*action_ref*)나 구동명칭참조(*trigger_label_ref*)가 선행될 수 있다.

➔ 거동에 대한 EXPRESS-G 기호

지역이벤트는 해당 이벤트 이름을 감싸는 실선의 평행사변형으로 표시된다. 만약 지역이벤트가 구동조건에 의해 제약되면, 이벤트 이름앞에 위첨자 별표 '*'가 붙는다. 선언된 거동은 그 범주를 선언하는 엔티티와 해당 지역이벤트를 연결하고, 지역이벤트측에 닫힌원의 선단을 가진 실선으로 표시된다. 이벤트와 이 이벤트에 반응할 엔티티와의 관계는 해당 이벤트와 엔티티를 연결하는 아무런 선단이 없는 쇄선으로 표시된다. 해당 반응이 선언된 거동 이름은 관계선에 명시된다.

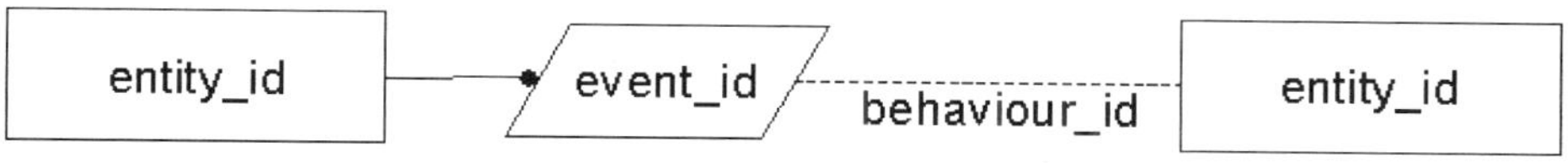

그림 8-1. 거동에 대한 EXPRESS-G 기호

```
(*
 이 예는 엔티티 element의 인스턴스가 이벤트 show가 호출될 때 자신의 contained에 포함된 모든 구성요소에 대해 이벤트 show를 보내는 거동들을 보여준다.
*)
ENTITY building;
 elements : LIST[1:?] OF element;
 material : STRING;
END_ENTITY;
ENTITY element;
 ...
 INVERSE                                                -- 역속성을 정의한다
  contained : BAG[1:1] OF building FOR elements;
 ...
END_ENTITY;
BEHAVIOUR display FOR element;
 show(option:BOOLEAN);
 redraw(option:INTEGER);
 ...
 REACTIONS
  ON show =>  IF option
              THEN REPEAT FOREACH i IN SELF.contained; show(i); END_REPEAT;
              ...
  ON redraw => ...
END_BEHAVIOUR;
```

그림 8-2는 이벤트와 반응관계들을 보여준다.

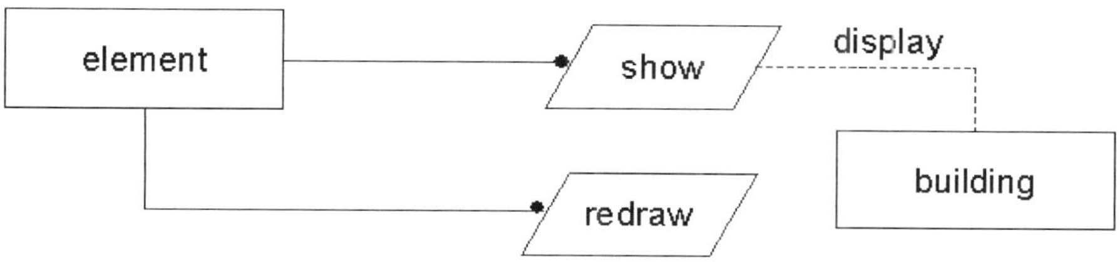

그림 8-2. 엔티티와 거동의 EXPRESS-G 표현 예

8.3 작동

```
201 action_decl = action_head action_body END_ACTION ';' .
202 action_head = ACTION action_id [ '(' [ VAR ] formal_parameter { ';' [ VAR ]
    formal_parameter } ')' ] [ FOR behaviour_ref ] ';' .
288 formal_parameter = parameter_id { ',' parameter_id } ':' parameter_type .

200 action_body = pre_post_conditions [ exceptions ] mechanism [ exception_handler ] .
352 pre_post_conditions = [ pre_conditions ] [ post_conditions ] .
351 pre_conditions = PRE_CONDITION condition { condition } .
240 condition = [ condition_id ':' ] logical_expression ';' .
241 condition_id = simple_id .
350 post_conditions = POST_CONDITION condition { condition } .
275 exceptions = EXCEPTIONS exception_id { ',' exception_id } ';' .
335 mechanism = algorithm | EXTERNAL ';' .
212 algorithm = algorithm_head stmt { stmt } .
213 algorithm_head = { decl } [ constant_decl ] [ local_decl ] .
247 decl = entity_decl | function_decl | procedure_decl | type_decl .
271 exception_handler = EXCEPTION exception_handle { exception_handle } .
272 exception_handle = WHEN exception_reference { ',' exception_reference } '=>' stmt .
273 exception_reference = [ ( action_ref | trigger_label_ref ) '.' ] exception_ref .
```

작동 선언은 실세계에서 사물이 어떻게 바뀌는 지를 묘사한다. EXPRESS의 작동 내에서 추가적인 엔티티 인스턴스들이 지역변수들로 선언되어 참조되거나 수정될 수 있다. 이러한 임시구성원들은 작동의 범주 내에서만 접근가능하고 해당 작동이 종결되는 순간 사라지며, 고유성 제약조건, 영역규칙, 그리고 전역규칙들을 위배할 수도 있다. 임시구성원들은 또한 그 값들의 변화에 대한 이벤트들을 발생시키지도 않을 뿐만 아니라, 신호받은 이벤트들에 대해 반응하지도 않는다.

- *ACTION, action_id, END_ACTION*

  작동 선언은 예약어 ACTION부터 해당 작동선언을 종결하는 예약어 END_ACTION까지 새로운 범주를 정의한다. 작동 식별자는 그것이 선언된 스키마의 범주내에서 가시적이다. 이러한 작동선언의 범주 내에서 매개변수, 형명칭, 사전조건 및 사후조건, 예외처리 식별자, 구동명칭, 엔티티, 함수, 프로시져, 형, 상수, 지역변수 등은 가시적인 식별자들을 선언할 수 있다.

- *VAR, formal_parameter*

  작동에 대한 형식 매개변수는 VAR로 선언될 수도 있으며, 이는 매개변수가 변경되면 그 내용이 호출된 위치로 전달될 수 있음을 의미한다. 작동의 매개변수에 대한 프로시져의 경우와 같다. 작동의 매개변수에 대한 내용은 함수의 경우와 같다.

- *pre_post_conditions*

  사전 및 사후조건은 작동이 원하는 효과를 생성하는 것을 보장하도록 작동호출에 관한 제한조건을 나타내며, 그 내용은 프로시져의 사전 및 사후조건과 같다.

- *exceptions*

  예외처리를 위하여 작동이나 거동의 예외처리기*(exception_handler)*에서 사용될 식별자가 나열된다.

- *mechanism*

  작동은 순서대로 실행되는 동적문장들로 구성되는 알고리즘을 가지며, 정보기지에 새로운 영구구성원들을 생성하거나 기존의 구성원을 변경할 수 있다. 외부작동은 그 정의가 명세의 외부에 있다는 것을 알리기 위해 예약어 EXTERNAL을 사용한다.

- *exception_handler*

  예외처리기의 내용은 거동의 경우와 같다.

```
(*
 사전조건을 가지는 간단한 작동 정의는 다음과 같다.
*)
ENTITY ent;
 attr : INTEGER;
END_ENTITY;
ACTION action_ent(para:ent);
 PRE_CONDITION
  ent_attr_cond: para.attr <= 1000;
 EXCEPTIONS except1;
 IF (para.attr < 0)
 THEN
  RAISE except1;                        -- 인스턴스 생성시 attr<0일 때 예외처리를 발생시킨다
 ELSE
  ...
 END_IF;
END_ACTION;
```

8.4 이벤트

```
267 event_decl = event_head END_EVENT ';' .
268 event_head = EVENT event_id [ formal_parameter_list ] [ EXTERNAL ] ';' .
289 formal_parameter_list = '(' formal_parameter { ';' formal_parameter } ')' .
288 formal_parameter = parameter_id { ',' parameter_id } ':' parameter_type .
```

이벤트 선언은 정보 기지안에 있는 모든 엔티티자료형들의 인스턴스들에게 신호를 보내는 전역이벤트를 정의한다. 이러한 전역이벤트는 현재 모델에 의해 설정되는 영역의 외부로부터 발생하지만 현재 모델에 영향을 미치는 실세계의 이벤트들을 묘사하는 데 사용될 수 있다. 내부 전역이벤트는 정보기지내의 변화나 동적문장의 실행에 의해 호출

되며, 외부 전역이벤트는 외부로부터 호출신호를 받는다.

- *EVENT, event_id, END_EVENT*

  전역이벤트 선언은 예약어 EVENT부터 예약어 END_EVENT 까지 새로운 범주를 정의한다. 전역이벤트 식별자는 그것이 선언된 스키마의 범주 내에서 가시적이다.

- *formal_parameter*

  매개변수들은 엔티티자료형의 인스턴스에 대해 적용될 거동의 지역이벤트에 정보를 전달하는 데 이용된다. 형식 매개변수 식별자는 전역이벤트 선언의 범주내에서 가시적이다.

- *EXTERNAL*

  외부 전역이벤트는 EXTERNAL로 선언되며, 스키마 내에서 선언된 작동들에 의해 호출되지 않을 수도 있다. 이러한 이벤트는 EXPRESS 스키마에 대해 외부적이므로 여기서는 다루어지지 않는다.

```
(*
  다음 예는 내부 전역이벤트 선언하고, 작동에서 활용한 사례를 보여준다. 전역이벤트 self_identify는 정보
기지내의 모든 인스턴스들에게 해당 이벤트를 전달한다.
*)
EVENT self_identify;
END_EVENT;
ENTITY building;
 elements : LIST[1:?] OF element;
 material : STRING;
END_ENTITY;
ACTION identification(bldg:building);
 ...
 IF (sizeof(bldg.elements) > 1000)
 THEN
  SIGNAL self_identify;
 END_IF;
 ...
END_ACTION;
```

➔ 전역이벤트에 대한 EXPRESS-G 기호

전역이벤트는 해당 이벤트 이름을 감싸는 굵은선의 평행사변형으로 표시된다. 외부이벤트는 이벤트이름 앞에 '(X)'표시를 붙인다.

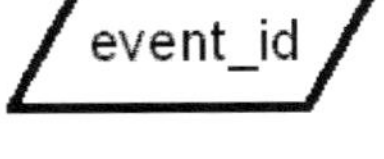

그림 8-3. 전역이벤트에 대한 EXPRESS-G 기호

9. STEP기반 응용프로그램의 구현

이 장은 STEP 표준을 기반으로 하는 응용프로그램의 실제 구현사례를 제공한다. 즉, EXPRESS로 표현된 제품 데이터모델을 어떻게 프로그램 개발과정에서 활용하고, 물리적 파일에 저장된 정보를 어떻게 교환하고 수정하는 지를 정적바인딩(early binding)과 동적바인딩(late binding), 두가지 방식의 STEP기반 응용프로그램 개발방법을 보여준다. 사례로 건축물에 관한 간단한 EXPRESS 스키마와 STEP 표준에 따라 IAI(International Alliance for Interoperability)에 의해 개발되고 있는 IFC(Industry Foundation Classes) EXPRESS 스키마를 사용하여 자료형에 따른 인스턴스를 생성한 후 이를 물리적 파일로 저장하거나, 기존의 물리적 파일로부터 데이터를 읽어 들여 데이터 값을 변경하고 다시 저장하는 응용프로그램을 개발하는 방법을 보여준다. 마지막으로, EXPRESS와 EXPRESS-G용 개발도구에서 제공하는 기본적인 기능들을 살펴본다.

9.1 스키마 개요

9.1.1 간단한 스키마 : example_schema

표 9-1은 응용프로그램의 개발사례에 사용될 example_schema를 보여주며, 그림 9-1은 이 스키마의 EXPRESS-G 표현을 보여준다. 이 스키마는 선(line)과 원(circle)요소를 이용하여 간단하게 어떤 물건이나 제품(part/assembly)을 형상과 함께 제공할 수 있는 정보 체계를 가진다. 또한 이 스키마에는 나열자료형과 선택자료형, 그리고 집합자료형 등이 포함되어 실제 상용의 STEP 컴파일러를 이용하여 응용프로그램을 구현할 때 문제가 발생될 수 있는 부분을 예제 코드에서 다룰 수 있도록 고려하였다.

표 9-1. 간단한 EXPRESS 스키마[39]

```
SCHEMA example_schema;
TYPE label = STRING;
END_TYPE;
TYPE identifier = INTEGER;
END_TYPE;
TYPE line_type = ENUMERATION OF (continuous, dashed, hidden);
END_TYPE;
TYPE select_shape_type = SELECT (circle, line);
END_TYPE;
ENTITY shape_component
 ABSTRACT SUPERTYPE OF (ONEOF (assembly, part));
 name : label;
 id : identifier;
END_ENTITY;
ENTITY part
 SUBTYPE OF (shape_component);
 shape_type : select_shape_type;
 part_type : line_type;
END_ENTITY;
ENTITY circle;
 radius : REAL;
 center_point : point;
END_ENTITY;
ENTITY line;
 start_point : point;
 end_point : point;
END_ENTITY;
ENTITY point;
 x : REAL;
 y : REAL;
END_ENTITY;
END_SCHEMA;
```

39 표 9-1에서 보인 EXPRESS 스키마는 개발도구의 한계로 EXPRESS V.1로 코딩되어 있다.

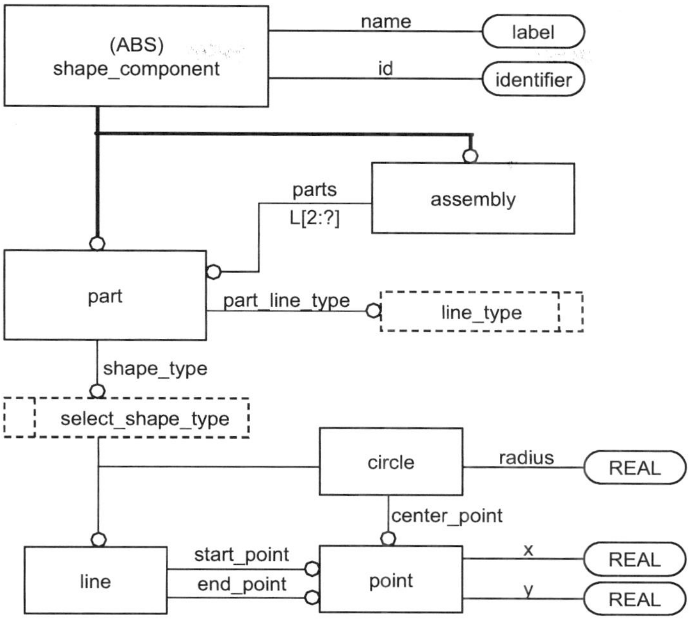

그림 9-1. 간단한 스키마의 EXPRESS-G 다이어그램

9.1.2 국제표준 스키마 : IFC 모델

이미 개발된 STEP 표준에 따라 데이터를 교환하고 공유하기 위한 응용프로그램을 개발하는 사례를 보이기 위해서 IFC(Industry Foundation Classes) EXPRESS 스키마를 사용한다. IFC EXPRESS 스키마는 건물에서 발생하는 정보를 3차원 정보체계로 표현한 데이터모델로, 1994년 미국 내 12개 회사의 컨소시엄으로 만들어진 IAI(International Alliance for Interoperability)에 의해 개발되고 있다. 현재 IFC의 버전은 2X3까지 개발되었으며, 이미 국제적으로 많은 상용 프로그램에서 IFC 데이터로 저장하는 기능을 지원한다. IFC에 대한 EXPRESS 스키마는 IAI 공식 홈페이지(http://www.iai-international.org)에서 다운받을 수 있다.

본 사례에서는 건물정보를 3차원 기반으로 다룰 수 있는 대부분의 상용 프로그램에서 지원하고 있는 IFC 2×2 버전을 사용한다. 사례를 들기 위한 건물정보는 그림 9-2와 같이 Autodesk사의 Revit Building을 이용하여 IFC 기반의 STEP 파일로 저장되었다. 대상 건물은 단면치수가 24×24 인치인 두 개의 기둥과 단면치수가 12×24 인치인 하나의 보로 구성된 간단한 프레임이다.

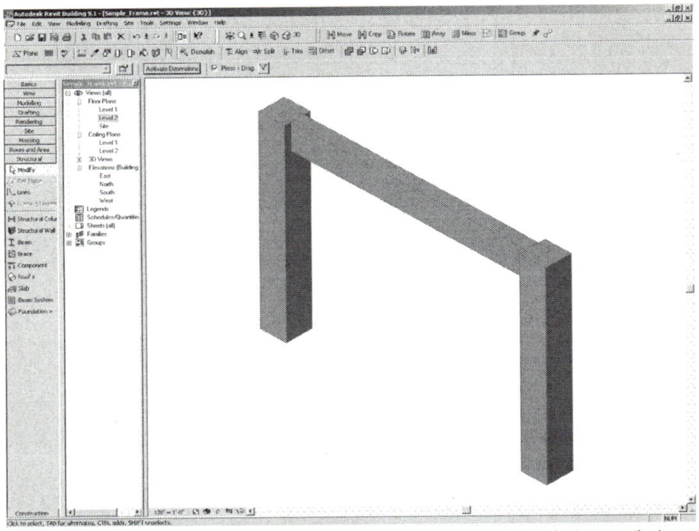

그림 9-2. Autodesk 사의 Revit Building을 이용한 빌딩정보모델링

Revit Building 프로그램으로 모델링된 데이터를 STEP 파일로 저장된 결과는 표 9-2와 같다. 표 9-2에서 보는 바와 같이 예제의 건물정보를 저장하기 위해서 'IFC2X2_FINAL' 버전이 사용되었다는 것을 알 수 있다. 두 개의 기둥과 하나의 보에 관한 정보는 #61, #105 및 #160에서 표현되었다.

표 9-2. IFC 데이터

```
ISO-10303-21;
HEADER;
FILE_DESCRIPTION(('IFC2X_PLATFORM'),'2;1');
FILE_NAME('C:\\       Simple_Frame.ifc','2007-03-17T19:50:13',(''),(''),'Autodesk
Revit Building 9.1 - 1.0','20060810_2300','');
FILE_SCHEMA(('IFC2X2_FINAL'));
ENDSEC;
DATA;
#61=IFCCOLUMN('08bEeWLczCcxZT3zu6BZ0A',#30,'Rectangular Column:24" x 24":24" x
24":131852',$,'24" x 24"',#60,#57,'131852');
#30=IFCOWNERHISTORY(#29,#2,$,.NOCHANGE.,$,$,$,0);
#29=IFCPERSONANDORGANIZATION(#27,#28,$);
#27=IFCPERSON($,'Jeong','Yeon-Suk',$,$,$,$,$);
#28=IFCORGANIZATION($,'','',$,$);
#2=IFCAPPLICATION(#1,'Release 9.1','Autodesk Revit Building 9.1','Revit');
#1=IFCORGANIZATION($,'Autodesk Revit Building 9.1',$,$,$);
#60=IFCLOCALPLACEMENT(#34,#59);
#34=IFCLOCALPLACEMENT(#24,#33);
#24=IFCLOCALPLACEMENT($,#23);
#23=IFCAXIS2PLACEMENT3D(#3,$,$);
#3=IFCCARTESIANPOINT((0.,0.,0.));
#33=IFCAXIS2PLACEMENT3D(#3,$,$);
#59=IFCAXIS2PLACEMENT3D(#58,$,$);
#58=IFCCARTESIANPOINT((-18.76916163289197,5.088866744068028,0.));
#57=IFCPRODUCTDEFINITIONSHAPE($,$,(#56));
```

```
#56=IFCSHAPEREPRESENTATION(#26,'Body','MappedRepresentation',(#55));
#26=IFCGEOMETRICREPRESENTATIONCONTEXT($,'Model',3,1.E-009,#25,$);
#25=IFCAXIS2PLACEMENT3D(#3,$,$);
#55=IFCMAPPEDITEM(#51,#54);
#51=IFCREPRESENTATIONMAP(#50,#47);
#50=IFCAXIS2PLACEMENT3D(#3,$,$);
#47=IFCSHAPEREPRESENTATION(#26,'Body','SweptSolid',(#46));
#26=IFCGEOMETRICREPRESENTATIONCONTEXT($,'Model',3,1.E-009,#25,$);
#25=IFCAXIS2PLACEMENT3D(#3,$,$);
#46=IFCEXTRUDEDAREASOLID(#44,#45,#4,15.00000000000054);
#44=IFCRECTANGLEPROFILEDEF(.AREA.,$,#43,2.,2.);
#43=IFCAXIS2PLACEMENT2D(#41,#42);
#41=IFCCARTESIANPOINT((2.220446049250313E-016,3.996802888650564E-015));
#42=IFCDIRECTION((0.,-1.));
#45=IFCAXIS2PLACEMENT3D(#3,$,$);
#4=IFCDIRECTION((0.,0.,1.));
#54=IFCCARTESIANTRANSFORMATIONOPERATOR3D($,$,#53,1.,$);
#53=IFCCARTESIANPOINT((0.,0.,0.));
#105=IFCCOLUMN('08bEeWLczCcxZT3zu6BZ1E',#30,'Rectangular Column:24" x 24":24" x
24":131912',$,'24" x 24"',#104,#101,'131912');
#160=IFCBEAM('08bEeWLczCcxZT3zu6BZLu',#30,'Concrete-Rectangular Beam:12 x 24:12
x 24:132734',$,'Concrete-Rectangular Beam:12 x 24:132735',#148,#159,'132734');
...
ENDSEC;
END-ISO-10303-21;
```

그림 9-3은 위에서 보인 IFC 파일을 IFC 뷰어를 이용해서 가시화한 사례를 보여준다. 그림 9-3의 하단에서 선택된 기둥의 제원정보가 "Profile Height"와 "Profile Width"가 각각 2피트라는 것을 보여준다. 즉, IFC 파일에 저장된 건물정보가 제대로 전달된다는 것을 알 수 있다.

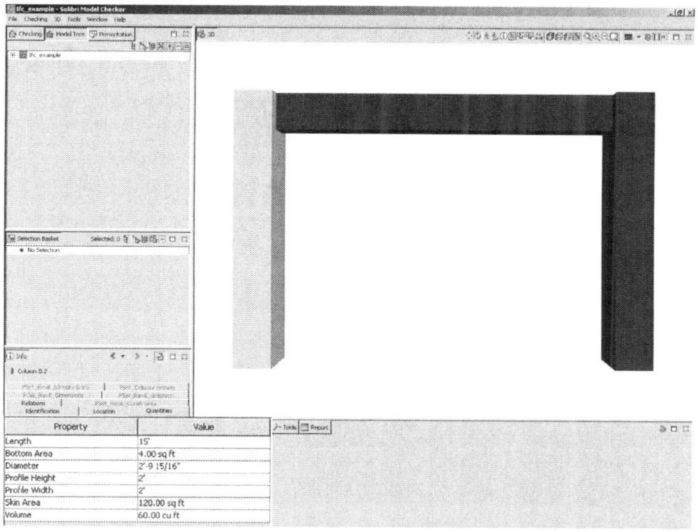

그림 9-3. IFC 뷰어를 이용한 데이터 가시화

9.2 정적바인딩에 의한 응용프로그램 개발

9.2.1 정적바인딩 개요

제품 데이터모델을 다루는 상용 프로그램인 Steptools사의 ST-Developer를 사용하여 STEP 기반의 응용프로그램을 정적바인딩(early binding) 방법에 의해 개발하기 위한 골격은 그림 9-4와 같다. 그림 9-4의 하단부분은 ST-Developer의 EXPRESS 컴파일러에 의해 사용자가 선택하는 EXPRESS 스키마를 C++ 헤더 파일로 변환한다. 변환된 코드는 응용프로그램에 포함되어 EXPRESS 스키마구조를 사용할 수 있게 한다. 또한 컴파일 과정에서 ROSE 파일이 동시에 생성되며, 생성된 ROSE파일은 STEP기반의 응용프로그램이 실행될 때 라이브러리로 제공되어 EXPRESS 스키마 구조를 인식할 수 있도록 한다.

그림 9-4의 좌측 상단부분은 이전 단계를 통해 작성된 사용자 라이브러리와 ROSE 라이브러리를 기반으로 STEP 데이터를 입/출력 할 수 있도록 MFC(Microsoft Foundation Classes) 기반의 응용프로그램을 개발하는 구조를 보여준다. 우측 상단부분은 기존에 생성된 STEP의 물리적 파일을 응용프로그램 상에서 읽어 들여 수정한 뒤 다시 STEP 파일로 저장하는 경우를 보여준다. 이러한 과정을 거쳐 STEP 파일은 상용 프로그램으로 전달된 데이터를 갱신하거나 오류를 검증하는 데 사용될 수 있다.

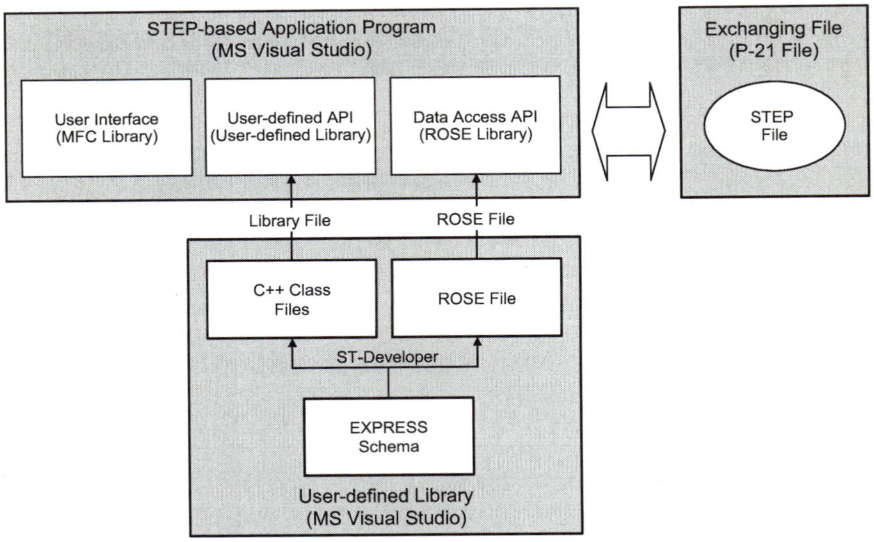

그림 9-4. 정적바인딩에 따른 프로그램 개발 방법

9.2.2 EXPRESS 스키마의 프로그래밍 언어로의 변환

정적바인딩 방식으로 STEP 기반의 응용프로그램을 개발하기 위해서는 EXPRESS 스키마를 사용자가 원하는 프로그래밍 언어에 적합한 클래스들로 변환해야 한다. ST-Developer의 제어판(control panel)에 있는 EXPRESS Complier는 사용자가 지정하는 스키마 파일을 C++ 헤더 파일로 변환하는 기능을 수행한다.

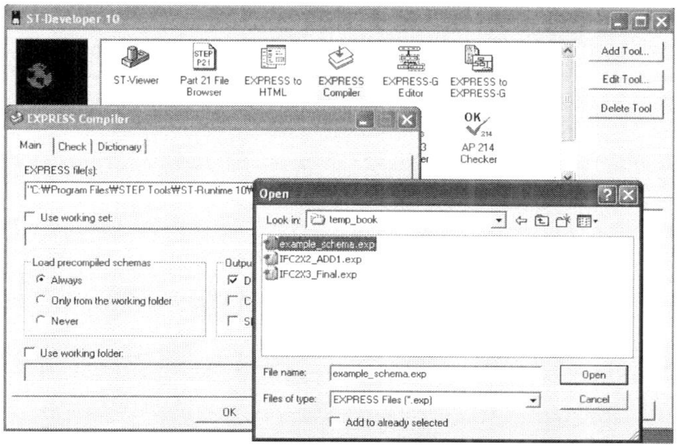

그림 9-5. Express complier를 이용한 Schema compile

이러한 변환과정에서 각 스키마에 따른 ST-Developer의 schema compile format 인 ROSE파일들이 생성되어 ST-Developer의 ROSE라이브러리가 EXPRESS 스키마 구조를 참조할 수 있도록 한다. STEP기반의 응용프로그램이 실행될 때 생성된 ROSE파일이 사용되기 위해서는 ST-Developer프로그램이 설치된 디렉토리의 하위디렉토리 \ST-Runtime\schema내에 저장되어 있어야 한다. ST-Developer의 ROSE library는 정적바인딩과 동적바인딩을 둘 다 지원하며, SDAI 보다 더 많은 데이터모델 조작을 위한 함수를 제공한다. ROSE 라이브러리는 프로그래머들의 요구에 의해서 객체지향 프로그래밍을 쉽게 해주는 기능을 제공해주지만, STEP 표준에 준하는 프로그래밍 라이브러리는 아니다.

9.2.3 EXPRESS 스키마에 대응하는 클래스 라이브러리 구성

앞에서 언급한 EXPRESS 스키마에 대응하는 클래스들에 대한 사용자 정의 라이브러리는 그림 9-6에 나타난 바와 같이 “ST-LibWizard” 프로젝트에 의해 구성된다. 사용자 라이브러리를 생성하는 과정에서 앞서 9.2.2절에서 언급된 EXPRESS스키마의 프로그래밍 언어로의 변환과정이 수행된다.

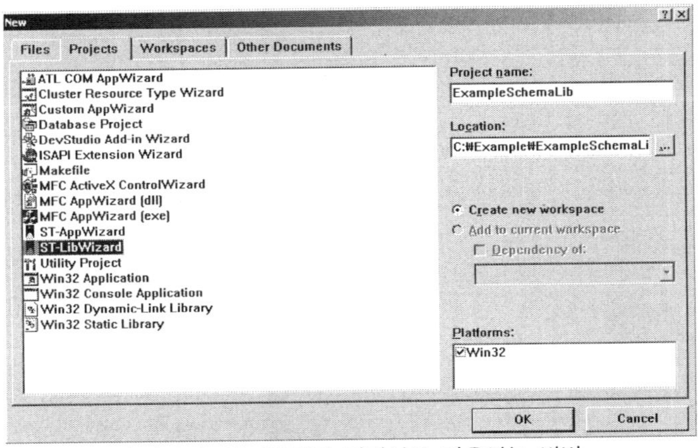

그림 9-6. 라이브러리 마법사를 이용하는 방법

그림 9-7은 사용자 라이브러리를 구축할 때 사용될 EXPRESS 스키마를 선택하는 대화상자이다. 본 사례에서는 표 9-1에서 표현된 스키마와 IFC 스키마에 대해 각각의 라이브러리를 생성하였다.

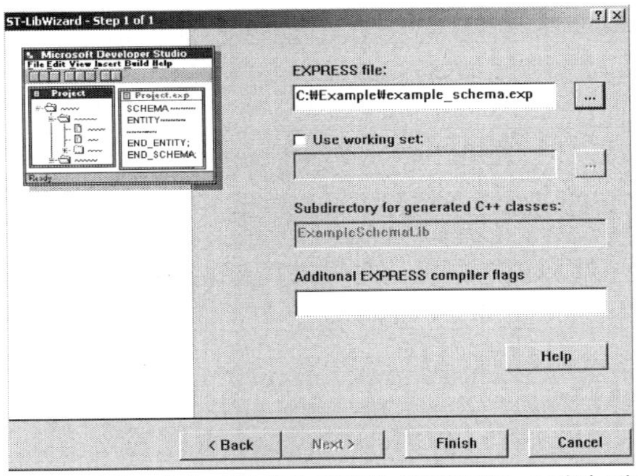

그림 9-7. 라이브러리 마법사를 이용한 EXPRESS 스키마 컴파일

9.2.4 ST-AppWizard를 이용한 응용프로그램 구현

이 절은 그림 9-4의 좌측 상단부분과 같이 EXPRESS 스키마를 토대로 작성된 사용자 정의 라이브러리와 ROSE 라이브러리로 STEP 데이터를 입/출력하는 응용프로그램을 개발하기 위한 환경설정을 보여준다. STEP 기반의 응용프로그램을 개발하기 위하여 그림 9-8에 나타난 바와 같이 ST-Developer에서 제공하는 ST-AppWizard를 이용한다. ST-AppWizard 마법사는 MFC(Microsoft Foundation Classes) 라이브러리를 이용하는 프로그래밍 환경에 STEP 표준을 이용하는 프로그래밍 환경을 연결시켜주는 기능을 한다. 그

림 9-8의 대화상자에서 새로운 프로젝트 이름을 SDAITest로 하였는 데, 이 프로젝트 파일은 다음 장의 동적바인딩 기법에서도 그대로 사용된다.

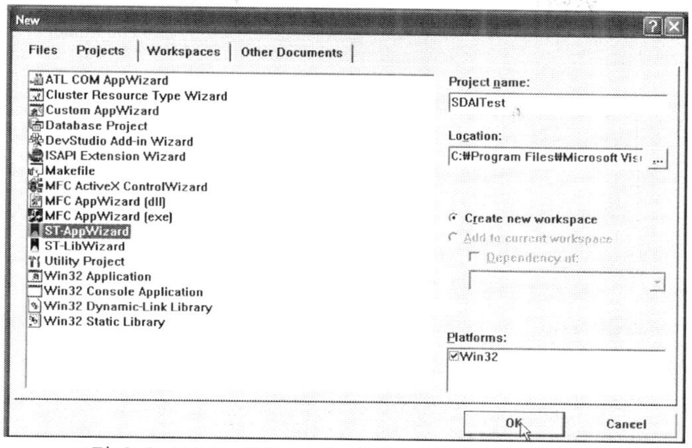

그림 9-8. ST-AppWizard를 이용한 SDAI 프로젝트 생성

그림 9-9는 라이브러리 개발단계에서 생성된 클래스 파일들이 위치한 디렉토리의 이름을 삽입하여 프로그래밍 환경에서 STEP 기반의 프로그래밍 클래스들을 참조할 수 있도록 한다. 본 사례에서는 간단한 EXPRESS 스키마와 IFC를 이용하였기 때문에 두개의 디렉토리를 삽입한다.

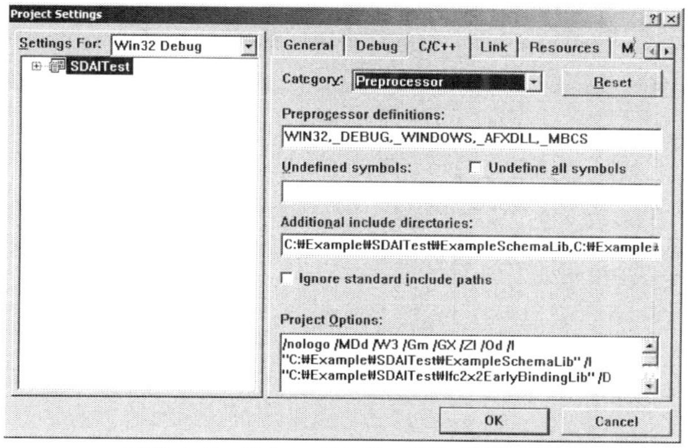

그림 9-9. 클래스 참조를 위한 설정 방법

그림 9-10의 대화상자는 응용프로그램이 링크될 때 참조하게 될 라이브러리 목록을 정의한다. 따라서 ST-Developer를 이용하여 STEP 기반의 응용프로그램을 개발하기 위해서는 기본적인 라이브러리와 사용자 정의 라이브러리를 삽입해야 한다. 그림 9-10에 나타난 바와 같이 본 예제 프로그램에서 사용될 라이브러리는 정적바인딩 기법을 사용할 수 있도록 rose.lib를 삽입하고 또한, 동적바인딩 기법을 사용하기 위해서 sdai.lib를 삽입한다. 이러한 두개의 라이브러리는 ST-Developer에서 기본적으로 제공하는 라이브러리

이다. 이전 단계를 통해 작성된 두개의 사용자 정의 라이브러리인 ExampleSchemaLib.lib와 Ifc2x2EarlyBindingLib.lib를 입력하고, 두 라이브러리 파일이 있는 디렉토리 위치를 라이브러리 경로에 추가해야 한다.

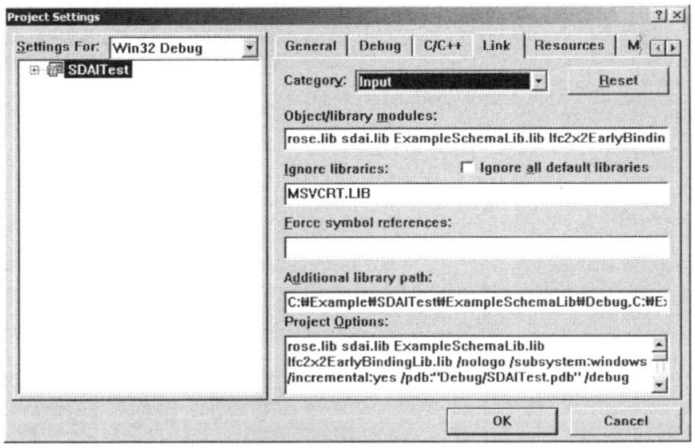

그림 9-10. 라이브러리 참조를 위한 설정 방법

9.2.4.1 사례 1 : 스키마 example_data의 물리적 파일의 생성

다음은 간단한 스키마 example_schema 로 인스턴스들을 생성하고 이들을 STEP 파일로 저장하는 단계를 보여준다.

```
/* 참조 클래스 삽입 : STEP 데이터를 생성하기 위해 필요한 클래스들의 목록을 프로젝트 내로 삽입한다. */
#include "rose.h"              // ST-Developer에서 제공하는 헤더파일로
                               // Rose 라이브러리에서 사용되는 모든 헤더 파일들을 삽입
#include "example_schema.h"    // 스키마 example_schema에 포함된 모든 헤더 파일들을 삽입
#include "ifc2x2_final.h"      // 스키마 ifc2x2_final에 포함된 모든 헤더 파일들을 삽입

void CSDAITestView::OnMakestepfile()
{
/* 변수선언 : 변수는 EXPRESS 스키마 example_schema 에서 정의된 엔티티에 대한 포인터 자료형로 정의되
어 해당 인스턴스를 저장하는데 사용된다. */
                // Define variables for permanent data
                assembly* m_assembly;
                part*           m_part1;
                part*           m_part2;
                line*           m_line;
                circle*         m_circle;
                point*          m_start_point;
                point*          m_end_point;
                point*          m_center_point;

/* 새로운 design 정의 : ROSE 라이브러리에서 design은 하나의 물리적인 STEP 파일과 동일하다. 아래는
스키마 example_schema의 STEP 파일인 example_data를 정의한다. ROSE 인스턴스는 라이브러리에 제공하
는 RoseInterface 클래스의 유일한 인스턴스이다. */
        // Creat new design which is a step file
        ROSE.newDesign ("example_data","example_schema");

/* STEP 데이터 생성 : ROSE 라이브러리에서 제공되는 pnew 생성자(constructor)로 생성된 인스턴스는 물
리적인 STEP 파일에 저장된다. C++ 언어가 제공하는 new 생성자로 생성된 인스턴스는 STEP 파일로 저장되지
```

않는다. 아래의 코드는 세개의 점을 생성하여, 두점을 선의 시작점과 끝점으로 사용하고 나머지 점은 원의 중심점으로 이용한다. */

```
        m_start_point = pnew point();
        m_start_point->x(200.0);
        m_start_point->y(300.0);

        m_end_point = pnew point();
        m_end_point->x(600.0);
        m_end_point->y(300.0);

        m_center_point = pnew point();
        m_center_point->x(400.0);
        m_center_point->y(300.0);

        m_line = pnew line();
        m_line->start_point(m_start_point);
        m_line->end_point(m_end_point);

        m_circle = pnew circle();
        m_circle->radius(200.0);
        m_circle->center_point(m_center_point);
```

/* 선택자료형의 인스턴스 생성 : 스키마 example_schema의 엔티티 part는 속성 shape_type으로 line또는 circle중 하나를 갖는 선택자료형인 select_shape_type을 가진다. 선택자료형은 인스턴스 생성시 엔티티와 동일하게 간주되기 때문에 pnew 생성자를 이용한 후에 사용된다. 그러나 선택자료형은 속성을 가지지 않기 때문에 아래 예제에서 나타난 바와 같이 select의 인자가 속성처럼 사용된다. */

```
        m_part1 = pnew part();
        m_part1->name("line_part");
        m_part1->id(1);

        // Define select data type
        select_shape_type* m_shape_type1 = pnew select_shape_type();
        m_shape_type1->_line(m_line);
        m_part1->shape_type(m_shape_type1);
```

/* 나열자료형의 인스턴스 생성 : 나열자료형은 선택자료형과는 달리 생성자를 이용하여 포인터를 생성하지 않는다. 아래와 같이 타입이름 뒤에 항목이름을 붙여서 표현한다. 예를 들면 실선인 경우에는 항목이름을 line_type_continuous로 한다. */

```
        // Define enumeration data type
        m_part1->part_type(line_type_continuous);

        m_part2 = pnew part();
        m_part2->name("circle_part");
        m_part2->id(2);

        // Define select data type
        select_shape_type* m_shape_type2 = pnew select_shape_type();
        m_shape_type2->_circle(m_circle);
        m_part2->shape_type(m_shape_type2);

        // Define enumeration data type
        m_part2->part_type(line_type_dashed);

        m_assembly = pnew assembly();
        m_assembly->name("part assembly");
        m_assembly->id(3);
```

```
/* 집합형 자료형의 인스턴스 생성 : ST-Developer는 스키마 example_schema를 컴파일하면서 엔티티 assembly의 속성 parts의 값인 "LIST [2:?] of part"에 대해 집합형 자료형인 ListOfpart 클래스를 자동으로 생성한다. 이 클래스는 RoseAggregate 클래스를 상속받아 정의되기 때문에 add 메소드를 사용하여 데이터를 추가할 수 있다. */
        // Define aggragation data type
        ListOfpart* m_parts = pnew ListOfpart();
        m_parts->add(m_part1);
        m_parts->add(m_part2);
        m_assembly->parts(m_parts);

/* STEP 파일로 저장 : 메소드setFormat은 저장될 파일의 형식을 지정하는 것으로서 "step" 파라미터는 파일의 형식을 STEP의 Part 21 형식으로 저장하도록 지정한다. 메소드saveDesign 를 통해서 물리적으로 example_data.stp 파일이 생성된다. */
        // Set the file format
        ROSE.setFormat("step");
        // Save STEP file
        ROSE.saveDesign();

/* MFC 라이브러리를 이용하여 도형 데이터와 텍스트 데이터를 화면상에서 출력하도록 해준다. */
        /* 화면에 도형과 텍스트를 가시화할 수 있도록 해준다.
           또한 화면에 그려질 도형과 텍스트의 색깔을 검정색으로 지정한다. */
        CClientDC DC(this);
        CPen penBlack(PS_DOT, 2, RGB(0,0,0));
        DC.SelectObject(&penBlack);
        CString linedata;
        linedata.Format("Start x = %f, Start y = %f, End x = %f, End y = %f",
                    (float)m_start_point->x(), (float)m_start_point->y(),
                  (float)m_end_point->x(), (float)m_end_point->x());
        CString circledata;
        circledata.Format("Center x = %f, Center y = %f , Radius = %f",
                      (float)m_center_point->x(), (float)m_center_point->y(),
                  (float)m_circle->radius());
        /* 화면상에서 text 인스턴스를 출력한다 */
        DC.TextOut(10,10, linedata);
        DC.TextOut(10,30, circledata );
        /* STEP 파일로부터 추출된 line인스턴스의 시작점과 끝점을 이용하여 직선을 그린다. */
        DC.MoveTo((int)m_start_point->x(),(int)m_start_point->y());
        DC.LineTo((int)m_end_point->x(),(int)m_end_point->y());

        /* STEP 파일로부터 추출된 circle 인스턴스의 중심점과 반지름을 이용하여 원을 그린다. */
              DC.AngleArc((int)m_center_point->x(), (int)m_center_point->y(),
             (int)m_circle->radius(), 360, 360);
}
```

아래 그림 9-11은 EXPRESS 스키마 example_schema를 데이터구조로 가지는 표 9-3의 STEP 데이터에정의된 선, 원, 그리고 텍스트를 응용프로그램 상에서 MFC 라이브러리를 이용하여 가시적으로 보여준다.

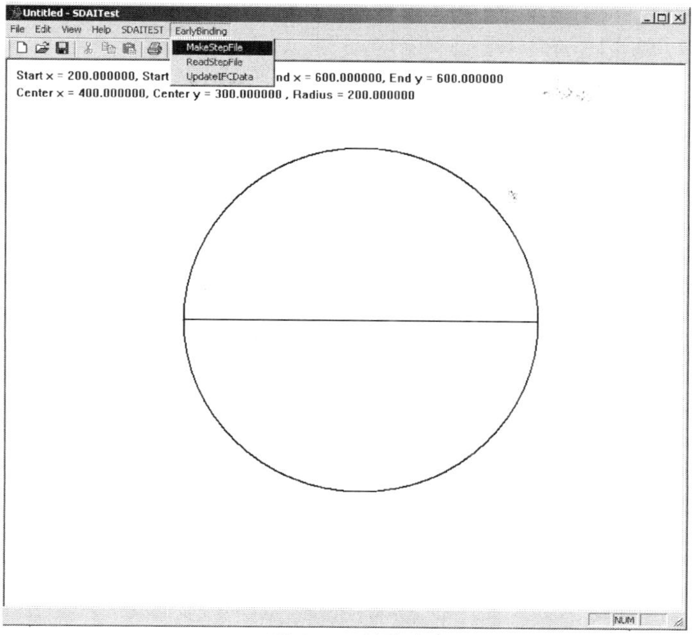

그림 9-11. 실행화면

위의 프로그램에서 “EarlyBinding” → “MakeStepFile” 메뉴를 선택하면 앞서 설명된 과정들이 순차적으로 실행되고 아래의 STEP 파일이 생성된다.

표 9-3. 정적바인딩 기법에 따른 STEP 파일

```
ISO-10303-21;
HEADER;
/* Generated by software containing ST-Developer
 * from STEP Tools, Inc. (www.steptools.com)
 */

FILE_DESCRIPTION(
/* description */ (''),
/* implementation_level */ '2;1');

FILE_NAME(
/* name */ 'example_data',
/* time_stamp */ '2007-03-19T03:37:18-04:00',
/* author */ (''),
/* organization */ (''),
/* preprocessor_version */ 'ST-DEVELOPER v10',
/* originating_system */ '',
/* authorisation */ '');

FILE_SCHEMA (('EXAMPLE_SCHEMA'));
ENDSEC;
```

```
DATA;
#10=ASSEMBLY('part assembly',3,(#11,#12));
#11=PART('line_part',1,#14,.CONTINUOUS.);
#12=PART('circle_part',2,#13,.DASHED.);
#13=CIRCLE(200.,#17);
#14=LINE(#15,#16);
#15=POINT(200.,300.);
#16=POINT(600.,300.);
#17=POINT(400.,300.);
ENDSEC;
END-ISO-10303-21;
```

9.2.4.2 사례 2 : 스키마 example_data 의 물리적 파일의 읽기

```
/* Aggregation 타입 정의 : STEP 파일로부터 assembly의 집합자료형을 읽어오기 위해서 다음과 같은 매크로를 이용한다. 매크로는 클래스의 범위에서 선언되어야 하기 때문에 메소드의 바깥 영역에서 정의된다. */
// Macro for definition of aggregation data type
                    ROSE_DECLARE_AGG(List,assembly);
                    ROSE_IMPLEMENT_AGG_WITH_NAME(List,assembly,"ListOfassembly");

void CSDAITestView::OnReadstepfile()
{
/* STEP 파일 열기 : 하드 디스크 상에 위치한 STEP 파일을 열기 위해서는 저장할 때와 마찬가지로 ROSE 인스턴스를 통해서 가능하다. RoseDesign 클래스는 STEP 파일과 동일한 단위이며 메모리 상에서 접근 가능하다.*/
          RoseDesign* m_design = ROSE.useDesign("example_data");
          ListOfassembly m_assemblies;

/* 엔티티 열기 : Design으로부터 데이터값에 접근하기 위해서 특정한 엔티티와 관련한 모든 인스턴스들을 집합자료형으로 가져오는 방법을 보여준다. findObject 메소드는 파라미터로 사용된 엔티티 타입의 모든 인스턴스들의 포인터를 찾아준다.*/
          m_design->findObjects(&m_assemblies);

/* 데이터값 접근 및 변경 : 다음은 원의 반지름 값을 읽어와서 반지름 값에서 100만큼을 뺀 후에 다시 데이터를 저장하는 사례를 보여준다. 우선, assembly의 aggregation 데이터로부터 get 메소드를 사용하여 assembly 데이터를 가져온다. Assembly의 속성 parts는 집합자료형이기 때문에 ListOfpart로 데이터값을 리턴한다. ListOfpart의 인스턴스 목록으로부터 데이터를 가져와서 part 데이터에 접근할 수 있다. part 엔티티의 shape_type 속성값은 선택자료형이기 때문에 is_circle과 같은 메소드를 제공하여 실제 포함된 엔티티의 종류가 circle인지를 파악하는 과정을 수반한다. 이런 과정을 통해 추출된 circle 엔티티 값에서 반지름 값에 100을 뺌으로써 데이터 값을 변경할 수 있다.*/
          for(int i=0 ; i<(int)m_assemblies.size() ; i++)
          {
                    assembly* m_assembly = m_assemblies.get(0);
                    ListOfpart* m_parts = m_assembly->parts();

                    part* m_part = m_parts->get(1);

                    select_shape_type* m_shape_type = m_part->shape_type();
                    if(m_shape_type->is_circle())
                    {
                              circle* m_circle = m_shape_type->_circle();
                              double m_rad = m_circle->radius();
                              m_circle->radius(m_rad-100.0);
                    }
                    else
```

```
                {
                        MessageBox("This is not a circle type.");
                }
        }

        // Set the file format
        ROSE.setFormat("step");
        // Save STEP file
        ROSE.saveDesign();

/* MFC 라이브러리를 이용하여 line, circle 및 text 인스턴스를 화면상에서 출력하도록 해준다.*/
        CClientDC DC(this);
        CPen penBlack(PS_DOT, 2, RGB(0,0,0));
        DC.SelectObject(&penBlack);
        CString linedata;
        linedata.Format("Start x = %f, Start y = %f, End x = %f, End y = %f",
                        (float)m_start_point->x(), (float)m_start_point->y(),
                    (float)m_end_point->x(), (float)m_end_point->x());
        CString circledata;
        circledata.Format("center x = %f, center y = %f , radius = %f",
                        (float)m_center_point->x(), (float)m_center_point->y(),
                    (float)m_circle->radius());

        DC.TextOut(10,10, linedata);
        DC.TextOut(10,30, circledata );

        DC.MoveTo((int)m_start_point->x(),(int)m_start_point->y());
        DC.LineTo((int)m_end_point->x(),(int)m_end_point->y());

        DC.AngleArc((int)m_center_point->x(), (int)m_center_point->y(),
                (int)m_circle->radius(), 360, 360);
}
```

9.2.4.3 사례 3 : IFC 스키마의 물리적 파일의 읽기

본 사례에서는 그림 9-4의 상단 우측에서 보는 바와 같이 응용프로그램 상에서 기존에 생성된 STEP의 물리적 파일을 이용하는 사례를 제공한다. 이런 과정을 통해 수정된 STEP 파일을 상용 소프트웨어 상에서 읽어 들여 가시화함으로써 데이터의 전달이 제대로 이루어졌는지를 검증한다.

아래의 예는 표 9-2와 그림 9-3의 IFC2X2의 EXPRESS 스키마에 따른 자료구조를 갖는 STEP 파일을 읽어 들이고 수정한 뒤 다시 STEP 파일로 저장하는 모듈을 제공한다. 이 예는 실제 상용프로그램 상에서 통용되고 있는 데이터모델을 사용하기 때문에 IFC 데이터모델의 입/출력 장치를 가진 소프트웨어에서 가시화할 수 있다. 그림 9-12는 IFC 뷰어 중 하나인 Solibri Model Checker 상에서 데이터 값이 변경된 결과를 보여준다. 그림 9-3과 비교해볼 때 기둥과 보의 부재 단면이 변경되었음을 알 수 있다.

```
ROSE_DECLARE_AGG(List,IfcRectangleProfileDef);
ROSE_IMPLEMENT_AGG_WITH_NAME(List,IfcRectangleProfileDef,"ListOfIfcRectangleProfileD
ef");

void CSDAITestView::OnUpdateifcdata()
{
        RoseDesign* m_design = ROSE.useDesign("Simple_Frame");

        ListOfIfcRectangleProfileDef m_profiles;
        m_design->findObjects(&m_profiles);

        double tem_val;

        for(int i=0 ; i<(int)m_profiles.size() ; i++)
        {
                IfcRectangleProfileDef* m_profile = m_profiles.get(i);
                tem_val = m_profile->XDim();
                m_profile->XDim(tem_val+4.0);
                tem_val = m_profile->YDim();
                m_profile->YDim(tem_val+1.0);
        }
        // Set the file format
        ROSE.setFormat("step");
        // Save STEP file
        ROSE.saveDesign();
}
```

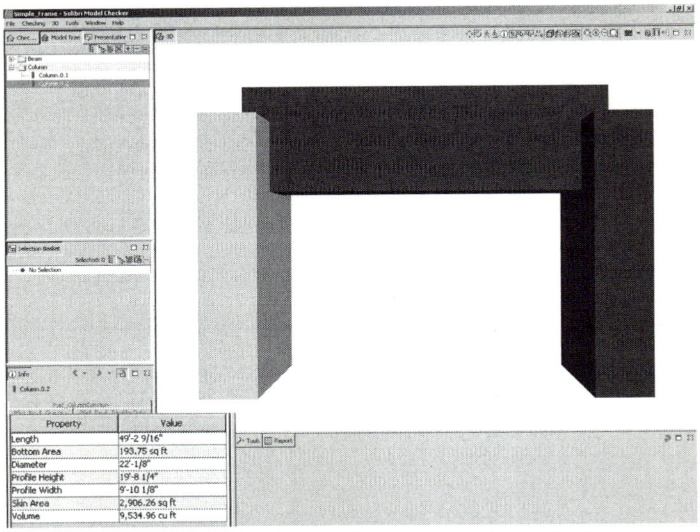

그림 9-12. 단면값이 변경된 STEP 파일의 가시화

9.3 동적바인딩에 의한 응용프로그램 개발

9.3.1 SDAI에 의한 동적바인딩 개요

SDAI (Standard Data Access Interface)는 ISO/STEP의 Part 22 문서에 정의되어 있으며, EXPRESS를 이용해 정의된 인스턴스 데이터를 다루기 위한 표준화된 인터페이스 규약이다. SDAI는 동적바인딩(late binding)을 지원하는 API로서 모델의 EXPRESS Schema와 독립적인 구현방법을 지원한다. 동적바인딩은 EXPRESS를 컴파일한 자료구조인 data dictionary를 이용하여 응용프로그램이 실행 시(run-time)에 제품데이터에 접근할 수 있도록 지원하는 프로그래밍 방식이다. 이러한 기법은 정적바인딩 기법에 비해 제품데이터모델의 변경에 따른 영향을 덜 받기 때문에 유연한 프로그래밍이 가능하다는 장점을 가진다. 현재 ISO/STEP에서는 C, C++ 그리고 Java 프로그래밍 언어로 SDAI를 위한 표준 인터페이스 개발 표준을 지원하고 있다.

그림 9-13은 SDAI Inteface 를 이용한 두 개의 프로그램(Application A, Application B)간의 데이터 교환을 나타내는 다이어그램이다. 아래의 그림에서처럼 특정한 Schema에 기반을 둔 STEP 파일은 모두 SDAI Interface 를 통해 SDAI Instance로 전환이 된다. 따라서 프로그래머는 특정한 Schema에 상관없이 SDAI schema 에서 Instance 정보를 추출하기만 하면 된다. 따라서 SDAI Interface 를 이용한 프로그래밍은 동일한 기법으로 특정 Schema 에 상관없이 프로그래밍을 할 수 있다는 장점을 가지고 있다.

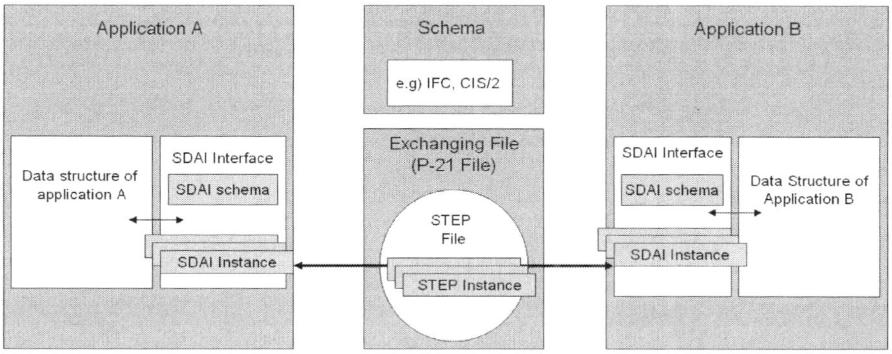

그림 9-13. SDAI Interface를 이용한 STEP DATA 교환

9.3.2 ST-AppWizard를 이용한 응용프로그램 구현

이번 절에서는 Visual Studio의 프로젝트 상에서 동적바인딩 기법에 따른 STEP 데이터의 입/출력 모듈을 개발하는 과정을 보여준다. 프로젝트는 정적바인딩 단계에서 생성된 것을 이용하였으며, 내용을 앞 장의 정적바인딩 기법에서 개발된 사례와 같게 하여 두 개의 프로그래밍 개발기법을 비교해볼 수 있도록 한다. 즉, 주어진 EXPRESS 스키마 example_schema를 기반으로 인스턴스 데이터를 생성하여 STEP 데이터 파일에 저장하고, 저장된 STEP 데이터 파일을 다시 응용프로그램 상에서 읽어오는 모듈을 개발한다. 그리고, 읽혀진 STEP 데이터 파일에서 특정 데이터를 갱신하는 모듈을 개발한다. 또한 상용 프로그램 상에서 통용되는 제품 데이터모델을 사용하는 사례를 들기 위해서 IFC에 따른 데이터 파일의 내용을 갱신하는 모듈을 구현하였다.

우선, Steptools의 ST-Developer 상에서 지원하는 rose라이브러리와 SDAI 라이브러리를 사용하기 위하여 그림 9-14에 나타난 바와 같이 Project Setting을 다루는 대화상자에서 Object/library modules 상에 rose.lib와 sdai.lib 파일을 추가한다.

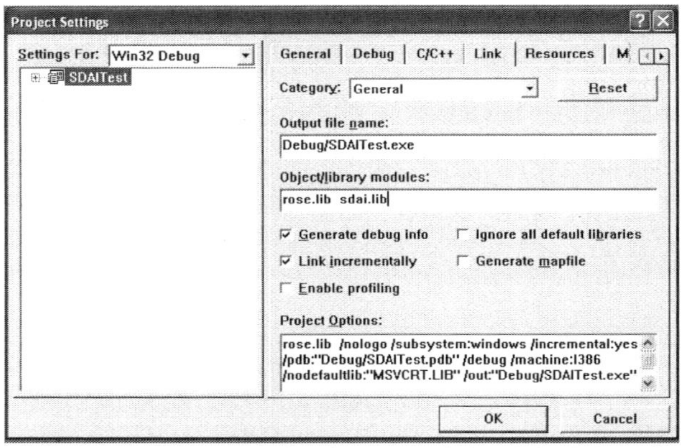

Figure 9-14. 프로젝트 세팅에 sdai.lib 라이브러리 파일 추가

다음은 SDAI 프로그래밍을 위한 프로젝트에서 앞서 언급한 네가지 모듈을 메뉴로 선택하여 접근할 수 있도록 실행윈도우를 구성하는 과정을 그림 9-15에서 보여준다. 먼저 Resource tab을 열고 Menu 폴더를 선택하고 다음과 같이 메뉴(MakeStepInstanceFile, ReadStepInstanceFile, UpdateStepFile, UpdateIFCFile)를 삽입한다.

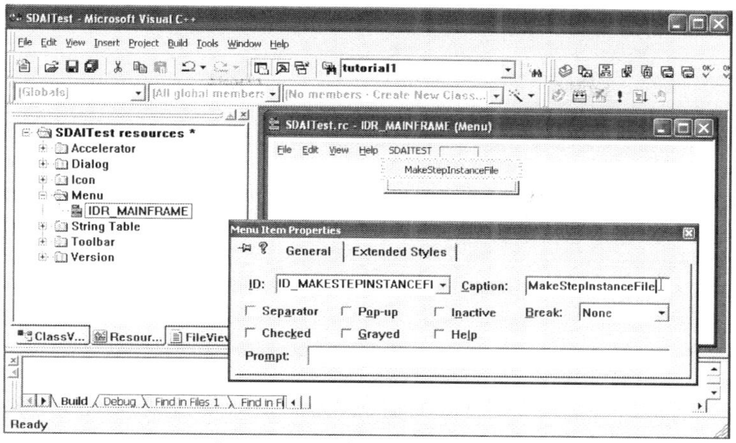

그림 9-15. 프로젝트 상에서 메뉴 삽입

각각의 입력된 메뉴는 이벤트가 발생하였을 때 처리되는 메소드를 정의하기 위해서 그림 9-16에 나타난 바와 같이 각각의 메뉴에서 ClassWizard를 이용한다.

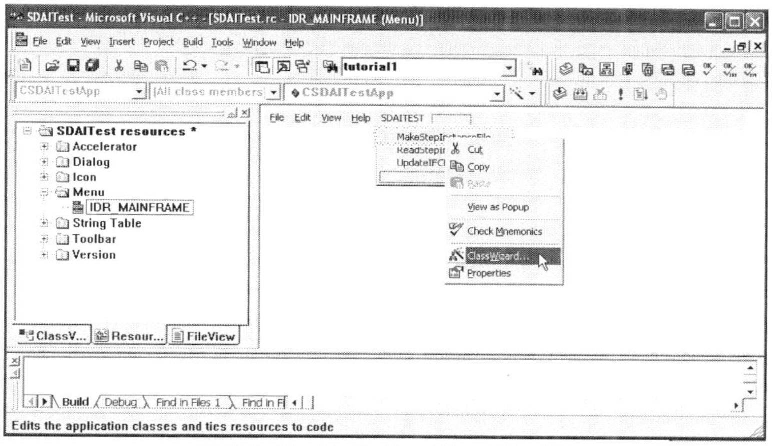

그림 9-16. 메뉴와 ClassWizard와 연결

각각의 메뉴에서 이벤트가 발생했을 때 호출되는 메소드를 View 클래스 상에서 생성하도록 정의한다. 따라서 Class name을 CSDAITestView로 선택하고 Message상에서 COMMAND 선택해서 메소드와 연결하도록 한다.

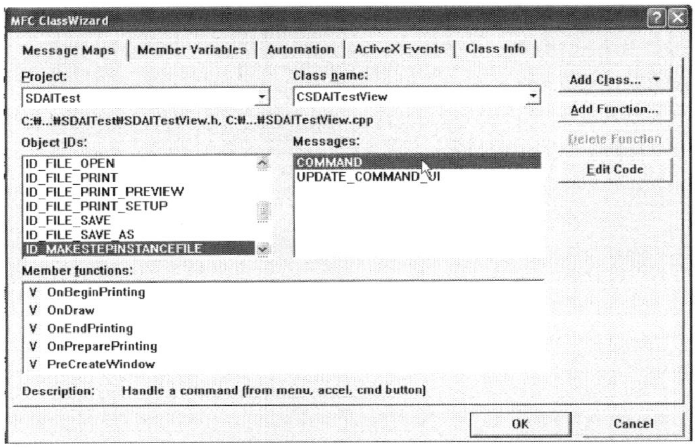

그림 9-17. ClassWizard를 이용한 메뉴의 호출함수 정의

클래스 마법사를 이용해서 그림 9-18과 같이 이벤트 발생시에 실행될 메소드를 선언한다. 예제에서는 응용프로그램 상에서 메뉴 MakeStepInstanceFile을 클릭할 때 실행되는 메소드를 정의한 것으로, EXPRESS 스키마를 데이터구조로 가지는 STEP 파일을 생성하기 위한 코드가 정의된다.

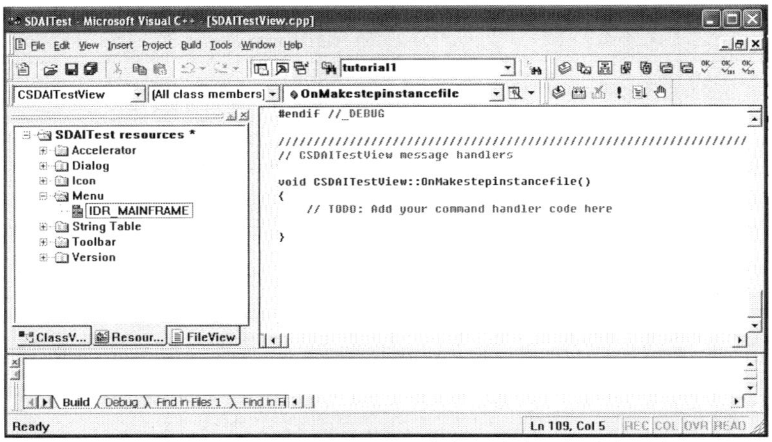

그림 9-18. example_instance.stp 파일을 생성하기 위한 함수

9.3.2.1 사례 1 : 스키마 example_data의 물리적 파일 생성

STEP의 엔티티에 따라 생성된 인스턴스에 관한 데이터를 저장하기 위해서는 우선 데이터모델을 생성해야 한다. 이 데이터모델을 생성하기 위해서는 세션과 해당 세션에 관련한 레파지토리를 필요로 한다. 함수 sdaiOpenSession()에 의해 생성되는 세션은 컴퓨터로부터 데이터를 처리하기 위해 프로세스를 가져오는 과정으로, 데이터를 처리하기 위한 세션은 프로그램의 실행동안 언제든지 열리고 닫힐 수 있다.

레파지토리는 SDAI 모델이 저장되어 있는 데이터베이스이다. 함수 sdaiOpenRepositoryBN()은 SDAI 모델이 저장될 레파지토리를 생성하고 데이터 인스턴스의 입력이 가능하도록 레파지토리를 여는 역할을 한다. 모델의 생성은 SDAI 레파지토리에 저장된 SDAI 인스턴스들을 사용자가 정의한 스키마에 맞도록 재구성하는 것을 말한다. 이러한 재구성 과정을 통해서 사용자 정의 스키마에 따른 인스턴스들은 SDAI 레파지토리에 SDAI 인스턴스를 이용해서 저장된다. 메소드 sdaiCreateModelBN()는 레파지토리 객체, 인스턴스 파일, 사용자 정의 Schema로 모델 객체를 만든다.

다음은 주어진 스키마 example_data을 이용해 응용프로그램 상에서 인스턴스를 생성하고, 해당 인스턴스에 관한 데이터를 STEP 파일인 example_instance 로 저장한다.

```
#include "sdai.h"

void CSDAITestView::OnMakestepinstancefile()
{
        // TODO: Add your command handler code here
        SdaiSession mySession;
        SdaiRep myRepository;
        SdaiModel myModel;

        SdaiAppInstance assembly;
        SdaiAppInstance part1;
        SdaiAppInstance part2;
        SdaiAppInstance line;
        SdaiAppInstance circle;
        SdaiAppInstance start_point;
        SdaiAppInstance end_point;
        SdaiAppInstance center_point;
/* 모델생성 : late binding을 수행하기 위해서 SDAI 세션 생성, 레파지토리 생성, 모델생성 등을 거쳐, 모델에 접근할 수 있도록 sdaiAcessModel() 함수로 모델을 여는 과정을 보여준다.*/
        /* start session */
        mySession = sdaiOpenSession();
        /* open repository */
        myRepository = sdaiOpenRepositoryBN (mySession, "step");
        if(sdaiErrorQuery()) {
                printf("No repository\n");
                exit(0);
        }
        /* create a new model */
        myModel = sdaiCreateModelBN (myRepository, "example_instance",
                                "example_schema");
        sdaiAccessModel (myModel, sdaiRW);

        if(sdaiErrorQuery())  {
                printf("Cannot create model\n");
                exit(0);
        }

/* 인스턴스의 생성과 저장 : 스키마에 정의된 엔티티들에 따른 인스턴스들은 엔티티의 이름을 이용하여 SDAI의 인스턴스로 생성되고 모델에 저장된다. 인스턴스, 속성이름, 데이터타입 및 값을 매개변수로 갖는 sdaiPutAttrBN 함수로 인스턴스에 속성값을 부여한다. 실제 모델의 구조에 따라 속성값의 입력 및 출력은 다
```

```
양한 방법을 통해서 정의된다. 예를 들어 Aggregation과 Select 타입에 대한 인스턴스의 생성방법은 모델의
정의에 따라 다양하게 존재한다. 모델 값의 생성 및 출력에 대한 더 자세한 정보는 아래의 웹사이트에서 얻을 수
있다. http://www.steptools.com/support/stdev_docs/sdailib/sdailib-3.html#SEC0-4-0 */
        /* create new instances */
        start_point = sdaiCreateInstanceBN (myModel, "point");
        sdaiPutAttrBN (start_point, "X", sdaiREAL, 200.0);
        sdaiPutAttrBN (start_point, "Y", sdaiREAL, 300.0);

        end_point = sdaiCreateInstanceBN (myModel, "Point");
        sdaiPutAttrBN (end_point, "X", sdaiREAL, 600.0);
        sdaiPutAttrBN (end_point, "Y", sdaiREAL, 300.0);

        center_point = sdaiCreateInstanceBN (myModel, "Point");
        sdaiPutAttrBN (center_point, "X", sdaiREAL, 400.0);
        sdaiPutAttrBN (center_point, "Y", sdaiREAL, 300.0);

        line = sdaiCreateInstanceBN (myModel, "Line");
        sdaiPutAttrBN (line, "start_point", sdaiINSTANCE, start_point);
        sdaiPutAttrBN (line, "end_point", sdaiINSTANCE, end_point);

        circle = sdaiCreateInstanceBN (myModel, "Circle");
        sdaiPutAttrBN (circle, "radius", sdaiREAL, 200.0);
        sdaiPutAttrBN (circle, "center_point", sdaiINSTANCE, center_point);

        part1 = sdaiCreateInstanceBN (myModel, "part");
        sdaiPutAttrBN (part1, "name", sdaiSTRING, "line_part");
        sdaiPutAttrBN (part1, "id", sdaiINTEGER, 1);
        sdaiPutAttrBN (part1, "shape_type", sdaiINSTANCE, line);
        sdaiPutAttrBN (part1, "part_type", sdaiENUM, "continuous");

        part2 = sdaiCreateInstanceBN (myModel, "part");
        sdaiPutAttrBN (part2, "name", sdaiSTRING, "circle_part");
        sdaiPutAttrBN (part2, "id", sdaiINTEGER, 2);
        sdaiPutAttrBN (part2, "shape_type", sdaiINSTANCE, circle);
        sdaiPutAttrBN (part2, "part_type", sdaiENUM, "dashed");

        assembly = sdaiCreateInstanceBN (myModel, "assembly");
        sdaiPutAttrBN (assembly, "name", sdaiSTRING, "assembly");
        sdaiPutAttrBN (assembly, "id", sdaiINTEGER, 3);

        SdaiAggr partAggr = sdaiCreateAggrBN(assembly, "parts");
        sdaiAdd(partAggr, sdaiINSTANCE, part1);
        sdaiAdd(partAggr, sdaiINSTANCE, part2);

/* 모델저장 : 사용자가 필요로 하는 인스턴스들을 생성하고 모델에 입력한 후에 종료하는 과정을 필요로 한다.
따라서 모델을 생성하기 위해서 사용되었던 세션, 레파지토리 그리고 모델을 모두 종료하여야 한다. 다음은 실제
코드에 사용된 SDAI 모델 종료 단계를 보여준다.*/
        sdaiSaveChanges (myModel);
        sdaiCloseRepository(myRepository);
        sdaiCloseSession(mySession);
}
```

이와 같은 단계를 통해서 아래 표 9-4와 같은 STEP 파일이 생성된다. 아래 결과는 앞장의 early binding 기법을 통해 생성된 사례와 동일한 결과를 보여준다. 따라서 독자

들은 동일한 데이터를 생성하기 위해서 서로 다른 방식으로 개발되는 과정을 비교해 볼 수 있다.

표 9-4. example_instance.stp 파일

```
ISO-10303-21;
HEADER;
/* Generated by software containing ST-Developer
 * from STEP Tools, Inc. (www.steptools.com)
 */

FILE_DESCRIPTION(
/* description */ (''),
/* implementation_level */ '2;1');

FILE_NAME(
/* name */ 'example_instance',
/* time_stamp */ '2007-03-18T22:54:19-04:00',
/* author */ (''),
/* organization */ (''),
/* preprocessor_version */ 'ST-DEVELOPER v10',
/* originating_system */ '',
/* authorisation */ '');

FILE_SCHEMA (('EXAMPLE_SCHEMA'));
ENDSEC;

DATA;
#10=ASSEMBLY('assembly',3,(#11,#12));
#11=PART('line_part',1,#14,.CONTINUOUS.);
#12=PART('circle_part',2,#13,.DASHED.);
#13=CIRCLE(200.,#17);
#14=LINE(#15,#16);
#15=POINT(200.,300.);
#16=POINT(600.,300.);
#17=POINT(400.,300.);
ENDSEC;
END-ISO-10303-21;
```

9.3.2.2 사례 2 : STEP 파일 읽어오기

아래는 example_instance.stp 파일에 있는 정보를 읽고 이를 화면에 그리는 코드이다. 함수 sdaiAccessModelBN()는 앞 사례에서 생성된 STEP 물리적 파일 example_instance.stp의 인스턴스 정보를 SDAI 모델객체 내의 SDAI 인스턴스로 변환한다.

```
#include "sdai.h"

void CSDAITestView::OnReadstepinstancefile()
{
        // TODO: Add your command handler code here
        SdaiSession mySession;
        SdaiRep myRepository;
        SdaiModel myModel;
        SdaiIterator iter;
```

```
        SdaiInstance conts;
        SdaiAppInstance inst;
        SdaiAggr insts;
        SdaiInstance line;
        SdaiInstance circle;
        SdaiInstance start_point;
        SdaiInstance end_point;
        SdaiInstance center_point;
        SdaiReal start_x;
        SdaiReal start_y;
        SdaiReal end_x;
        SdaiReal end_y;
        SdaiReal center_x;
        SdaiReal center_y;
        SdaiReal radius;
/* 인스턴스 파일을 이용하여 모델열기 : sdaiAccessModelBN() 함수를 호출하기 위해서는 sdaiOpenSession() 메소드를 이용해서 세션을 열고, 레파지토리를 여는 과정을 다음과 같이 수행한다. 이러한 과정은 STEP 파일을 저장하는 것과 동일하다.*/
        /* start session */
        mySession = sdaiOpenSession();
        /* open repository */
        myRepository =      sdaiOpenRepositoryBN(mySession, "standard");
        /* open model for READWRITE*/
        myModel = sdaiAccessModelBN(myRepository, "example_instance", sdaiRW);
/* SDAI 인스턴스 정보는 SDAI 모델의 "contents" 속성에 인스턴스의 집합 형태로 존재하게 된다. 따라서 집합(Aggregation)객체를 이용하여 SDAI 인스턴스 정보를 다음과 같은 방법으로 읽는다.*/
        conts=NULL;
        sdaiGetAttrBN (myModel, "contents", sdaiINSTANCE, &conts);
        sdaiGetAttrBN (conts, "instances", sdaiAGGR, &insts);

        long numOfInsts = sdaiGetMemberCount (insts);
/* Iterator 를 이용하여 인스턴스 객체 집합에서 인스턴스 읽기 : 집합(Aggregation)객체에 저장된 정보는 집합객체로부터 iterator를 생성하고, 생성된 iterator를 이용해 집합객체에 포함된 인스턴스 정보를 순차적으로 읽어 온다. 순차적으로 읽혀진 SdaiInstance 정보는 sdaiGetInstanceType 메소드를 통해서 특정한 엔티티로 변환된다. 변환된 엔티티의 속성정보에 접근해서 참조하는 엔티티를 파악할 수 있다 */
        // ******* prepare an iterator
        iter = sdaiCreateIterator (insts);
        sdaiBeginning (iter);
        while (sdaiNext (iter))
        {
                sdaiGetAggrByIterator (iter, sdaiINSTANCE, &inst);
                SdaiString eName = sdaiNULL;
                SdaiEntity attrEnt = sdaiGetInstanceType (inst);
                sdaiGetAttrBN (attrEnt, "name", sdaiSTRING, &eName);
                CString string(eName);
                if(string == "line")
                        line = inst;
                if(string == "circle")
                        circle = inst;
                }
/* sdaiGetAttrBN() 메소드를 이용하여 인스턴스의 속성 정보 읽기 : SdaiInstance에 저장된 인스턴스 정보는 sdaiGetAttrBN 메소드를 통해서 그 속성 정보를 읽는다. sdaiGetAttrBN 메소드는 입력 파라미터로 SdaiInstance, 속성이름, 속성타입을 사용한다. 다음은 example_instance.stp 파일에 정의된 line 객체의 시작점 좌표를 읽는 사례를 보여준다.*/
        sdaiGetAttrBN (line, "start_point", sdaiINSTANCE, &start_point);
        sdaiGetAttrBN (start_point, "x", sdaiREAL, &start_x);
```

```
        sdaiGetAttrBN (start_point, "y", sdaiREAL, &start_y);

        sdaiGetAttrBN (line, "end_point",  sdaiINSTANCE, &end_point);
        sdaiGetAttrBN (end_point, "x", sdaiREAL, &end_x);
        sdaiGetAttrBN (end_point, "y", sdaiREAL, &end_y);

        sdaiGetAttrBN (circle, "center_point",  sdaiINSTANCE, &center_point);
        sdaiGetAttrBN (circle, "radius", sdaiREAL, &radius);
        sdaiGetAttrBN (center_point, "x", sdaiREAL, &center_x);
        sdaiGetAttrBN (center_point, "y", sdaiREAL, &center_y);

        CClientDC DC(this);
        CPen penBlack(PS_DOT, 2, RGB(0,0,0));
        DC.SelectObject(&penBlack);
        CString linedata;
        linedata.Format("Start x = %f, Start y = %f, End x = %f, End y = %f",
                (float)start_x, (float)start_y,(float)end_x, (float)end_y);
        CString circledata;
        circledata.Format("center x = %f, center y = %f , radius = %f",
                (float)center_x, (float)center_y, (float)radius);
        DC.TextOut(10,10, linedata);
        DC.TextOut(10,30, circledata );
        DC.MoveTo((int)start_x,(int)start_y);
        DC.LineTo((int)end_x,(int)end_y);

        DC.AngleArc((int)center_x, (int)center_y, (int)radius, 360, 360);
}
```

다음 그림 9-19는 코드를 실행한 결과 화면을 보여준다.

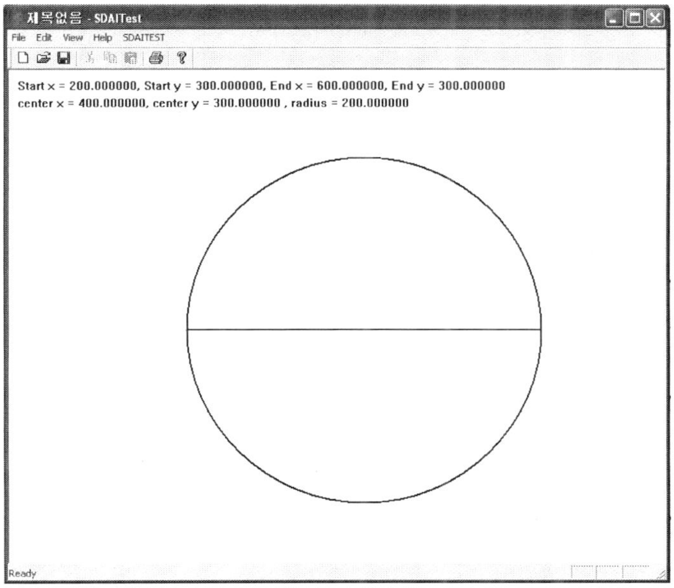

그림 9-19. example_instance.stp 파일의 가시화

9.3.2.3 사례 3 : Instance file update

다음은 example_instance.stp 파일을 하드디스크로부터 읽어오고 circle 인스턴스의 반경 정보를 수정하는 사례를 보여준다. 메쏘드 sdaiGetEntityExtentBN()는 특정 인스턴스의 데이터타입 이름을 이용하여 SDAI 모델 내에서 사용자가 필요로 하는 모든 객체들을 추출한다. 개별 개체에 관한 정보는 iterator를 통하여 추출된다.

```
#include "sdai.h"

void CSDAITestView::OnUpdatestepfile()
{
        // TODO: Add your command handler code here
        SdaiSession mySession;
        SdaiRep myRepository;
        SdaiModel myModel;
        SdaiAppInstance circle;
        SdaiIterator iter;
        SdaiReal radius;

        /* start session */
        mySession = sdaiOpenSession();


        /* open repository */
        myRepository =      sdaiOpenRepositoryBN(mySession, "standard");

        /* open model for READWRITE*/

        myModel = sdaiAccessModelBN(myRepository, "example_instance", sdaiRW);

        /* example_instance 파일로부터 circle 엔티티로 표현된 모든 인스턴스를 읽어온다.*/
        /* Update circle radius */
        iter = sdaiCreateIterator(sdaiGetEntityExtentBN(myModel, "circle"));

        /* example_instance 파일로부터 읽어온 circle인스턴스의 개수만큼 반복문이 실행된다.*/
        sdaiBeginning(iter);
        while(sdaiNext(iter))
        {
                /* 추출된 모든 circle 데이터로부터 하나의 circle 인스턴스를 추출하고,
                반지름 값을 가져온다. 추출된 반지름 값에서 100을 빼고 그 값을 다시
                circle의 반지름 값에 할당한다.*/
                (void) sdaiGetAggrByIterator(iter, sdaiINSTANCE, &circle);
                (void) sdaiGetAttrBN(circle, "radius", sdaiREAL, &radius);
                sdaiPutAttrBN(circle, "radius", sdaiREAL, (radius-100.0));
        }

        /* commit transaction */
        sdaiSaveChanges (myModel);
        sdaiCloseRepository(myRepository);
        sdaiCloseSession(mySession);
}
```

이 코드를 실행하게 되면 아래의 STEP 파일에서 알 수 있듯이, #13에 해당하는

CIRCLE 인스턴스의 반경 정보가 200에서 100으로 변경된 것을 확인 할 수 있다.

표 9-5. 변경된 example_instance.stp

```
DATA;
#10=ASSEMBLY('assembly',3,(#11,#12));
#11=PART('line_part',1,#14,.CONTINUOUS.);
#12=PART('circle_part',2,#13,.DASHED.);
#13=CIRCLE(100.,#17);
#14=LINE(#15,#16);
#15=POINT(200.,300.);
#16=POINT(600.,300.);
#17=POINT(400.,300.);
ENDSEC;
END-ISO-10303-21;
```

다음 그림 9-20은 변경된 파일을 화면 상에서 출력한 결과를 보여준다. 원의 반경이 줄어들었음을 확인할 수 있다.

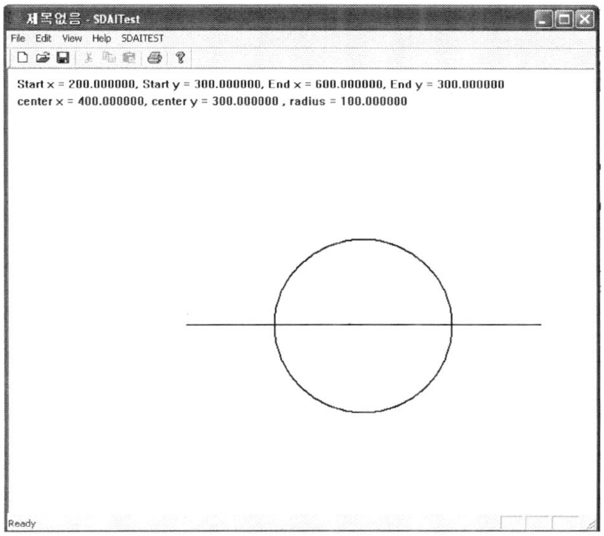

그림 9-20. 변경된 example_instance.stp 파일

9.3.2.4 사례 4 : IFC 스키마의 물리적 파일의 교환

다음은 실제 건설산업에서 데이터 호환 표준으로 사용되고 있는 IFC 모델을 이용하여 데이터를 교환하는 실제 사례를 보여준다. 이 책의 예제에서는 Autodesk 사의 Revit Building 프로그램에서 생성된 IFC 파일로부터 동적바인딩 방법으로 데이터를 읽고, 사용자에 의해 어떤 정보를 수정한 후 다시 IFC 파일로 저장하는 과정을 보여준다. 이런 과정을 통해서 생성된 IFC 파일은 다시 Revit Building 프로그램으로 읽혀져 데이터의 갱신 여부를 확인할 수 있도록 하였다. IFC 파일은 그림 9-3과 표 9-2를 참조한다.

사용자에 의한 수정을 위한 데이터로 본 예에서는 기둥과 보의 단면을 이용하였다. 다음은 단면 변경에 사용된 코드의 실례이다. IFC 데이터을 읽는 방법은 앞에서 기술한 방법과 동일한 절차를 거친다. 우선, sdaiAccessModelBN 메소드를 이용하여 STEP 파일을 읽어 오게 된다. sdaiAccessModelBN 메소드는 자동으로 STEP 파일의 header section 부분을 읽어들여 사용된 EXPRESS 스키마를 파악한다.

```
#include "sdai.h"

void CSDAITestView::OnUpdateifcfile()
{
        // TODO: Add your command handler code here
        SdaiSession mySession;
        SdaiRep myRepository;
        SdaiModel myModel;
        SdaiAppInstance profile;
        SdaiIterator iter;
        SdaiReal XDim;
        SdaiReal YDim;

        /* start session */
        mySession = sdaiOpenSession();

        /* open repository */
        myRepository =      sdaiOpenRepositoryBN(mySession, "standard");

        /* open model for READWRITE*/
        myModel = sdaiAccessModelBN(myRepository, "Simple_Frame.ifc", sdaiRW);
/* 기둥과 보의 단면은IFCRECTANGLEPROFILEDEF 엔터티에 저장된다. 앞에서의 example_instance.stp의
수정 예와 마찬가지로 sdaiGetEntityExtentBN 메소드를 이용하여 IFCRECTANGLEPROFILEDEF 인스턴스를
SDAI 모델로부터 찾아내고 단면의 가로 세로 길이를 나타내는 XDim 정보와 YDim 정보를 변경한다.*/
        /* Update point */
        iter          =          sdaiCreateIterator(sdaiGetEntityExtentBN(myModel,
"IFCRECTANGLEPROFILEDEF"));

        sdaiBeginning(iter);
        while(sdaiNext(iter))
        {
                (void) sdaiGetAggrByIterator(iter, sdaiINSTANCE, &profile);

                (void) sdaiGetAttrBN(profile, "XDim", sdaiREAL, &XDim);
                (void) sdaiGetAttrBN(profile, "YDim", sdaiREAL, &YDim);

                sdaiPutAttrBN(profile, "XDim", sdaiREAL, (XDim+5.0));
                sdaiPutAttrBN(profile, "YDim", sdaiREAL, (YDim-1.0));
        }

        /* commit transaction */
        sdaiSaveChanges (myModel);
        sdaiCloseRepository(myRepository);
        sdaiCloseSession(mySession);
}
```

다음 그림 9-21은 단면의 프로파일 정보를 변경한 후 IFC 뷰어를 통해서 본 모델의 모습이다. 기둥과 보의 단면이 바꾸었음을 알 수 있다.

그림 9-21. 단면이 변경된 IFC model

9.4 개발도구의 제공환경

EXPRESS와 EXPRESS-G언어를 사용하여 정보모델을 구축하거나 물리적 파일에 의한 자료교환 또는 공유 데이터베이스의 인터페이스에 의한 정보교환을 구현하려고 할 때 사용되는 개발도구들은 아래의 기본적인 기능들을 포함하는 통합환경을 제공한다.

▷ EXPRESS 편집기

EXPRESS 편집기는 정보모델을 개발하고 검증하기 위한 도구로 표준 개발자에 의해 사용된다. 이러한 편집기는 EXPRESS언어를 위한 템플릿을 제공하여 모델링작업을 용이하게 하며, 보통 구문해석기와 연계되어 있다. 이러한 모델링도구는 단축형식의 응용프로토콜내에 통합자원의 포함시켜 자기 스스로 완전한 정보모델인 전체형식의 모델을 생성한다.

▷ EXPRESS 구문해석기

구문해석기는 EXPRESS언어로 표현된 스키마를 가진 파일을 분석하여 구문이나 상호참조의 에러들을 발견하거나 인터페이스된 관계를 제시하거나, 기타 서류화를 위한 다양한 결과들을 제공한다. 이러한 구문해석기는 해당 공식명세의 적합성부류에 따라 공식명세의 구성이 합당한 지를 알아보기 위해 적합성 검증수준을 제시한다.

EXPRESS로 쓰여진 공식명세의 검토수준의 종류는 아래와 같다. 각 검토수준은 지정된 수준과 그 이하의 모든 수준들에 대해 제시된 모든 검토사항들이 검증되면 해당 적합성부류와 검토수준을 따른다고 말한다.

- 수준 1 - 참조 검토(reference checking) : 이 수준은 공식명세가 구문적이거나 참조적으로 유효한 지를 검토한다. 공식명세는 EXPRESS언어의 기본적인 구문 규칙을 만족하고 해당 적합성부류에서 허용된 항목들만을 포함하면 구문측면에서 유효하고, EXPRESS 항목들에 대한 모든 참조들이 EXPRESS언어의 범주와 가시성 규칙을 따를 때 참조측면에서 유효하다.
- 수준 2 - 형 검토(type checking) : 이 수준은 표현식, 배정문, 역속성선언, 그리고 속성재선언 등이 올바른지를 검토한다.
- 수준 3 - 값 검토(value checking) : 이 수준은 공식명세내의 문장들 중에서 리터럴 또는 상수로 정의된 평가가능한 문장들에 대해 그 조건들이 만족되는 지를 검토한다.
- 수준 4 - 완전 검토(complete checking) : 이 수준은 공식명세가 EXPRESS언어의 모든 요구사항들과 일치한다는 것을 보장하기 위한 검토수준이다.

  예] ISO/IEC 10303에서는 함수들이 호출될 때 프로세스가 취할 수 있는 가능한 모든 경로들에서 하나의 반환문을 선언하도록 요구하고 있다. 이러한 요구사항은 검토되어야 한다.

EXPRESS는 이러한 구문해석을 위한 응용프로그램에서 사용자에게 제시하여야 하는 에러 또는 경고 코드번호와 그 발생원인들을 다음과 제공하고 있다.

- Error1: Invalid character encountered at line < line_number >.
- Error2: Syntax error received < token > expected one of < tokens >.
- Error3: < id > not visible in current scope, cannot be referenced.
- Error4: Reference error, received < token > expected one of < tokens >.
- Error5: Right hand side of assignment not compatible with left.
- Error6: Attribute being referenced in inverse attribute is not explicit.
- Error7: Case label not compatible with case selector.
- Error8: Entity already present in Complex entity instance.
- Error9: Number of actual parameters for entity constructor does not match number of explicit attributes.
- Error10: Actual parameter at position < i > in entity constructor not compatible with attribute.
- Error11: Circular sub/supertype relationship in < entity >
- Error12: Right operand for < op > is invalid [should be < type >].
- Error13: Left operand for < op > is invalid [should be < type >].
- Error14: Operands for < op > are incompatible.
- Error15: Circular definition for defined type < type >.
- Error16: Attribute declaration invalid, < id > visible from a supertype.

- Error17: Number of actual parameters does not match number of formal parameters.
- Error18: Actual parameter at position < i > not compatible with formal.
- Error19: Interval elements are incompatible.
- Error20: Type_label < label > not declared in a formal parameter.
- Error21: < id > multiply defined in current scope.
- Error22: Functions must contain a Return statement in each possible process path.
- Error23: Return statements in functions must contain expressions.
- Error24: Return value not compatible with function return type.
- Error25: Operator symbol invalid.
- Error26: Invalid parameter name for user defined operator.
- Error27: Operator declaration is not distinguishable.
- Error28: Operator precedence must be between 1 and 5.
- Error29: Operator with same symbol must have same precedence.
- Error30: Object cannot be < attribute | component | group | state > qualified.
- Error31: Attribute redeclaration invalid.
- Error32: Where rule must contain either a SELF or attribute reference.
- Error33: Where rule must contain a SELF reference.
- Error34: Expression must return an Aggregation datatype.
- Error35: Expression must return an INTEGER datatype.
- Error36: Expression must return a LOGICAL datatype.
- Error37: Expression must return a REAL datatype.
- Error38: Type label required in this context.
- Error39: Operand(s) incompatible with operator < op >.
- Error40: It is not possible to determine which operand should be used, typemarks must be used to disambiguate the expression.
- Error41: Remark tag not found.
- Error42: Invalid index type specified.
- Error43: Size of index value space less than hibound.
- Error44: This complex entity datatype does not have the specified attribute.
- Error45: This complex entity datatype cannot not have the specified entity datatype.
- Error46: State qualified objects may not be assigned to.

- Warning1: < entity > is a non-instantiable abstract supertype in schema < schema >.
- Warning2: Identifier < simple_id > has been declared which shadows a built in identifier.
- Warning3: Not all select items elements of operand(s) are compatible with operator < op >.
- Warning4: Unable to insert, insertion into this table would exceed its bound spec.

또한 EXPRESS는 정보모델에 따른 응용프로그램의 실행도중에 사용자에게 제시하여야 하는 에러코드번호와 그 발생원인들을 다음과 제공하고 있다.

- Error1: This entity datatype instance does not have the specified attribute.
- Error2: Precondition < action > < precondition_id > failed.
- Error3: Postcondition < action > < postcondition_id > failed.
- Error4: < operator > could not be resolved.
- Error5: This complex entity data instance does not have the specified attribute.
- Error6: Cannot attribute qualify an indeterminate (?) value.
- Error7: Cannot group qualify an indeterminate (?) value.
- Error8: indeterminate (?) parameter passed to a built-in action.
- Error9: indeterminate (?) parameter passed to a built-in procedure.
- Error10: Invalid index specified.
- Error11: Invalid list index value specified.
- Error12: Exception < exception > was raised from < action >.
- Error13: The instance may not be made persistent as it violates one or more of the constraints for this type.

▷ EXPRESS 컴파일러

EXPRESS 컴파일러는 EXPRESS모델을 프로그래밍 언어로 자동으로 전환해주는 역할을 한다. 즉, 이러한 컴파일러는 EXPRESS모델로부터 선택한 프로그래밍 언어의 데이터 구조를 정의하고 그에 따른 데이터의 입,출력 및 관리를 위한 함수를 생성하거나, 선택한 데이터베이스에 맞는 데이터정의 언어와 데이터조작 언어를 정의하거나, 또는 SDAI(Standard Data Access Interface)와 함께 사용할 함수를 생성한다.

▷ EXPRESS-G 편집도구

EXPRESS-G 도구는 도식적 입력에 의한 모델의 작성과 수정을 가능하게 하거나 EXPRESS로 쓰여진 어휘언어를 읽어 도식화하여 수정하고 다시 어휘언어로 기술하는 기능을 제공한다. 이러한 편집기로 배치를 수정하는 경우에는 페이지 분리나 연결 기능을 지원한다. 이러한 EXPRESS-G 편집기는 그 구현에 관련한 공식적인 제약조건들에 일치하게 EXPRESS-G로 된 공식명세를 생성하거나 도식화할 수 있어야 한다. 또한 해당 스키마에 대해 ISO/IEC 10303-21에 따른 정보를 읽거나 생성하고 수정된 정보를 내보낼 수도 있어야 한다.

EXPRESS-G로 쓰여진 공식명세의 검토수준의 종류는 아래와 같다. 이러한 EXPRESS-G 편집도구는 해당 공식명세의 적합성부류에 대해 지정된 수준과 그 이하의 모든 수준들의 요구사항들에 따라 공식명세를 만들고 도식화할 수 있을 때, 해당 적합성부류와 검토수준을 따른다고 말한다.

- 수준 1 - 기호와 범주 검토(symbols and scope checking) : 이 수준은 공식명세가 엔티티수준이나 스키마수준 명세에 일치하는 지를 검토한다. 즉, 공식명세가 해당 적합성부류에서 허용된 기호들만을 사용하는 지, 또는 페이지 참조와 재선언 속성들이 올바르게 표현되었는 지를 검토한다.
- 수준 2 - 완전 검토(complete checking) : 이 수준은 엔티티수준 또는 스키마수준의 전체 명세나 EXPRESS 스키마의 요구사항들에 따르지 않는 것들을 밝히기 위해 공식명세를 검토한다.

10. 부록 I : EXPRESS의 구문

이 부록은 EXPRESS의 토큰들과 토큰들이 따라야 하는 문법규칙들을 정의한다. EXPRESS의 토큰들은 글자, 예약어, 문자부류, 어휘요소, 주석, 그리고 해석된 식별자 등으로 구성된다.

문법규칙은 Wirth 구문표기법(Wirth Syntax Notation)에 따라 아래와 같이 제시된다. 각 구문의 좌측에는 해당 구문을 구별하기 위한 고유번호를 가진다.

```
syntax = { production } .
production = identifier '=' expression '.' .
expression = term { '|' term } .
term = factor { factor } .
factor = identifier | literal | group | option | repetition .
identifier = character { character } .
literal = '''' character { character } '''' .
group = '(' expression ')'.
option = '[' expression ']' .
repetition = '{' expression '}' .
```

- *production*은 하나의 구문을 나타내며, 등호의 좌측요소 *identifier*가 우측요소 *expression*으로 구성되는 것을 의미한다. 각 구문은 마침표(.)에 의해 끝난다. 구문을 구성하는 항목들 사이에 나타나는 빈칸들은 *literal*내부인 경우를 제외하고는 아무런 의미가 없다.
- *identifier*는 비종단기호로 구문의 좌측에서 정의되어, 다른 구문의 *factor*로 사용된다.
- *literal*은 더 이상 전개될 수 없는 종단기호로, 단일 인용기호(')안에 EXPRESS 문자집합의 문자들로 구성된다. 인용기호를 *literal*내부에 표현하기 위해서는 인용기호를 두번 사용하여 '''' 형태로 표시하여야 한다.
- *group*((), 소괄호)은 그 안의 항목들을 하나의 항목으로 묶어준다.
- *option*([], 대괄호)은 선택적인 항목으로 생략될 수 있음을 의미한다.
- *repetition*({}, 중괄호)은 해당 항목이 0번 이상 반복되는 것을 나타낸다.
- 수직바(|)는 열거항목들 중 한 항목을 고르는 것을 의미한다.

10.1 토큰

10.1.1 글자

구문을 기술하기 위하여 사용될 수 있는 글자들은 아래와 같으며, 글자들은 대, 소문자의 구분이 없다. 그러나 이 절에서 글자의 리터럴들은 대, 소문자를 구분한다.

```
0 a = 'a' | 'A' .
1 b = 'b' | 'B' .
2 c = 'c' | 'C' .
3 d = 'd' | 'D' .
4 e = 'e' | 'E' .
5 f = 'f' | 'F' .
6 g = 'g' | 'G' .
7 h = 'h' | 'H' .
8 i = 'i' | 'I' .
9 j = 'j' | 'J' .
10 k = 'k' | 'K' .
11 l = 'l' | 'L' .
12 m = 'm' | 'M' .
13 n = 'n' | 'N' .
14 o = 'o' | 'O' .
15 p = 'p' | 'P' .
16 q = 'q' | 'Q' .
17 r = 'r' | 'R' .
18 s = 's' | 'S' .
19 t = 't' | 'T' .
20 u = 'u' | 'U' .
21 v = 'v' | 'V' .
22 w = 'w' | 'W' .
23 x = 'x' | 'X' .
24 y = 'y' | 'Y' .
25 z = 'z' | 'Z' .
```

10.1.2 예약어

EXPRESS의 예약어들은 다음과 같으며, 구문표기법에 따라 대문자로 표현된다.

```
26 ABSTRACT = a b s t r a c t .
27 ACTION = a c t i o n .
28 AGGREGATE = a g g r e g a t e .
29 ALIAS = a l i a s .
30 AND = a n d .
31 ANDOR = a n d o r .
32 ARRAY = a r r a y .
33 AS = a s .
34 BAG = b a g .
35 BASED_ON = b a s e d '_' o n .
36 BEGIN = b e g i n .
37 BEHAVIOUR = b e h a v i o u r .
38 BINARY = b i n a r y .
39 BOOLEAN = b o o l e a n .
40 BY = b y .
```

```
41 CASE = c a s e .
42 COMPLEX = c o m p l e x .
43 CONNOTATIONAL = c o n n o t a t i o n a l .
44 CONSTANT = c o n s t a n t .
45 DERIVE = d e r i v e .
46 ELSE = e l s e .
47 END = e n d .
48 END_ACTION = e n d '_' a c t i o n .
49 END_ALIAS = e n d '_' a l i a s .
50 END_BEHAVIOUR = e n d '_' b e h a v i o u r .
51 END_CASE = e n d '_' c a s e .
52 END_CONSTANT = e n d '_' c o n s t a n t .
53 END_ENTITY = e n d '_' e n t i t y .
54 END_EVENT = e n d '_' e v e n t .
55 END_FUNCTION = e n d '_' f u n c t i o n .
56 END_IF = e n d '_' i f .
57 END_LOCAL = e n d '_' l o c a l .
58 END_PROCEDURE = e n d '_' p r o c e d u r e .
59 END_REPEAT = e n d '_' r e p e a t .
60 END_RULE = e n d '_' r u l e .
61 END_SCHEMA = e n d '_' s c h e m a .
62 END_SUBTYPE_CONSTRAINT = e n d '_' s u b t y p e '_' c o n s t r a i n t .
63 END_TYPE = e n d '_' t y p e .
64 ENTITY = e n t i t y .
65 ENUMERATION = e n u m e r a t i o n .
66 ESCAPE = e s c a p e .
67 EVENT = e v e n t .
68 EXCEPTION = e x c e p t i o n .
69 EXCEPTIONS = e x c e p t i o n s .
70 EXECUTE = e x e c u t e .
71 EXPRESSION = e x p r e s s i o n .
72 EXTENSIBLE = e x t e n s i b l e .
73 EXTERNAL = e x t e r n a l .
74 FALSE = f a l s e .
75 FOR = f o r .
76 FOREACH = f o r e a c h .
77 FROM = f r o m .
78 FUNCTION = f u n c t i o n .
79 GENERIC = g e n e r i c .
80 GENERIC_ENTITY = g e n e r i c '_' e n t i t y.
81 IF = i f .
82 IN = i n .
83 INDEXED = i n d e x e d .
84 INTEGER = i n t e g e r .
85 INVERSE = i n v e r s e .
86 IS = i s .
87 LIST = l i s t .
88 LOCAL = l o c a l .
89 LOGICAL = l o g i c a l .
90 OF = o f .
91 ON = o n .
92 ONEOF = o n e o f .
93 OPTIONAL = o p t i o n a l .
94 OTHERWISE = o t h e r w i s e .
95 POST = p o s t .
96 POST_CONDITION = p o s t '_' c o n d i t i o n .
```

```
97 PRE = p r e .
98 PRE_CONDITION = p r e '_' c o n d i t i o n .
99 PROCEDURE = p r o c e d u r e .
100 QUERY = q u e r y .
101 RAISE = r a i s e .
102 REACTION = r e a c t i o n .
103 REAL = r e a l .
104 REFERENCE = r e f e r e n c e .
105 RENAMED = r e n a m e d .
106 REPEAT = r e p e a t .
107 RETURN = r e t u r n .
108 ROLE_NAME = r o l e '_' n a m e .
109 RULE = r u l e .
110 SCHEMA = s c h e m a .
111 SELECT = s e l e c t .
112 SELF = s e l f .
113 SIGNAL = s i g n a l .
114 SKIP = s k i p .
115 SPECIALIZATION = s p e c i a l i z a t i o n .
116 STRING = s t r i n g .
117 SUBTYPE = s u b t y p e .
118 SUBTYPE_CONSTRAINT = s u b t y p e '_' c o n s t r a i n t .
119 SUPERTYPE = s u p e r t y p e .
120 SYNCHRONISE = s y n c h r o n i s e .
121 TABLE = t a b l e .
122 THEN = t h e n .
123 TO = t o .
124 TOTAL_OVER = t o t a l '_' o v e r .
125 TRUE = t r u e .
126 TYPE = t y p e .
127 TYPE_NAME = t y p e '_' n a m e .
128 UNIQUE = u n i q u e .
129 UNKNOWN = u n k n o w n .
130 UNTIL = u n t i l .
131 USE = u s e .
132 VAR = v a r .
133 WAIT = w a i t .
134 WHEN = w h e n .
135 WHERE = w h e r e .
136 WHILE = w h i l e .
137 WITH = w i t h .
```

10.1.3 문자부류

다음 규칙들은 EXPRESS의 토큰들을 구성하는 데 사용될 여러 문자부류들을 정의한다.

```
138 digit = '0' | '1' | '2' | '3' | '4' | '5' | '6' | '7' | '8' | '9' .
139 digits = digit { digit } .
140 letter = a | b | c | d | e | f | g | h | i | j | k | l | m | n | o | p | q | r | s | t |
    u | v | w | x | y | z .
141 not_letter_or_others = \a ( [ \x \x D ] ' ' '!' '%' [ '''' ')' ] ',' '.' ':' ';' [
    '?' '^' ] [ 'a' '}' ] ) .
142 not_lparen_star = \a ( '(' '*' ) .
143 not_paren_star = \a ( '(' ')' '*' ) .
144 not_quote = \a ( '''' ) .
145 not_rparen_star = \a ( ')' '*' ) .
```

```
146 symbol_character = \a ( [ \x \x D ] ' ' '!' '%' [ '''' ']' ] ',' '.' ':' ';' '?' '@' [
    '[' '^' ] [ '{' '}' ] ] .
```

10.1.4 어휘요소

다음 규칙들은 문자들의 조합들이 언어내의 어휘요소들로 어떻게 해석되는 가를 기술한다.

```
147 imaginary_literal = digits [ '.' digits ] i .
148 integer_literal = digits .
149 real_literal = integer_literal | ( digits '.' [ digits ] [ e [ sign ] digits ] ) .
150 sign = '+' | '-' .
151 simple_id = letter { letter | digit | '_' } .
152 string_literal = '''' { ( '''' '''' ) | not_quote } '''' .
```

10.1.5 주석

다음 규칙들은 EXPRESS내 주석의 구문을 기술한다.

```
153 embedded_remark = '(*' [ remark_tag ] { embedded_text | embedded_remark } '*)' .
154 embedded_text = not_paren_star | lparen_then_not_lparen_star | not_rparen_star_
    then_rparen | '*' .
155 lparen_then_not_lparen_star = '(' ( lparen_then_not_lparen_star | not_lparen_star )
    .
156 not_rparen_star_then_rparen = ( not_rparen_star | not_rparen_star_then_rparen ) ')'
    .
157 remark = embedded_remark | tail_remark .
158 remark_tag = ' " ' remark_ref ' " ' .
159 remark_ref = simple_remark_ref [ '.' simple_remark_ref ] .
160 simple_remark_ref = attribute_ref | constant_ref | entity_ref | enumeration_ref |
    event_ref | exception_ref | function_ref | parameter_ref | procedure_ref |
    rule_label_ref | rule_ref | schema_ref | type_label_ref | type_ref | variable_ref .
161 tail_remark = '--' [ remark_tag ] { \a } \n .
```

10.1.6 식별자 참조

다음 규칙들은 이미 선언된 식별자들과 내장자료형들에 대한 자료형이름들을 참조하기 위한 토큰들을 기술한다.

```
162 action_ref = action_id .
163 attribute_ref = attribute_id .
164 behaviour_ref = behaviour_id .
165 constant_ref = constant_id .
166 entity_ref = entity_id .
167 enumeration_ref = enumeration_id .
168 event_ref = event_id .
169 exception_ref = exception_id .
170 function_ref = function_id .
171 operator_symbol_ref = operator_symbol_id .
172 parameter_ref = parameter_id .
173 procedure_ref = procedure_id .
174 rule_ref = rule_id .
175 rule_label_ref = rule_label_id .
176 schema_ref = schema_id .
```

```
177 trigger_label_ref = trigger_label_id .
178 type_label_ref = type_label_id .
179 type_ref = type_id .
180 variable_ref = variable_id .
181 array_typename = '_' a r r a y '_' o f '_' typename .
182 bag_typename = '_' b a g '_' o f '_' typename .
183 binary_typename = '_' b i n a r y .
184 boolean_typename = '_' b o o l e a n .
185 complex_typename = '_' c o m p l e x .
186 expression_typename = '_' e x p r e s s i o n .
187 integer_typename = '_' i n t e g e r .
188 list_typename = '_' l i s t '_' o f '_' typename .
189 logical_typename = '_' l o g i c a l .
190 real_typename = '_' r e a l .
191 role_name_typename = '_' r o l e '_' n a m e .
192 string_typename = '_' s t r i n g .
193 table_typename = '_' t a b l e '_' o f '_' typename .
194 type_name_typename = '_' t y p e '_' n a m e .
```

10.2 문법규칙

다음 규칙들은 토큰들이 EXPRESS의 구성체로 어떻게 조합될 수 있는 지를 기술한다. EXPRESS의 공식명세를 시작하는 가장 기본적인 구문규칙은 *syntax*(419)이다.

10.2.1 형검사 표현식

형검사 표현식은 일반적인 문법규칙에서 사용되는 표현식의 평가로부터 예상되는 반환자료형을 정의한다.

```
195 aggregate_expression = simple_expression .
196 integer_expression = simple_expression .
197 logical_expression = expression .
198 real_expression = simple_expression .
```

10.2.2 일반적인 문법규칙

```
199 abstract_supertype = ABSTRACT SUPERTYPE ';' .
200 action_body = pre_post_conditions [ exceptions ] mechanism [ exception_handler ] .
201 action_decl = action_head action_body END_ACTION ';' .
202 action_head = ACTION action_id [ '(' [ VAR ] formal_parameter { ';' [ VAR ]
   formal_parameter } ')' ] [ FOR behaviour_ref ] ';' .
203 action_id = simple_id .
204 action_or_wait = action_trigger | wait_stmt .
205 action_trigger = action_ref [ actual_parameter_list ] [ ':' trigger_label_id ] ';' .
206 actual_parameter_list = '(' parameter { ',' parameter } ')' .
207 aggregate_control = FOREACH variable_id IN aggregate_source .
208 aggregate_initializer = type_mark '[' [ element { ',' element } ] ']' .
209 aggregate_source = aggregate_expression .
```

```
210 aggregate_type = AGGREGATE [ ':' type_label ] OF parameter_type .
211 aggregation_type = array_type | bag_type | list_type | table_type .
212 algorithm = algorithm_head stmt { stmt } .
213 algorithm_head = { decl } [ constant_decl ] [ local_decl ] .
214 alias_stmt = ALIAS variable_id FOR general_ref { qualifier } ';' stmt { stmt } END_ALIAS ';' .
215 aliased_type_decl = IS underlying_type ';' .
216 array_type = ARRAY [ index_spec ] OF [ OPTIONAL ] [ UNIQUE ] base_type .
217 assignment_stmt = general_ref { qualifier } ':=' expression ';' .
218 attribute_decl = attribute_id | redeclared_attribute .
219 attribute_id = simple_id .
220 attribute_qualifier = '.' attribute_ref .
221 attribute_type_label = ':>' type_label_id .
222 bag_type = BAG [ bound_spec ] OF [ UNIQUE ] base_type .
223 base_type = concrete_type | generalized_type .
224 behaviour_decl = behaviour_head behaviour_body END_BEHAVIOUR ';' .
225 behaviour_head = BEHAVIOUR behaviour_id FOR entity_ref ';' .
226 behaviour_id = simple_id .
227 behaviour_body = event_spec { event_spec } [ reaction_clause ] .
228 binary_type = BINARY .
229 boolean_type = BOOLEAN .
230 bound_1 = integer_expression .
231 bound_2 = integer_expression .
232 bound_spec = '[' bound_1 ':' bound_2 ']' .
233 built_in_typename = array_typename | bag_typename | binary_typename | boolean_typename | complex_typename | expression_typename | integer_typename | list_typename | logical_typename | real_typename | role_name_typename | string_typename | table_typenname | type_name_typename .
234 case_branch = case_label { ',' case_label } ':' stmt .
235 case_label = expression .
236 case_stmt = CASE selector OF { case_branch } [ OTHERWISE ':' stmt ] END_CASE ';' .
237 complex_type = COMPLEX [ precision ] .
238 compound_stmt = BEGIN stmt { stmt } END ';' .
239 concrete_type = aggregation_type | simple_type | named_type .
240 condition = [ condition_id ':' ] logical_expression ';' .
241 condition_id = simple_id .
242 constant_body = constant_id ':' concrete_type ':=' expression ';' .
243 constant_decl = CONSTANT constant_body { constant_body } END_CONSTANT ';' .
244 constant_id = simple_id .
245 constrained_type_decl = IS SUBTYPE OF specialisable_type ';' where_clause .
246 constructed_type = enumeration_type | select_type .
247 decl = entity_decl | function_decl | procedure_decl | type_decl .
248 declaration = action_decl | behaviour_decl | decl | event_decl | rule_decl | subtype_constraint_decl .
249 derived_attr = attribute_decl ':' base_type ':=' expression ';' .
250 derive_clause = DERIVE derived_attr { derived_attr } .
251 domain_rule = [ rule_label_id ':' ] logical_expression .
252 dynamic_stmt = action_trigger | execute_stmt | local_signal | raise_stmt | signal_stmt | synchronise_stmt | wait_stmt .
253 element = expression ( [ ':' repetition ] | [ '@' index_position ] ) .
254 element_qualifier = '[' index ']' .
255 end_value = real_expression .
256 entity_body = { explicit_attr } [ derive_clause ] [ inverse_clause ] [ unique_clause ] [ where_clause ] .
257 entity_constructor = entity_ref '(' [ expression { ',' expression } ] ')' .
258 entity_decl = entity_head entity_body END_ENTITY ';' .
```

```
259 entity_head = ENTITY entity_id [ ABSTRACT ] [ subtype_declaration ] ';' .
260 entity_id = simple_id .
261 entity_type_label = ':' type_label_id .
262 enumeration_id = simple_id .
263 enumeration_extension = BASED_ON type_ref WITH enumeration_items .
264 enumeration_items = '(' enumeration_id { ',' enumeration_id } ')' .
265 enumeration_type = extensible_enumeration_type | fixed_enumeration_type .
266 escape_stmt = ESCAPE ';' .
267 event_decl = event_head END_EVENT ';' .
268 event_head = EVENT event_id [ formal_parameter_list ] [ EXTERNAL ] ';' .
269 event_id = simple_id .
270 event_spec = event_id ( local_trigger | external_interface ) ';' .
271 exception_handler = EXCEPTION exception_handle { exception_handle } .
272 exception_handle = WHEN exception_reference { ',' exception_reference } '=>' stmt .
273 exception_reference = [ ( action_ref | trigger_label_ref ) '.' ] exception_ref .
274 exception_id = simple_id .
275 exceptions = EXCEPTIONS exception_id { ',' exception_id } ';' .
276 execute_stmt = EXECUTE '(' execution_list ')' ';' .
277 execution_list = independent_stmt { ';' independent_stmt } .
278 explicit_attr = attribute_decl { ',' attribute_decl } ':' [ OPTIONAL ] ( base_type |
   expression_type ) ';' .
279 exponent = integer_expression .
280 expression_type = EXPRESSION '(' concrete_type ')' .
281 expression = simple_expression [ operator_5_ref simple_expression ] .
282 extensible_enumeration_type = EXTENSIBLE ENUMERATION [ ( ( OF enumeration_items ) |
   enumeration_extension ) ] .
283 extensible_select_type = EXTENSIBLE [ GENERIC_ENTITY ] SELECT [ ( select_items |
   select_extension ) ] .
284 external_interface = [ formal_parameter_list ] .
285 factor = simple_factor [ operator_2_ref simple_factor ] .
286 fixed_enumeration_type = ENUMERATION ( ( OF enumeration_items ) |
   enumeration_extension ) .
287 fixed_select_type = [ GENERIC_ENTITY ] SELECT ( select_items | select_extension ) .
288 formal_parameter = parameter_id { ',' parameter_id } ':' parameter_type .
289 formal_parameter_list = '(' formal_parameter { ';' formal_parameter } ')' .
290 function_call = function_ref [ actual_parameter_list ] .
291 function_decl = function_head [ pre_conditions ] mechanism END_FUNCTION ';' .
292 function_head = FUNCTION function_id [ [ operator_decl ] formal_ parameter_list ]
   ':' parameter_type ';' .
293 function_id = simple_id .
294 generalized_type = aggregate_type | generalized_aggregation_type | generic_
   entity_type | generic_type .
295 generalized_aggregation_type = generalized_array_type | generalized_bag_type |
   generalized_list_type | generalized_table_type .
296 generalized_array_type = ARRAY [ bound_spec ] OF [ OPTIONAL ] [ UNIQUE ]
   parameter_type .
297 generalized_bag_type = BAG [ bound_spec ] OF [ UNIQUE ] parameter_type .
298 generalized_list_type = LIST [ bound_spec ] OF [ UNIQUE ] parameter_type .
299 generalized_table_type = TABLE [ bound_spec ] OF [ OPTIONAL ] [ UNIQUE ]
   parameter_type INDEXED BY ( generic_entity_type | named_type | simple_type ) .
300 general_ref = parameter_ref | variable_ref .
301 generic_entity_type = GENERIC_ENTITY [ ':' type_label ] .
302 generic_type = GENERIC [ ':' type_label ] .
303 group_qualifier = '\' entity_ref .
304 if_stmt = IF logical_expression THEN stmt { stmt } [ ELSE stmt { stmt } ] END_IF ';'
   .
```

```
305 increment = real_expression .
306 increment_control = variable_id ':=' start_value TO end_value [ BY increment ] .
307 independent_stmt = action_or_wait | stmt_sequence .
308 indeterminate = '?' .
309 index = expression .
310 index_1 = index .
311 index_2 = index .
312 index_position = expression .
313 index_spec = '[' index_1 ':' index_2 ']' .
314 index_qualifier = element_qualifier | range_qualifier .
315 index_type = named_type | simple_type .
316 integer_type = INTEGER .
317 interface_specification = reference_clause | use_clause .
318 interval = '{' interval_low interval_op interval_item interval_op interval_high '}'
    .
319 interval_high = simple_expression .
320 interval_item = simple_expression .
321 interval_low = simple_expression .
322 interval_op = operator_5_ref .
323 inverse_attr = attribute_decl ':' [ BAG [ bound_spec ] OF [ UNIQUE ] ] entity_ref
    FOR attribute_ref ';' .
324 inverse_clause = INVERSE inverse_attr { inverse_attr } .
325 language_version_id = '{ iso standard 10303 part (11) version (2) }' .
326 list_type = LIST [ bound_spec ] OF [ UNIQUE ] concrete_type .
327 literal = imaginary_literal | integer_literal | logical_literal | real_literal |
    string_ literal | indeterminate .
328 local_decl = LOCAL local_variable { local_variable } END_LOCAL ';' .
329 local_signal = local_signal_target '!' event_ref [ actual_parameter_list ] ';' .
330 local_signal_target = ( attribute_ref | parameter_ref | variable_ref ) { attribute_
    qualifier | group_qualifier } .
331 local_trigger = ':' WHEN logical_expression .
332 local_variable = variable_id { ',' variable_id } ':' parameter_type [ ':='
    expression ] ';' .
333 logical_literal = FALSE | TRUE | UNKNOWN .
334 logical_type = LOGICAL .
335 mechanism = algorithm | EXTERNAL ';' .
336 named_type = entity_ref | type_ref .
337 null_stmt = ';' .
338 one_of = ONEOF '(' subtype_expression { ',' subtype_expression } ')' .
339 operator_decl = operator_symbol_id '^' digit .
340 operator_symbol_id = simple_id | symbol_character_sequence .
341 operator_1_ref = operator_symbol_ref .
342 operator_2_ref = operator_symbol_ref .
343 operator_3_ref = operator_symbol_ref .
344 operator_4_ref = operator_symbol_ref .
345 operator_5_ref = operator_symbol_ref .
346 parameter = expression .
347 parameter_id = simple_id .
348 parameter_type = generalized_type | named_type | schema_info_type | simple_ type .
349 population = entity_ref .
350 post_conditions = POST_CONDITION condition { condition } .
351 pre_conditions = PRE_CONDITION condition { condition } .
352 pre_post_conditions = [ pre_conditions ] [ post_conditions ] .
353 precision = '(' radix ',' exponent ')' .
354 primary = enumeration_ref | literal | ( qualifiable_factor { qualifier } ) |
    rolename | typename .
```

```
355 primary_resource = entity_ref | event_ref | type_ref .
356 primary_resource_or_rename = primary_resource [ AS ( entity_id | event_id | type_id ) ] .
357 procedure_call_stmt = procedure_ref [ actual_parameter_list ] ';' .
358 procedure_decl = procedure_head pre_post_conditions mechanism END_PROCEDURE ';' .
359 procedure_head = PROCEDURE procedure_id [ '(' [ VAR ] formal_parameter { ';' [ VAR ] formal_parameter } ')' ] ';' .
360 procedure_id = simple_id .
361 qualified_attribute = SELF group_qualifier attribute_qualifier .
362 qualifiable_factor = attribute_ref | constant_ref | function_call | general_ref | population .
363 qualifier = attribute_qualifier | group_qualifier | index_qualifier | state_qualifier .
364 query_expression = QUERY '(' variable_id '<*' aggregate_source '|' logical_expression ')' .
365 radix = integer_expression .
366 raise_stmt = RAISE exception_ref ';' .
367 range_qualifier = '[' index_1 ':' index_2 ']' .
368 reaction_clause = REACTION reaction_def { reaction_def } .
369 reaction_def = ON event_ref '=>' pre_post_conditions [ action_trigger ] [ exception_handler ] .
370 real_type = REAL [ precision ] .
371 redeclared_attribute = qualified_attribute [ RENAMED attribute_id ] .
372 referenced_attribute = attribute_ref | qualified_attribute .
373 reference_clause = REFERENCE FROM schema_ref [ schema_version_ref ] [ '(' resource_or_rename { ',' resource_or_rename } ')' ] ';' .
374 rename_id = action_id | constant_id | entity_id | event_id | function_id | procedure_id | type_id .
375 repeat_control = [ aggregate_control | increment_control ] [ while_control ] [ until_control ] .
376 repeat_stmt = REPEAT repeat_control ';' stmt { stmt } END_REPEAT ';' .
377 repetition = integer_expression .
378 resource_or_rename = resource_ref [ AS rename_id ] .
379 resource_ref = action_ref | constant_ref | entity_ref | event_ref | function_ref | procedure_ref | type_ref .
380 return_stmt = RETURN [ '(' expression ')' ] ';' .
381 rolename = ( entity_ref | indeterminate ) '.' ( attribute_ref | indeterminate ) .
382 role_name_type = ROLE_NAME [ entity_type_label ] [ attribute_type_label ] .
383 rule_decl = rule_head algorithm_head { stmt } where_clause END_RULE ';' .
384 rule_head = RULE rule_id FOR '(' entity_ref { ',' entity_ref } ')' ';' .
385 rule_id = simple_id .
386 rule_label_id = simple_id .
387 schema_body = { interface_specification } [ constant_decl ] { declaration } .
388 schema_decl = SCHEMA schema_id [ schema_version_id ] ';' schema_body END_SCHEMA ';' .
389 schema_id = simple_id .
390 schema_info_type = role_name_type | type_name_type .
391 schema_version_id = string_literal .
392 schema_version_ref = string_literal .
393 selector = expression .
394 select_extension = BASED_ON type_ref WITH select_items .
395 select_items = '(' named_type { ',' named_type } ')' .
396 select_type = extensibe_select_type | fixed_select_type .
397 signal_stmt = SIGNAL event_ref [ actual_parameter_list ] [ TO expression ] ';' .
398 simple_expression = term { operator_4_ref term } .
399 simple_factor = aggregate_initializer | entity_constructor | interval |
```

```
query_expression | ( [ operator_1_ref ] ( [ type_mark ] ( '(' expression ')' |
   primary ) ) ) .
400 simple_type = binary_type | boolean_type | complex_type | integer_type |
   logical_type | real_type | string_type .
401 skip_stmt = SKIP ';' .
402 specialisable_type = aggregation_type | simple_type | type_ref .
403 specialised_type_decl = IS SPECIALIZATION OF specialisable_type ';' where_ clause .
404 start_value = real_expression .
405 state_qualifier = '%' ( PRE | POST ) .
406 stmt = alias_stmt | assignment_stmt | case_stmt | compound_stmt | dynamic_stmt |
   escape_stmt | if_stmt | null_stmt | procedure_call_stmt | repeat_stmt | return_stmt
   | skip_stmt .
407 stmt_sequence = '(' action_or_wait action_or_wait { action_or_wait } ')' [ ':'
   trigger_label_id ] .
408 string_type = STRING .
409 subtype_constraint_body = [ abstract_supertype ] [ total_over ] [ subtype_
   expression ';' ] .
410 subtype_constraint_decl = subtype_constraint_head subtype_constraint_body END_
   SUBTYPE_CONSTRAINT ';' .
411 subtype_constraint_head = SUBTYPE_CONSTRAINT subtype_constraint_id FOR entity_ref
   ';' .
412 subtype_constraint_id = simple_id .
413 subtype_declaration = [ CONNOTATIONAL ] SUBTYPE OF '(' entity_ref { ',' entity_ref }
   ')' .
414 subtype_expression = subtype_factor { ANDOR subtype_factor } .
415 subtype_factor = subtype_term { AND subtype_term } .
416 subtype_term = entity_ref | one_of | '(' subtype_expression ')' .
417 symbol_character_sequence = not_letter_or_others [ symbol_character [ symbol_
   character [ symbol_character ] ] ] .
418 synchronise_stmt = SYNCHRONISE '(' trigger_label_ref { ',' trigger_label_ref } ')'
   ';' .
419 syntax = language_version_id schema_decl { schema_decl } .
420 table_type = TABLE [ bound_spec ] OF [ OPTIONAL ] [ UNIQUE ] concrete_type INDEXED
   BY index_type .
421 term = factor { operator_3_ref factor } .
422 total_over = TOTAL_OVER '(' entity_ref { ',' entity_ref } ')' ';' .
423 trigger_label_id = simple_id .
424 type_decl = TYPE type_id ( aliased_type_decl | constrained_type_decl |
   specialised_type_decl ) END_TYPE ';' .
425 type_id = simple_id .
426 type_label = type_label_id | type_label_ref .
427 type_label_id = simple_id .
428 type_mark = ( typename | type_label_ref ) '::' .
429 typename = built_in_typename | entity_ref | type_label_ref | type_ref .
430 type_name_type = TYPE_NAME [ ':' type_label_id ] .
431 underlying_type = constructed_type | specialisable_type .
432 unique_clause = UNIQUE unique_rule ';' { unique_rule ';' } .
433 unique_rule = [ rule_label_id ':' ] referenced_attribute { ',' referenced_attribute
   } .
434 until_control = UNTIL logical_expression .
435 use_clause = USE FROM schema_ref [ schema_version_ref ] [ '(' primary_
   resource_or_rename { ',' primary_resource_or_rename } ')' ] ';' .
436 variable_id = simple_id .
437 wait_stmt = WAIT ( real_expression ) [ ':' trigger_label_id ] ';' .
438 where_clause = WHERE domain_rule ';' { domain_rule ';' } .
439 while_control = WHILE logical_expression .
```

11. 부록 Ⅱ : EXPRESS의 내장 알고리즘

EXPRESS가 제공하는 내장 알고리즘으로는 내장함수, 내장프로시져, 내장거동, 그리고 내장작동이 있다. 이러한 알고리즘들은 일반적으로 모든 내장자료형들에 대해 적용이 가능하여야 하므로 그들의 매개변수는 대부분 범용 자료형으로 주어진다. 함수는 표현식 내에서 함수이름과 실제 매개변수로 직접 호출되거나 또는 표현식 내에서 해당 함수의 연산자를 사용함으로써 간접적으로 호출된다. 프로시져는 프로시져 호출문으로, 내장거동내의 지역이벤트는 지역신호문으로, 그리고 작동은 작동구동문으로 각각 호출된다.

어떤 함수의 연산자는 매개변수용 자료형의 하위형에 대하여 재정의될 수도 있다. 이 경우에 실제로 적용되는 연산자는 피연산자들의 자료형에 관련하여 가장 가까운 세부형 매개변수를 정의하는 함수이다. 그러므로, 상위형의 매개변수용 자료형에 대해 정의된 연산자와 동일한 연산자가 하위형인 자료형에 대해 별도로 정의되지 않는다면, 해당 연산자는 하위형 자료형의 피연산자들에 대해서도 적용된다. 이 때, 피연산자들은 묵시적으로 상위형의 자료형으로 변환된다. 그러나 그 역은 성립되지 않는다. 예를 들면, 복소수, 실수 그리고 정수자료형에 대해 각각 정의된 덧셈연산자(+)에 관한 표현식에서 두 개의 정수가 더해지는 경우에는 함수 *integer_add()*가 선택되어 결과가 정수값이 되지만, 정수와 실수가 더해지는 경우에는 함수 *real_add()*가 선택되어 결과는 실수가 된다.

11.1 범용자료형

11.1.1 범용자료형의 내장함수

이 절은 범용자료형의 내장함수들을 설명한다. 이러한 범용자료형의 내장함수들은 EXPRESS의 모든 자료형들에 대해 적용될 수 있다.

▶ value_equal(), =

```
FUNCTION value_equal =^5 (
 left, right:GENERIC            -- left와 right는 범용자료형
 ):LOGICAL;                     -- 반환값은 논리자료형
 EXTERNAL;
END_FUNCTION;
```

함수 *value_equal()*은 *left*와 *right*가 같은 값이면 TRUE를 반환한다. 만약 두 매개변수들 중 하나가 미정값이면 결과는 UNKNOWN이다.

▶ value_not_equal(), 〈〉

```
FUNCTION value_not_equal <>^5 (
 left, right:GENERIC            -- left와 right는 범용자료형
 ):LOGICAL;                     -- 반환값은 논리자료형
 EXTERNAL;
END_FUNCTION;
```

함수 *value_not_equal()*은 *NOT(left = right)*, 즉, *left*와 *right*가 다른 값이면 TRUE를 반환한다.

▶ instance_equal(), :=:

```
FUNCTION instance_equal :=:^5 (
 left, right:GENERIC            -- left와 right는 범용자료형
 ):LOGICAL;                     -- 반환값은 논리자료형
 EXTERNAL;
END_FUNCTION;
```

함수 *instance_equal()*은 *left*와 *right*가 동일한 인스턴스인 경우에 TRUE를 반환한다. 만약 두 매개변수들 중 하나가 미정값이면 결과는 UNKNOWN이다. 이 함수는 단순형 자료형의 피연산자에 대해서는 함수 *value_equal()*과 결과가 같지만, 범용집합형 자료형이나 범용엔티티자료형의 피연산자에 대해서는 해당 자료형에 대해 재정의된 세부적인 내용에 따른다.

▶ instance_notequal(), :〈〉:

```
FUNCTION instance_notequal :<>:^5 (
 left, right:GENERIC            -- left와 right는 범용자료형
 ):LOGICAL;                     -- 반환값은 논리자료형
 EXTERNAL;
END_FUNCTION;
```

함수 *instance_notequal()*은 *NOT(left :=: right)*을 반환한다.

▶ exists()

```
FUNCTION exists (
 v:GENERIC                      -- v는 범용자료형
```

```
):BOOLEAN;                        -- 반환값은 불리언자료형
 EXTERNAL;
END_FUNCTION;
```

함수 *exists()*는 *v*가 실제로 값을 가지면 TRUE, 그렇지 않으면 FALSE를 반환한다. 함수 *exists()*는 엔티티의 선택 명시속성에 값이 주어졌는지 또는 변수들이 초기화되었는지를 검토하는 데 유용하다.

```
IF exists(v)                      -- 변수 v가 값을 가지는 지를 판단한다
THEN
...
END_IF;
```

► nvl()

```
FUNCTION nvl (
 v:GENERIC:gen1;                  -- v는 범용자료형
 substitute:GENERIC:gen1          -- susbstitute는 형명칭 gen1에 의해 v와 동일한 자료형
 ):GENERIC:gen1;                  -- 반환값은 v와 동일한 자료형
 EXTERNAL;
END_FUNCTION;
```

함수 *nvl()*는 *v*가 미정값이 아닌 경우에는 *v*를, 미정값인 경우에는 *substitute*를 반환한다.

```
ENTITY unit_vector;
 x, y : REAL;
 z : OPTIONAL REAL;
 WHERE
  wr : x**2 + y**2 + nvl(z, 0.0)**2 = 1.0;  -- z가 미정값이면 함수 nvl()은 0.0을 제공한다
END_ENTITY;
```

► typeof()

```
FUNCTION typeof (
 v:GENERIC                        -- v는 범용자료형
 ):BAG OF UNIQUE TYPE_NAME;       -- 반환값은 상위형 형이름들을 유일하게 갖는 BAG자료형
 EXTERNAL;
END_FUNCTION;
```

함수 *typeof()*는 *v*값이 속하는 자료형과 그 상위형들의 형이름들을 유일하게 가지는 BAG자료형을 반환한다. 만약 지명형 자료형이 스키마 인터페이스 선언에 의해 재명명된 경우에는 새로운 이름이 사용된다. 만약 *v*가 미정값이면, 결과는 빈 BAG이다. 이 함수는 어떤 변수나 속성이 특정 목적을 위해 사용될 수 있는 지를 검토하기 위한 것이다. 예를 들면, 두 값들 사이에 배정호환성을 확인하거나 주어진 형의 각 하위형마다 별도 내용을 수행하여야 하는 경우에 사용될 수 있다.

```
(*
  스키마 a_schema와 b_schema에서 함수 typeof()를 사용한 사례는 다음과 같다.
*)
SCHEMA a_schema;
 TYPE a_list IS LIST[1:20] OF REAL;
 END_TYPE;
 ...
 LOCAL
  lst : a_list;
  ...
 END_LOCAL;
 ...
 IF (exact_typeof(v) IN typeof(lst))     -- typeof(lst)는 [a_list,_list_of__real]
```

```
 ...
 IF (exact_typeof(v) IN typeof(lst[10]))-- typeof(lst[10])는 [_real,_complex]
 ...
END_SCHEMA;

SCHEMA b_schema;
 REFERENCE FROM this_schema (a_list AS b_list);
 ...
 LOCAL
  lst : b_list;
  ...
 END_LOCAL;
 ...
 IF (exact_typeof(v) IN typeof(lst))     -- typeof(lst)는 [b_list,_list_of__real]
 ...
END_SCHEMA;
```

▶ exact_typeof()

```
FUNCTION exact_typeof (
 v:GENERIC                          -- v는 범용자료형
 ):TYPE_NAME;                       -- 반환값은 형이름
 EXTERNAL;
END_FUNCTION;
```

함수 *exact_typeof()*는 *v*값이 속하는 자료형의 형이름을 반환한다. 만약 *v*가 함축적 하위형을 포함하는 엔티티 인스턴스이고 그 조건들을 만족한다면, 반환값은 함축적 하위형 이름을 포함한다(함수 *exact_extent()* 참조). 미정값이 아닌 모든 *v*에 대해 *exact_instance_of(v, exact_typeof(v))*는 항상 TRUE이다.

```
ENTITY e1;
 ...
END_ENTITY;
ENTITY e2;
 SUBTYPE OF (e1);
 ...
END_ENTITY;
ENTITY e3;
 SUBTYPE OF (e1);
 ...
END_ENTITY;
...
LOCAL
  v : e1;
END_LOCAL
...
IF exact_typeof(v) = e2&e3      -- v가 정확하게 e2&e3형인지를 판단한다
THEN
...
```

▶ instance_of()

```
FUNCTION instance_of (
 v:GENERIC;                         -- v는 범용자료형
 t:TYPE_NAME                        -- t는 단일 또는 복합 형이름자료형
 ):LOGICAL;                         -- 반환값은 논리자료형
 EXTERNAL;
```

```
END_FUNCTION;
```

함수 *instance_of()*는 *v*가 자료형 *t*이거나 그 하위형일 때 TRUE, 그렇지 않으면 FALSE를 반환한다. 만약 *v* 또는 *t*가 미정값이면 UNKNOWN이 반환된다.

```
TYPE a IS ARRAY OF GENERIC_ENTITY;
END_TYPE;
TYPE b IS TABLE[5:10] OF UNIQUE GENERIC_ENTITY INDEXED BY INTEGER;
END_TYPE;
TYPE ts IS TABLE OF GENERIC_ENTITY INDEXED BY STRING;
END_TYPE;
TYPE choice IS SELECT (a, b, ts);
END_TYPE;
...
LOCAL
 v : choice;
END_LOCAL
...
IF instance_of(v, a)            -- v가 a형인지 판단(주의, 형이름은 대소문자가 구별됨)
...
```

► exact_instance_of()

```
FUNCTION exact_instance_of (
 v:GENERIC;                     -- v는 범용자료형
 t:TYPE_NAME                    -- t는 단일 또는 복합 형이름자료형
 ):LOGICAL;                     -- 반환값은 논리자료형
 EXTERNAL;
END_FUNCTION;
```

함수 *exact_instance_of()*는 하위형을 고려하지 않고 *v*가 정확히 자료형 *t*일 때 TRUE가 반환되며, 그 이외의 경우는 FALSE가 반환된다. 만약 *v*가 함축적 하위형을 포함하는 엔티티 인스턴스이고 그 조건들을 만족한다면, *t*는 함축적 하위형 이름을 포함해야 하며, 그렇지 않으면 FALSE가 반환된다(함수 *exact_extent()* 참조). *t*의 하위형들인 인스턴스들을 포함하려면 함수 *instance_of()*를 사용하면 된다. 만약 *v* 또는 *t*가 미정값이면 UNKNOWN이 반환된다.

```
ENTITY e1;
 ...
END_ENTITY;
ENTITY e2;
 SUBTYPE OF (e1);
 ...
END_ENTITY;
ENTITY e3;
 SUBTYPE OF (e1);
 ...
END_ENTITY;
...
LOCAL
 v : e1;
END_LOCAL
...
IF exact_instance_of(v, e1)   -- v가 e1형일때만 가능하고, 그 하위형인 경우는 만족되지 않음
...
IF exact_instance_of(v, e2&e3) -- v가 정확하게 e2&e3형일때만 가능하다
...
```

11.2 단순형 자료형

11.2.1 복소수자료형의 내장함수

다음 각 함수들과 연산자들은 복소수자료형의 매개변수들에 대해 정의된다.

▶ **complex_identity(), +**

```
FUNCTION complex_identity +^1 (
 operand:COMPLEX                   -- operand는 복소수자료형
 ):COMPLEX;                        -- 반환값은 복소수자료형
 PRE_CONDITION
  EXISTS(operand)                  -- operand가 실제로 값을 가질 때만 함수가 수행된다
 EXTERNAL;
END_FUNCTION;
```

함수 *complex_identity()*는 *operand*의 복소수값을 반환한다.

▶ **complex_negate(), -**

```
FUNCTION complex_negate -^1 (
 operand:COMPLEX                   -- operand는 복소수자료형
 ):COMPLEX;                        -- 반환값은 복소수자료형
 PRE_CONDITION
  EXISTS(operand);                 -- operand가 실제로 값을 가질 때만 함수가 수행된다
 EXTERNAL;
END_FUNCTION;
```

함수 *complex_negate()*는 *operand* + -*operand* = 0인 복소수 덧셈에 대한 역원인 복소수를 반환한다.

▶ **complex_add(), +**

```
FUNCTION complex_add +^4 (
 left, right:COMPLEX               -- left와 right는 복소수자료형
 ):COMPLEX;                        -- 반환값은 복소수자료형
 PRE_CONDITION
  EXISTS(left) AND EXISTS(right); -- left와 right가 실제로 값을 가질 때만 함수가 수행된다
 EXTERNAL;
END_FUNCTION;
```

함수 *complex_add()*는 *left*와 *right*의 합인 복소수를 반환한다.

▶ **complex_subtract(), -**

```
FUNCTION complex_subtract -^4 (
 left, right:COMPLEX               -- left와 right는 복소수자료형
 ):COMPLEX;                        -- 반환값은 복소수자료형
 PRE_CONDITION
  EXISTS(left) AND EXISTS(right); -- left와 right가 실제로 값을 가질 때만 함수가 수행된다
 EXTERNAL;
END_FUNCTION;
```

함수 *complex_subtract()*는 *left* 와 *right*의 차인 복소수를 반환한다.

▶ **complex_multiply(), ***

```
FUNCTION complex_multiply *^3 (
```

```
 left, right:COMPLEX            -- left와 right는 복소수자료형
 ):COMPLEX;                     -- 반환값은 복소수자료형
 PRE_CONDITION
  EXISTS(left) AND EXISTS(right);  -- left와 right가 실제로 값을 가질 때만 함수가 수행된다
 EXTERNAL;
END_FUNCTION;
```

함수 *complex_multiply()*는 *left*와 *right*의 곱인 복소수를 반환한다.

► complex_divide(), /

```
FUNCTION complex_divide /^3 (
 left, right:COMPLEX            -- left와 right는 복소수자료형
 ):COMPLEX;                     -- 반환값은 복소수자료형
 PRE_CONDITION
  EXISTS(left) AND EXISTS(right);  -- left와 right가 실제로 값을 가질 때만 함수가 수행된다
  right <> 0;                   -- right는 0이 아니어야 한다
 EXTERNAL;
END_FUNCTION;
```

함수 *complex_divide()*는 *left*를 *right*(0이 아닌 복소수)의 역수와의 곱인 복소수를 반환한다. 여기서 복소수의 역수는 해당 수의 곱셈에 대한 역원을 의미하며, 본래의 수와 곱해져서 1이 되는 값이다.

► complex_exponential(), **

```
FUNCTION complex_exponential **^2 (
 left:COMPLEX; right:REAL       -- left는 복소수자료형이고, right는 실수자료형
 ):COMPLEX;                     -- 반환값은 복소수자료형
 PRE_CONDITION
  EXISTS(left) AND EXISTS(right);  -- left와 right가 실제로 값을 가질 때만 함수가 수행된다
 EXTERNAL;
END_FUNCTION;
```

함수 *complex_exponential()*은 *left*를 *right*만큼 거듭제곱한 복소수를 반환한다.

► numeric_value_equal(), =

```
FUNCTION numeric_value_equal =^5 (
 left, right:COMPLEX            -- left와 right는 복소수자료형 (실수나 정수자료형도 가능)
 ):LOGICAL;                     -- 반환값은 논리자료형
 EXTERNAL;
END_FUNCTION;
```

함수 *numeric_value_equal()*은 다음 조건을 만족시키면 TRUE를 반환한다.

- 두 매개변수들이 서로 같은 복소수들이다.
- 두 매개변수들 중 하나가 수치적 복소수일 때, *left*와 *right*에 대한 $radix^{(-exponent)}$의 큰 값을 ε이라 하면 $|left - right| \le (|left| + |right|)/2 * \varepsilon$을 만족한다.

이 원칙은 정수와 실수는 복소수로 매핑되기 때문에 실수와 정수자료형에도 적용된다. 수치적 실수는 수치적 복소수로 매핑된다.

► complex_sqrt(), √

```
FUNCTION complex_sqrt √^1(
 operand:COMPLEX                -- operand는 복소수자료형
 ):COMPLEX;                     -- 반환값은 복소수자료형
```

```
 PRE_CONDITION
  EXISTS(operand);                  -- operand가 실제로 값을 가질 때만 함수가 수행된다
 EXTERNAL;
END_FUNCTION;
```

함수 *complex_sqrt()*는 (c1 * c1) = (c2 * c2) = *operand* 를 만족하는 두 개의 복소수 c1 또는 c2 중의 하나를 반환한다. 반환되는 값은 c1 또는 c2의 실수부가 양이 되는 경우이며, 만약 실수부가 0이 되면, 반환되는 값은 허수부가 양이 되는 복소수이다.

```
√-i                                 -- 0.707107... -0.707107...i
```

▶ real_part(), ℛ

```
FUNCTION real_part ℛ^1(
 operand:COMPLEX                    -- operand는 복소수자료형
 ):REAL;                            -- 반환값은 실수자료형
 PRE_CONDITION
  EXISTS(operand);                  -- operand가 실제로 값을 가질 때만 함수가 수행된다
 EXTERNAL;
END_FUNCTION;
```

함수 *real_part()*는 *operand*의 실수부를 반환한다. 반환되는 값은 복소수와 동일한 정밀도를 갖는다.

▶ imaginary_part(), ℑ

```
FUNCTION imaginary_part ℑ ^1(
 operand:COMPLEX                    -- operand는 복소수자료형
 ):REAL;                            -- 반환값은 실수자료형
 PRE_CONDITION
  EXISTS(operand);                  -- operand가 실제로 값을 가질 때만 함수가 수행된다
 EXTERNAL;
END_FUNCTION;
```

함수 *imaginary_part()*는 *operand*의 허수부를 반환하며, 실수로 표기된다. 반환되는 값은 복소수와 동일한 정밀도를 갖는다.

▶ format()

```
FUNCTION format(
 n:COMPLEX;                         -- n은 복소수자료형
 f:STRING                           -- f는 정형화 명령어(command)들을 포함하는 문자열자료형
 ):STRING;                          -- 반환값은 문자열자료형
 EXTERNAL;
END_FUNCTION;
```

함수 *format()*은 복소수 *n*을 *f*에 따라 정형화시킨 문자열을 반환한다. 원하는 형태의 문자열을 출력하기 위하여 정형화문자열 *f*에는 특수문자들이 포함된다. 필요한 경우에는 문자열표현에 반올림이 적용된다. 이러한 정형화문자열은 기호표현이나 형태표현으로 기술될 수 있다. 정형화문자열이 비워져 있을 때는 정수에 대해서는 '7I', 실수에 대해서는 '10E'의 기호표현을 갖는 표준출력표현이 선택된다.

- 기호표현 : [sign]width[.decimals]type형태로 출력표현형식을 정의한다.
  - sign : 숫자의 부호가 어떻게 표현될 지를 기술한다. 만약 sign이 생략되던지 또는 –로 기술되면, 음수에 대해서는 –, 그리고 양수(0을 포함)에 대해서는 공백문자가 첫 문자로 반환된다. 만약 sign이 +로 기술되면, 음수에 대해서는 -, 양수에 대해서는 +, 그리고 0에 대해서는 공백문자가 첫 문자가 된다.

□ width: 반환될 문자열의 전체 문자수를 나타낸다. 만약 width가 0을 앞세워 기술되면, 반환될 문자열은 0들로 앞부분의 빈칸들을 채우게 되고, 그렇지 않으면 앞부분들은 빈칸으로 처리된다. 만약 정형화될 문자수가 width에 의해 지정된 것보다 많은 문자들을 요구하면, 해당 형식에 의해 요구되는 수만큼의 문자들을 갖는 문자열이 반환된다.

□ decimals: 반환될 문자열에서 소수점 이하의 자릿수를 나타낸다. 자릿수가 기술되는 경우에는 양의 정수가 되어야 한다. 만약 기술되지 않으면, 소수점과 그 이하의 자릿수는 문자열에서 반환되지 않는다.

□ type : 문자열로 표현될 숫자의 형태를 나타내는 글자이다.

- type이 I이면, 숫자는 정수로 표현된다. width는 2이상이고, decimals는 기술되지 않아야 한다.
- type이 F이면, 숫자는 고정소숫점형 실수로 표현된다. width는 4이상이며, decimals가 기술되는 경우에는 적어도 1이상이어야 하며, 그 내정값은 2이다.
- type이 E이면, 숫자는 지수형 실수로 표현된다. width는 7이상이며, 0이 선행하면 가수의 첫 두 문자들은 '0.'로 시작한다. decimals는 항상 기술되어야 하며, 적어도 1이상이어야 한다. 지수부분은 대문자 'E'와 부호, 그리고 2개 이상의 문자들로 구성된다.

표 1은 주어진 값들이 정형화문자열에 따라 여러가지 형태로 출력된 사례를 보여준다.

표 1. 기호표현의 사용 예

값	정형화문자열	출력결과	비고
10	+7I	' +10'	값의 앞부분에 0을 출력하지 않음
10	+07I	'+000010'	0을 출력함
10	10.3E	' 1.000E+01'	
123.456789	8.2F	' 123.46'	
123.456789	8.2E	'1.23E+02'	
123.456789	08.2F	'0.12E+02'	0으로 시작
9.876E123	8.2E	'9.88E+123'	지수부분이 3문자이고 폭지정은 무시되었음.
32.777	6I	' 33'	반올림 되었음

■ 형태표현 : 형태문자들로 구성된 정형화문자열로 출력표현형식을 정의한다. 사용되는 형태문자들은 표 2와 같다. 여기서, 구분자인 '.'와 ','중 하나만 정형화문자열에 나타나면 그것은 소숫점문자를 의미하며, 두 개가 모두 나타나는 경우에 앞부분은 그루핑문자(자릿수 표현)를 나타내고 뒷부분은 소수점문자를 나타낸다.

표 2. 형태표현 문자들

형태문자	내용
#(hash mark)	수에 대응함
, (comma)	천단위 표기문자
. (dot)	천단위 표기문자
+ - (plus and minus)	부호표현
( ) (parentheses)	음수를 양수로 전환

표 3은 정형화가 여러 값들의 출력형태에 어떻게 영향을 미치는 가를 보여준다.

표 3. 형태표현 사용예

값	정형화문자열	출력결과	비고
10	###	' 10'	
10	(###)	' 10 '	괄호는 무시
-10	(###)	'(-10)'	양수로 출력
7123.456	###,###.##	' 7,123.46'	미국식 표현
7123.456	###.###,##	' 7.123,46'	유럽식 표현

11.2.2 실수자료형의 내장함수

다음 각 함수들과 연산자들은 실수자료형의 매개변수들에 대해 정의된다.

▶ **real_identity(), +**

```
FUNCTION real_identity +^1 (
 operand:REAL                    -- operand는 실수자료형
 ):REAL;                         -- 반환값은 실수자료형
 PRE_CONDITION
  EXISTS(operand);               -- operand가 실제로 값을 가질 때만 함수가 수행된다
 EXTERNAL;
END_FUNCTION;
```

함수 *real_identity()*는 *operand*의 실수값을 반환한다.

▶ **real_negate(), -**

```
FUNCTION real_negate -^1 (
 operand:REAL                    -- operand는 실수자료형
 ):REAL;                         -- 반환값은 실수자료형
 PRE_CONDITION
  EXISTS(operand);               -- operand가 실제로 값을 가질 때만 함수가 수행된다
 EXTERNAL;
END_FUNCTION;
```

함수 *real_negate()*는 *operand* + -*operand* = 0인 실수 덧셈에 대한 역원인 실수를 반환한다.

▶ real_add(), +

```
FUNCTION real_add +^4 (
 left, right:REAL              -- left와 right는 실수자료형
 ):REAL;                       -- 반환값은 실수자료형
 PRE_CONDITION
  EXISTS(left) AND EXISTS(right);  -- left와 right가 실제로 값을 가질 때만 함수가 수행된다
 EXTERNAL;
END_FUNCTION;
```

함수 *real_add()*는 *left*와 *right*의 합인 실수를 반환한다.

▶ real_subtract(), -

```
FUNCTION real_subtract -^4 (
 left, right:REAL              -- left와 Right는 실수자료형
 ):REAL;                       -- 반환값은 실수자료형
 PRE_CONDITION
  EXISTS(left) AND EXISTS(right);  -- left와 right가 실제로 값을 가질 때만 함수가 수행된다
 EXTERNAL;
END_FUNCTION;
```

함수 *real_subtract()*는 *left*와 *right*의 차인 실수를 반환한다.

▶ real_multiply(), *

```
FUNCTION real_multiply *^3 (
 left, right:REAL              -- left와 right는 실수자료형
 ):REAL;                       -- 반환값은 실수자료형
 PRE_CONDITION
  EXISTS(left) AND EXISTS(right);  -- left와 right가 실제로 값을 가질 때만 함수가 수행된다
 EXTERNAL;
END_FUNCTION;
```

함수 *real_multiply()*는 *left*와 *right*의 곱인 실수를 반환한다.

▶ real_divide(), /

```
FUNCTION real_divide /^3 (
 left, right:REAL              -- left와 right는 실수자료형
 ):REAL;                       -- 반환값은 실수자료형
 PRE_CONDITION
  EXISTS(left) AND EXISTS(right);  -- left와 right가 실제로 값을 가질 때만 함수가 수행된다
  right <> 0;                  -- right는 0이 아니어야 한다
 EXTERNAL;
END_FUNCTION;
```

함수 *real_divide()*는 *left*를 *right*(0이 아닌 실수)의 역수와의 곱인 실수를 반환한다. 여기서 실수의 역수는 해당 수의 곱셈에 대한 역원을 의미하며, 본래의 수와 곱해져서 1이 되는 값이다.

▶ integer_divide(), DIV

```
FUNCTION integer_divide DIV^3 (
 left, right:REAL              -- left와 right는 실수자료형
 ):INTEGER;                    -- 반환값은 정수자료형
 PRE_CONDITION
  EXISTS(left) AND EXISTS(right);  -- left와 right가 실제로 값을 가질 때만 함수가 수행된다
  right <> 0;                  -- right는 0이 아니어야 한다
 EXTERNAL;
```

```
END_FUNCTION;
```

함수 *integer_divide()*는 *real_divide(left, right)*의 *floor*인 정수를 반환한다.

▶ real_modulus(), MOD

```
FUNCTION real_modulus MOD^3 (
 left, right:REAL                   -- left와 right는 실수자료형
 ):REAL;                            -- 반환값은 실수자료형
 PRE_CONDITION
  EXISTS(left) AND EXISTS(right);  -- left와 right가 실제로 값을 가질 때만 함수가 수행된다
 EXTERNAL;
END_FUNCTION;
```

함수 *real_modulus()*는 *left*로부터 *right*를 *left*와 *right*의 *integer_divide(left,right)*만큼 곱한 값을 뺀 나머지를 반환한다. 즉, *right*가 0이면 *left*를, 그렇지 않으면 *left* – *right* * (*left* DIV *right*) 값을 반환한다.

▶ real_exponential(), **

```
FUNCTION real_exponential **^2 (
 left, right:REAL                   -- left와 right는 실수자료형
 ):REAL;                            -- 반환값은 실수자료형
 PRE_CONDITION
  EXISTS(left) AND EXISTS(right);  -- left와 right가 실제로 값을 가질 때만 함수가 수행된다
  left > 0;                         -- left는 0보다 커야 한다
 EXTERNAL;
END_FUNCTION;
```

함수 *real_exponential()*은 *left*(0보다 큰 실수)를 *right*만큼 거듭제곱한 실수를 반환한다.

▶ real_sqrt(), √

```
FUNCTION real_sqrt √ ^1(
 operand:REAL                       -- operand는 실수자료형
 ):REAL;                            -- 반환값은 실수자료형
 PRE_CONDITION
  EXISTS(operand);                  -- operand가 실제로 값을 가질 때만 함수가 수행된다
  operand > 0;                      -- operand는 0보다 커야 한다
 EXTERNAL;
END_FUNCTION;
```

함수 *real_sqrt()*는 *operand* 의 제곱근을 반환한다.

▶ real_less_than(), <

```
FUNCTION real_less_than <^5 (
 left, right:REAL                   -- left와 right는 실수자료형
 ):LOGICAL;                         -- 반환값은 논리자료형
 EXTERNAL;
END_FUNCTION;
```

함수 *real_less_than()*은 *left*가 *right*보다 작을 때 TRUE를 반환한다.

▶ real_less_than_or_equal(), <=

```
FUNCTION real_less_than_or_equal <=^5 (
 left, right:REAL                   -- left와 right는 실수자료형
 ):LOGICAL;                         -- 반환값은 논리자료형
 EXTERNAL;
```

```
END_FUNCTION;
```

함수 *real_less_than_or_equal()*은 *left*가 *right*보다 작거나 같을 때 TRUE를 반환한다. 만약 두 매개변수들 중 하나가 미정값이면 결과는 UNKNOWN이다.

▶ real_greater_than(), >

```
FUNCTION real_greater_than >^5 (
 left, right:REAL                 -- left와 right는 실수자료형
 ):LOGICAL;                       -- 반환값은 논리자료형
 EXTERNAL;
END_FUNCTION;
```

함수 *real_greater_than()*은 *left*가 *right*보다 클 때 TRUE를 반환한다.

▶ real_greater_than_or_equal(), >=

```
FUNCTION real_greater_than_or_equal >=^5 (
 left, right:REAL                 -- left와 right는 실수자료형
 ):LOGICAL;                       -- 반환값은 논리자료형
 EXTERNAL;
END_FUNCTION;
```

함수 *real_greater_than_or_equal()*은 *left*가 *right*보다 크거나 같을 때 TRUE를 반환한다.

▶ 구간표현식

```
318 interval = '{' interval_low interval_op interval_item interval_op interval_high '}' .
321 interval_low = simple_expression .
322 interval_op = operator_5_ref .
320 interval_item = simple_expression .
319 interval_high = simple_expression .
```

구간표현식은 하나의 값이 주어진 구간 내에 있는 지를 검토한다. 이는 3개의 피연산자를 가지는 데, 이들 모두는 자료형이 호환되어야 한다. 피연산자들은 순서가 매겨질 수 있는 실수 또는 정수자료형이거나 이들을 기저형으로 가지는 정의자료형이어야 한다. 구간표현식의 *interval_op*로는 <와 <=연산자들만이 사용될 수 있다. 구간표현식은 두 개의 관계연산이 모두 TRUE로 평가되면 TRUE로 평가된다. 만약 하나의 표현식이라도 FALSE인 경우에는 FALSE로 평가된다.

```
...
LOCAL
a : REAL := 10.0;
END_LOCAL;
...
IF { 0.0 < a <= 60.0 }            – TRUE로 평가된다
THEN
...
```

▶ abs()

```
FUNCTION abs (
 v:REAL                           -- v는 실수자료형
 ):REAL;                          -- 반환값은 실수자료형
 EXTERNAL;
```

```
END_FUNCTION;
```

함수 *abs()*는 실수의 절대값을 반환한다.

```
abs(-10)                        -- 10을 반환한다
```

► acos()

```
FUNCTION acos (
 v:REAL                         -- v는 어떤 각의 cosine인 실수자료형
 ):REAL;                        -- 반환값은 실수자료형
 PRE_CONDITION
  { -1.0 <= v <= 1.0 };         -- v는 -1이상이고 1이하의 크기이어야 함
 EXTERNAL;
END_FUNCTION;
```

함수 *acos()*는 cosine 값이 *v*인 각을 라디안 (0≤ 결과값 ≤ π)으로 반환한다.

```
acos(0.3)                       -- 1.266103...을 반환한다
```

► asin()

```
FUNCTION asin (
 v:REAL                         -- v는 어떤 각의 sine인 실수자료형
 ):REAL;                        -- 반환값은 실수자료형
 PRE_CONDITION
  { -1.0 <= v <= 1.0 };         -- v는 -1이상이고 1이하의 크기이어야 한다
 EXTERNAL;
END_FUNCTION;
```

함수 *asin()*은 sine값이 *v*인 각을 라디안 (-π/2≤ 결과값 ≤ π/2)으로 반환한다.

```
asin(0.3)                       -- 3.04692...e-1을 반환한다
```

► atan()

```
FUNCTION atan (
 v1:REAL;                       -- v1은 실수자료형
 v2:REAL                        -- v2은 실수자료형
 ):REAL;                        -- 반환값은 실수자료형
 PRE_CONDITION
  (v1 <> 0) AND (v2 <> 0);      -- v1과 v2는 0.0이 아닌 값
 EXTERNAL;
END_FUNCTION;
```

함수 *atan()*은 tangent값이 *v1/v2* 인 각을 라디안 (-π/2≤ 결과값 ≤ π/2)으로 반환한다. 만약 *v2*가 0이면, 결과는 *v1*>0일 때 π/2, 아니면 -π/2가 된다.

```
atan(-5.5,3.0)                  -- -1.071449...을 반환한다
```

► cos()

```
FUNCTION cos (
 v:REAL                         -- v는 실수자료형
 ):REAL;                        -- 반환값은 실수자료형
 EXTERNAL;
END_FUNCTION;
```

함수 *cos()*는 라디안으로 표현된 각 *v*의 cosine값 (-1.0 ≤ 결과값 ≤ 1.0)을 반환한다.

```
cos(0.5)                        -- 8.77582...E-1을 반환한다
```

► floor()

```
FUNCTION floor (
 v:REAL                         -- v는 실수자료형
```

```
 ):INTEGER;                          -- 반환값은 정수자료형
 EXTERNAL;
END_FUNCTION;
```

함수 *floor()*는 주어진 실수 *v*보다 작거나 같은 가장 큰 정수, 즉, (*v* - 1) < i <= *v*를 만족하는 정수 i를 반환한다.

```
floor(-pi)                          -- -4를 반환한다
```

▶ log()

```
FUNCTION log (
 v:REAL                             -- v는 실수자료형
 ):REAL;                            -- 반환값은 실수자료형
 PRE_CONDITION
  v > 0.0;                          -- v는 0.0보다 커야 한다
 EXTERNAL;
END_FUNCTION;
```

함수 *log()*는 *v*의 자연로그에 해당하는 실수를 반환한다.

```
log(4.5)                            -- 1.504077...e0을 반환한다
```

▶ log2()

```
FUNCTION log2 (
 v:REAL                             -- v는 실수자료형
 ):REAL;                            -- 반환값은 실수자료형
 PRE_CONTITION
  v > 0.0;                          -- v는 0.0보다 커야 한다
EXTERNAL;
END_FUNCTION;
```

함수 *log2()*는 *v*의 기수2인 로그에 해당하는 실수를 반환한다.

```
log2(8)                             -- 3.00...e0을 반환한다
```

▶ log10()

```
FUNCTION log10 (
 v:REAL                             -- v는 실수자료형
 ):REAL;                            -- 반환값은 실수자료형
 PRE_CONDITION
  v > 0.0;                          -- v는 0.0보다 커야한다
 EXTERNAL;
END_FUNCTION;
```

함수 *log10()*는 *v*의 기수 10인 상용로그에 해당하는 실수를 반환한다.

```
log10(10)                           -- 1.00...e0을 반환한다
```

▶ sin()

```
FUNCTION sin (
 v:REAL                             -- v는 실수자료형
 ):REAL;                            -- 반환값은 실수자료형
 EXTERNAL;
END_FUNCTION;
```

함수 *sin()*는 라디안으로 표현된 각 *v*의 sine값 (-1.0 ≤ 결과값 ≤ 1.0)을 반환한다.

```
sin(pi)                             -- 0.0을 반환한다
```

▶ tan()

```
FUNCTION tan (
```

```
 v:REAL                          -- v는 실수자료형
 ):REAL;                         -- 반환값은 실수자료형
 EXTERNAL;
END_FUNCTION;
```

함수 *tan()*는 라디안으로 표현된 각 *v*의 tangent값 (-1.0 ≤ 결과값 ≤ 1.0)을 반환한다. 만약 각 *v*가 nπ/2(n은 홀수)이면, 미정값이 반환된다.

```
tan(0.0)                         -- 0.0을 반환한다
```

▶ truncate()

```
FUNCTION truncate (
 v:REAL                          -- v는 실수자료형
 ):INTEGER;                      -- 반환값은 정수자료형
 EXTERNAL;
END_FUNCTION;
```

함수 *truncate()*는 *v*의 정수부분을 반환한다.

```
truncate(pi)                     -- 3을 반환한다
truncate(-4.5)                   -- -4를 반환한다
```

11.2.3 정수자료형의 내장함수

다음 각 함수들과 연산자들은 정수자료형의 매개변수들에 대해 정의된다.

▶ integer_identity(), +

```
FUNCTION integer_identity +^1 (
 operand:INTEGER                 -- operand는 정수자료형
 ):INTEGER;                      -- 반환값은 정수자료형
 PRE_CONDITION
  EXISTS(operand);               -- operand가 실제로 값을 가질 때만 함수가 수행된다
 EXTERNAL;
END_FUNCTION;
```

함수 *integer_identity()*는 *operand*의 정수값을 반환한다.

▶ integer_negate(), -

```
FUNCTION integer_negate -^1 (
 operand:INTEGER                 -- operand는 정수자료형
 ):INTEGER;                      -- 반환값은 정수자료형
 PRE_CONDITION
  EXISTS(operand);               -- operand가 실제로 값을 가질 때만 함수가 수행된다
 EXTERNAL;
END_FUNCTION;
```

함수 *integer_negate()*는 *operand*의 정수 덧셈에 대한 역원인 정수를 반환한다.

▶ integer_add(), +

```
FUNCTION integer_add +^4 (
 left, right:INTEGER             -- left와 right는 정수자료형
 ):INTEGER;                      -- 반환값은 정수자료형
 PRE_CONDITION
  EXISTS(left) AND EXISTS(right);  -- left와 right가 실제로 값을 가질 때만 함수가 수행된다
 EXTERNAL;
END_FUNCTION;
```

함수 *integer_add()*는 *left*와 *right*의 합인 정수를 반환한다.

▶ integer_subtract(), -

```
FUNCTION integer_subtract -^4 (
 left, right:INTEGER            -- left와 right는 정수자료형
 ):INTEGER;                     -- 반환값은 정수자료형
 PRE_CONDITION
  EXISTS(left) AND EXISTS(right);  -- left와 right가 실제로 값을 가질 때만 함수가 수행된다
 EXTERNAL;
END_FUNCTION;
```

함수 *integer_subtract()*는 *left*와 *right*의 차인 정수를 반환한다.

▶ integer_multiply(), *

```
FUNCTION integer_multiply *^3 (
 left, right:INTEGER            -- left와 right는 정수자료형
 ):INTEGER;                     -- 반환값은 정수자료형
 PRE_CONDITION
  EXISTS(left) AND EXISTS(right);  -- left와 right가 실제로 값을 가질 때만 함수가 수행된다
 EXTERNAL;
END_FUNCTION;
```

함수 *integer_multiply()*는 *left*와 *right*의 곱인 정수를 반환한다.

▶ integer_modulus(), MOD

```
FUNCTION integer_modulus MOD^3 (
 left, right:INTEGER            -- left와 right는 정수자료형
 ):INTEGER;                     -- 반환값은 정수자료형
 PRE_CONDITION
  EXISTS(left) AND EXISTS(right);  -- left와 right가 실제로 값을 가질 때만 함수가 수행된다
 EXTERNAL;
END_FUNCTION;
```

함수 *integer_modulus()*는 *left*로부터 *right*를 *left*와 *right*의 *integer_divide(left,right)*만큼 곱한 값을 뺀 나머지를 반환한다. 즉, *right*가 0이면 *left*를, 그렇지 않으면 *left* – *right**(*left* DIV *right*) 값을 반환한다.

▶ integer_exponential(), **

```
FUNCTION integer_exponential **^2 (
 left, right:INTEGER            -- left와 right는 정수자료형
 ):INTEGER;                     -- 반환값은 정수자료형
 PRE_CONDITION
  EXISTS(left) AND EXISTS(right);  -- left와 right가 실제로 값을 가질 때만 함수가 수행된다
  right > 0;                    -- right는 0보다 커야 한다
 EXTERNAL;
END_FUNCTION;
```

함수 *integer_exponential()*는 *left*를 *right*(0보다 큰 정수)만큼 거듭제곱한 정수를 반환한다.

▶ odd()

```
FUNCTION odd (
 v:INTEGER                      -- v는 정수자료형
 ):LOGICAL;                     -- 반환값은 논리자료형
```

```
 EXTERNAL;
END_FUNCTION;
```

함수 *odd()*는 *v*가 홀수인지 짝수인지에 따라 TRUE 또는 FALSE를 반환한다. *v* MOD 2 = 1일 때, TRUE가 반환된다. 그렇지 않으면 FALSE가 반환된다.

```
odd(259)                        -- TRUE를 반환한다
odd(0)                          -- FALSE를 반환한다
```

11.2.4 논리자료형의 내장함수

다음 각 함수들과 연산자들은 논리자료형의 매개변수들에 대해 정의된다.

▶ logical_not(), NOT

```
FUNCTION logical_not NOT^1 (
 operand:LOGICAL                -- operand는 논리자료형
 ):LOGICAL;                     -- 반환값은 논리자료형
 EXTERNAL;
END_FUNCTION;
```

함수 *logical_not()*은 *operand*의 논리 역, 즉, TRUE이면 FALSE를, FALSE이면 TRUE, UNKNOWN이면 UNKNOWN을 반환한다. 만일 *operand*가 미정값이면 결과는 UNKNOWN이다.

▶ logical_and(), AND

```
FUNCTION logical_and AND^3 (
 left, right:LOGICAL            -- left와 right는 논리자료형
 ):LOGICAL;                     -- 반환값은 논리자료형
 EXTERNAL;
END_FUNCTION;
```

함수 *logical_and()*는 표 4에 정의된 *left*와 *right*의 논리적인 곱을 반환한다. 표에서 두 매개변수들 중 하나가 FALSE이면 결과가 FALSE라고 정의하기 때문에, 단축(short cut)평가가 수행될 수 있다. 즉, *left* 매개변수가 FALSE이면 *right* 매개변수는 평가될 필요가 없다.

표 4. 논리자료형의 AND연산자의 반환값

left \ right	TRUE	FALSE	UNKNOWN
TRUE	TRUE	FALSE	UNKNOWN
FALSE	FALSE	FALSE	FALSE
UNKNOWN	UNKNOWN	FALSE	UNKNOWN

만일 매개변수 중 하나가 미정값이고 또 다른 매개변수가 FALSE이면 결과는 FALSE이다. 만약 매개변수 중 하나가 미정값이고 또 다른 매개변수가 FALSE가 아닌 것(미정값을 비롯하여)으로 평가되면 결과는 UNKNOWN이다.

▶ logical_or(), OR

```
FUNCTION logical_or OR^4 (
 left, right:LOGICAL            -- left와 right는 논리자료형
```

```
 ):LOGICAL;                              -- 반환값은 논리자료형
 EXTERNAL;
END_FUNCTION;
```

함수 *logical_or()*은 표 5에 정의된 *left*와 *right*의 논리적인 합을 반환한다. 표에서 두 매개변수들 중 하나가 TRUE이면 결과가 TRUE라고 정의하기 때문에, 단축평가가 수행될 수 있다. 즉, *left* 매개변수가 TRUE이면 *right* 매개변수는 평가될 필요가 없다.

표 5. 논리자료형의 OR연산자의 반환값

left \ right	TRUE	FALSE	UNKNOWN
TRUE	TRUE	TRUE	TRUE
FALSE	TRUE	FALSE	UNKNOWN
UNKNOWN	TRUE	UNKNOWN	UNKNOWN

만일 매개변수 중 하나가 미정값이고 또 다른 매개변수가 TRUE이면 결과는 TRUE이다. 만약 매개변수 중 하나가 미정값이고 또 다른 매개변수가 TRUE가 아닌 것(미정값을 비롯하여)으로 평가되면 결과는 UNKNOWN이다.

▶ logical_xor(), XOR

```
FUNCTION logical_xor XOR^4 (
 left, right:LOGICAL                    -- left와 right는 논리자료형
 ):LOGICAL;                              -- 반환값은 논리자료형
 EXTERNAL;
END_FUNCTION;
```

함수 *logical_xor()*은 표 6에 정의된 *left*와 *right*의 논리적인 XOR 결과를 반환한다. 표에서 매개변수 중 하나가 UNKNOWN이면 결과는 UNKNOWN이기 때문에 단축평가는 수행될 수 있다. 즉, *left* 매개변수가 UNKNOWN이면 *right* 매개변수는 평가될 필요가 없다.

표 6. 논리자료형의 XOR연산자의 반환표

left \ right	TRUE	FALSE	UNKNOWN
TRUE	FALSE	TRUE	UNKNOWN
FALSE	TRUE	FALSE	UNKNOWN
UNKNOWN	UNKNOWN	UNKNOWN	UNKNOWN

만일 두 피연산자들 중 하나가 미정값이면 결과는 UNKNOWN이다.

11.2.5 불리언자료형의 내장함수

다음 각 함수들과 연산자들은 불리언자료형의 매개변수들에 대해 정의된다.

▶ boolean_not(), NOT

```
FUNCTION boolean_not NOT^1 (
 operand:BOOLEAN                        -- operand는 불리언자료형
 ):BOOLEAN;                              -- 반환값은 불리언자료형
```

```
 EXTERNAL;
END_FUNCTION;
```

함수 *boolean_not()*은 *operand*의 불리언 역, 즉, *operand*가 TRUE이면 FALSE를, FALSE이면 TRUE를 반환한다. 만일 *operand*가 미정값이면 결과는 UNKNOWN이다.

▶ boolean_and(), AND

```
FUNCTION boolean_and AND^3 (
 left, right:BOOLEAN              -- left와 right는 불리언자료형
 ):BOOLEAN;                       -- 반환값은 불리언자료형
 EXTERNAL;
END_FUNCTION;
```

함수 *boolean_and()*는 표 7에 정의된 *left*와 *right*의 불리언 곱을 반환한다.

표 7. 불리언자료형의 AND연산자의 반환값

left \ right	TRUE	FALSE
TRUE	TRUE	FALSE
FALSE	FALSE	FALSE

만일 매개변수 중 하나가 미정값이고 또 다른 매개변수가 FALSE이면 결과는 FALSE이다. 만약 매개변수 중 하나가 미정값이고 또 다른 매개변수가 FALSE가 아닌 것(미정값을 비롯하여)으로 평가되면 결과는 UNKNOWN이다.

▶ boolean_or(), OR

```
FUNCTION boolean_or OR^4 (
 left, right:BOOLEAN              -- left와 right는 불리언자료형
 ):BOOLEAN;                       -- 반환값은 불리언자료형
 EXTERNAL;
END_FUNCTION;
```

함수 *boolean_or()*은 표 8에 정의된 *left*와 *right*의 불리언 합을 반환한다.

표 8. 불리언자료형의 OR연산자의 반환값

left \ right	TRUE	FALSE
TRUE	TRUE	TRUE
FALSE	TRUE	FALSE

만일 매개변수 중 하나가 미정값이고 또 다른 매개변수가 TRUE이면 결과는 TRUE이다. 만약 매개변수 중 하나가 미정값이고 또 다른 매개변수가 TRUE가 아닌 것(미정값을 비롯하여)으로 평가되면 결과는 UNKNOWN이다.

▶ boolean_xor(), XOR

```
FUNCTION boolean_xor XOR^4 (
 left, right:BOOLEAN              -- left와 right는 불리언자료형
 ):BOOLEAN;                       -- 반환값은 불리언자료형
```

```
 EXTERNAL;
END_FUNCTION;
```

함수 *boolean_xor()*은 표 9에 정의된 *left*와 *right*의 불리언 XOR결과값을 반환한다.

표 9. 논리자료형의 XOR연산자의 반환표

left \ right	TRUE	FALSE
TRUE	FALSE	TRUE
FALSE	TRUE	FALSE

만일 두 피연산자들 중 하나가 미정값이면 결과는 UNKNOWN이다.

11.2.6 문자열자료형의 내장함수

다음 각 함수들과 연산자들은 문자열자료형의 매개변수들에 대해 정의된다.

▶ string_concatenate(), +

```
FUNCTION string_concatenate +^4 (
 left, right:STRING            -- left와 right는 문자열자료형
 ):STRING;                     -- 반환값은 문자열자료형
 PRE_CONDITION
  EXISTS(left) AND EXISTS(right);  -- left와 right가 실제로 값을 가질 때만 함수가 수행됨
 EXTERNAL;
END_FUNCTION;
```

함수 *string_concatenate()*는 *left*와 *right*의 문자열을 공백문자와 같은 부가적인 문자들의 추가없이 순서대로 연결한 문자열을 반환한다.

▶ like(), LIKE

```
FUNCTION like LIKE^5 (
 left, right:STRING            -- left와 right는 문자열자료형
 ):LOGICAL;                    -- 반환값은 논리자료형
 EXTERNAL;
END_FUNCTION;
```

함수 *like()*는 대상문자열*left*가 패턴문자열 *right*의 형태인지를 비교한다. 패턴문자열의 각 문자는 패턴매칭(pattern matching)을 위해 대상문자열의 대응하는 문자(들)과 비교된다. 패턴문자열에 포함되는 특수문자들은 대상문자열내의 하나이상의 문자들과 대응될 수 있다(표 10 참조). 만약 해당하는 문자들의 쌍이 같거나 특수문자에 대응하면 패턴매칭의 표현식은 TRUE로 평가되며, 그렇지 않으면 FALSE로 평가된다.

다음의 예제들은 이러한 패턴매치용 문자들을 설명한다. 패턴매칭을 위한 특수문자 자체가 대응될 때 해당 패턴은 탈출문자(\)와 대응될 특수문자로 구성된다.

```
(*
  a := '\ABcd' 일 때, 각 문장에 대한 결과는 아래와 같다.
*)
a LIKE '\\ABcd'                -- TRUE
a LIKE '\ABcd'                 -- FALSE
a LIKE '\\A^??'                -- TRUE
a LIKE '\\&'                   -- TRUE
a LIKE '\\####'                -- FALSE
```

```
a LIKE '$'                          -- TRUE
a LIKE '*'                          -- TRUE
a LIKE ('['+'A'+'-'+'z'+']')       -- FALSE
a LIKE '!\\ABcd'                    -- FALSE
```

표 10. 패턴매칭을 위한 특수문자들

특수문자	내용
@	대상문자열의 하나의 글자에 대응
^	대상문자열의 하나의 대문자에 대응
?	대상문자열의 하나의 문자에 대응
&	대상문자열의 나머지 부분에 대응
#	ISO/IEC 10646-1내의 대상문자열의 하나의 숫자에 대응
$	공백문자, 형식분리자 문자, 또는 문자열의 종결 등에 의해 분리될 수 있는 부분문자열에 대응
*	대상문자열의 0개이상의 문자들에 대응
[ ]	대괄호내에 대응할 문자들의 목록을 지정, 문자들의 범위는 -에 의해 지정.
\	패턴문자와 함께 패턴문자자체를 대응시킬 시작기호로 사용
!	부정하는 문자(다른 문자들과 함께 사용됨)

▶ character()

```
FUNCTION character (
 code:INTEGER                    -- code는 정수자료형
 ):STRING;                       -- 반환값은 문자열자료형
 PRE_CONDITION
  {0 <= code <= 2**31 -1};       -- code는 0이상이고 2**31-1이하이어야 함
 EXTERNAL;
END_FUNCTION;
```

함수 *character()*는 십진법 code에 의한 ISO/IEC 10646-1의 문자를 포함하는 문자열을 반환한다.

```
LOCAL
 n : INTEGER := 937;
 x : STRING;
END_LOCAL;
...
x := character(n);               -- 지역변수 x에는 문자 Ω가 배정된다
```

▶ code()

```
FUNCTION code (
 s:STRING                        -- s는 문자열자료형
 ):INTEGER;                      -- 반환값은 정수자료형
 PRE_CONDITION
  lengthof(s) = 1;               -- s의 길이는 1이어야 함
 EXTERNAL;
END_FUNCTION;
```

함수 *code()*는 ISO/IEC 10646-1의 하나의 문자를 포함하는 문자열 s내에 있는 문자의 십진법 코드를 반환한다.

```
LOCAL
 n : INTEGER;
 x : STRING := 'Ω';
END_LOCAL;
...
n := code(x);                    -- 지역변수 n에는 정수 937이 배정된다
```

► length()

```
FUNCTION length (
 v:STRING                        -- v는 문자열자료형
 ):INTEGER;                      -- 반환값은 정수자료형
 EXTERNAL;
END_FUNCTION;
```

함수 *length()*는 문자열 *v*내의 문자수(0보다 크거나 같음)를 반환한다.

```
LOCAL
 n1,n2 : INTEGER;
 x1 : STRING := 'etsu';
 x2 : STRING := '울산대학교';
END_LOCAL;
...
n1 := length(x1);                -- 지역변수 n1에는 4가 배정된다
n2 := length(x2);                -- 지역변수 n에는 5가 배정된다
```

► tokenize()

```
FUNCTION tokenize (
 input:STRING;                   -- input은 문자열자료형
 delimiter:STRING                -- delimiter는 문자열자료형
 ):LIST[1:?] OF STRING;          -- 반환값은 문자열의 LIST(LIST의 크기는 1이상)
 EXTERNAL;
END_FUNCTION;
```

함수 *tokenize()*는 *input*을 *delimiter*와 같지 않은 일련의 문자들을 포함하는 부분문자열들의 LIST를 반환한다. 만약 분리자가 *input*에 나타나지 않거나 분리자가 미정값이거나 0의 길이이면, 결과 LIST는 오직 하나의 문자열, 즉, *input*문자열 자체를 가지게 된다.

```
tokenize('Univ.,of,Ulsan',',');  -- 결과는 'Univ.', 'of', 'Ulsan'을 갖는 LIST가 된다
```

► value()

```
FUNCTION value (
 v:STRING                        -- v는 문자열자료형
 ):COMPLEX;                      -- 반환값은 복소수자료형
 EXTERNAL;
END_FUNCTION;
```

함수 *value()*는 문자열 표현 *v*에 해당하는 수를 반환한다. 만약 문자열을 *v*를 복소수자료형 값, 실수자료형 값, 또는 정수자료형 값으로 전환하는 것이 불가능하다면, 미정값이 반환된다.

```
value('259.2270')                -- 259.2270값의 실수를 반환한다
value('1234')                    -- 1234값의 정수를 반환한다
value('text')                    -- 미정값을 반환한다
```

11.2.7 이진자료형의 내장함수

이진자료형 피연산자들에 대해 특별히 정의된 내장연산자는 없다.

▶ blength()

```
FUNCTION blength (
 v:BINARY                          -- v는 이진자료형
 ):INTEGER;                        -- 반환값은 정수자료형
 EXTERNAL;
END_FUNCTION;
```

함수 *blength()*는 *v*내에 있는 비트(bit)들의 수를 반환한다.

```
LOCAL
bin : BINARY;
n : INTEGER;
END_LOCAL;
...
n := blength(bin);                 -- 지역변수 n에는 비트수가 배정된다
```

11.3 범용집합자료형

11.3.1 범용집합자료형의 내장함수

이 절은 범용집합자료형의 내장함수들을 설명한다. 이러한 범용집합자료형의 내장함수들은 모든 범용집합형 자료형들에 대해 적용될 수 있다.

▶ member_of(), IN

```
FUNCTION member_of IN^5 (
 right:AGGREGATE OF GENERIC:gen; -- right는 범용집합자료형
 left:GENERIC:gen                -- left는 right의 요소와 동일한 자료형
 ):LOGICAL;                      -- 반환값은 논리자료형
 EXTERNAL;
END_FUNCTION;
```

함수 *member_of()*는 *left*와 동일한(*instance_equal*) *right*의 구성요소가 존재하면 TRUE를 반환한다. 그렇지 않으면 *right*가 미정값을 가진 경우에는 UNKNOWN을, 그렇지 않은 경우에는 FALSE를 반환한다. 만약 두 매개변수들 중 하나가 미정값이면 결과는 UNKNOWN이다.

▶ value_in(), ∈

```
FUNCTION value_in ∈^5 (
 right:AGGREGATE OF GENERIC:gen; -- right는 범용집합자료형
 left:GENERIC:gen                -- left는 right의 요소와 동일한 자료형
 ):LOGICAL;                      -- 반환값은 논리자료형
 EXTERNAL;
END_FUNCTION;
```

함수 *value_in()*은 *left*와 *value_equal()*인 *right*의 구성요소가 존재하면 TRUE를 반환한다. 그렇지 않으면 *right*가 미정값을 가진 경우에는 UNKNOWN을, 그렇지 않은 경우에는 FALSE를 반환한다. 만약 두 매개변수들 중 하나가 미정값이면 결과는 UNKNOWN이다.

```
LOCAL
```

```
 points : BAG OF point;
END_LOCAL;
...
IF (point(0.0,0.0,0.0) ∈ points)          -- 원점에 위치하는 point가 포함되는 지를 판단한다
...
```

▶ hibound()

```
FUNCTION hibound (
 v:AGGREGATE OF GENERIC          -- v는 범용집합자료형
 ):INTEGER;                      -- 반환값은 정수자료형
 EXTERNAL;
END_FUNCTION;
```

함수 *hibound()*는 *v*가 ARRAY인 경우에는 상한색인을, BAG 또는 LIST인 경우에는 상한경계값을 각각 반환한다. 만약 해당 값이 없거나 미정값이면, 미정값이 반환된다.

```
LOCAL
 a : ARRAY[-3:11] OF BAG[3:4] OF LIST[0:?] OF INTEGER;
 hb1, hb2, hb3 : INTEGER;
END_LOCAL;
...
a[-3][1][1] := 2;
...
hb1 := hibound(a);               -- ARRAY의 상한색인 11이 배정된다
hb2 := hibound(a[-3]);           -- BAG의 상한경계인 4가 배정된다
hb3 := hibound(a[-3][1]);        -- 미정값이 배정된다
```

▶ hiindex()

```
FUNCTION hiindex (
 v:AGGREGATE OF GENERIC          -- v는 범용집합자료형
 ):INTEGER;                      -- 반환값은 정수자료형
 EXTERNAL;
END_FUNCTION;
```

함수 *hiindex()*는 *v*가 ARRAY인 경우에는 상한색인을, BAG 또는 LIST인 경우에는 집합값 내의 실제 요소수를 각각 반환한다.

```
LOCAL
 a : ARRAY[-3:11] OF BAG[3:4] OF LIST[0:?] OF INTEGER;
 hi1, hi2, hi3 : INTEGER;
END_LOCAL;
a[-3][1][1] := 2;
hi1 := hiindex(a);               -- ARRAY의 상한색인 11이 배정된다
hi2 := hiindex(a[-3]);           -- BAG의 실제 요소수인 1이 배정된다
hi3 := hiindex(a[-3][1]);        -- LIST의 실제 요소수인 1이 배정된다
```

▶ lobound()

```
FUNCTION lobound (
 v:AGGREGATE OF GENERIC          -- v는 범용집합자료형
 ):INTEGER;                      -- 반환값은 정수자료형
 EXTERNAL;
END_FUNCTION;
```

함수 *lobound()*는 *v*가 ARRAY인 경우에는 하한색인을, BAG또는 LIST인 경우에는 선언된 하한경계값을 반환한다. 만약 선언된 경계값이 없으면 0이 반환된다.

```
LOCAL
 a : ARRAY[-3:11] OF BAG[3:4] OF LIST[0:?] OF INTEGER;
```

```
 lb1, lb2, lb3 : INTEGER;
END_LOCAL;
...
lb1 := lobound(a);             -- ARRAY의 하한색인 -3이 배정된다
lb2 := lobound(a[-3]);         -- BAG의 하한경계인 3이 배정된다
lb3 := lobound(a[-3][1]);      -- LIST의 하한경계인 0이 배정된다
```

▶ loindex()

```
FUNCTION loindex (
 v:AGGREGATE OF GENERIC        -- v는 범용집합자료형
 ):INTEGER;                    -- 반환값은 정수자료형
 EXTERNAL;
END_FUNCTION;
```

함수 *loindex()*는 v가 ARRAY인 경우에는 선언된 하한색인을, BAG 또는 LIST인 경우에는 1을 각각 반환한다.

```
LOCAL
 a : ARRAY[-3:11] OF BAG[3:4] OF LIST[0:?] OF INTEGER;
 li1, li2, li3 : INTEGER;
END_LOCAL;
...
li1 := loindex(a);             -- ARRAY의 하한색인 -3이 배정된다
li2 := loindex(a[-3]);         -- 1이 배정된다
li3 := loindex(a[-3][1]);      -- 1이 배정된다
```

▶ sizeof()

```
FUNCTION sizeof (
 v:AGGREGATE OF GENERIC        -- v는 범용집합자료형
 ):INTEGER;                    -- 반환값은 정수자료형
 EXTERNAL;
END_FUNCTION;
```

함수 *sizeof()*는 집합값내의 실제 요소수를 반환한다.

```
LOCAL
 n : INTEGER;
 y : ARRAY[2:5] OF b;
 z : LIST[0:?] OF b;
END_LOCAL;
n := sizeof(y);                -- 4가 배정된다
n := sizeof(z);                -- 0이 배정된다
```

▶ value_unique()

```
FUNCTION value_unique (
 v:AGGREGATE OF GENERIC        -- v는 범용집합자료형
 ):LOGICAL;                    -- 반환값은 논리자료형
 EXTERNAL;
END_FUNCTION;
```

함수 *value_unique()*는 집합형 자료형의 임의의 두 구성요소가 *value_equal()*이면 FALSE를, 그렇지 않으면 TRUE를 반환한다. 만약 *v*가 미정값이거나 미정값인 구성요소를 포함하면, UNKNOWN이 반환된다.

```
(*
  예약어 UNIQUE에 의한 집합형은 기본적으로 instance_equal()에 의한다. 다음의 정의자료형 value_unique_bag는 값의 유일성으로 제약되므로, 집합 내에 있는 각 point가 다른 위치에 있음을 보장한다.
```

```
*)
TYPE value_unique_bag IS BAG OF UNIQUE point;
 WHERE
  wr1 : value_unique(SELF);
END_TYPE;
```

▶ QUERY

364 query_expression = QUERY '(' variable_id '<*' aggregate_source '|' logical_expression ')' .

209 aggregate_source = aggregate_expression .

질의표현식은 집합값의 각 요소에 대해 논리표현식을 개별적으로 적용하고, 그 결과가 FALSE, UNKNOWN, 또는 미정값으로 평가되는 요소들을 제외하고 TRUE로 평가되는 요소들을 포함하는 집합값으로 평가된다. 이것은 결과적으로 원래의 집합값에서 그 요소들이 논리표현식에 의해 표현된 조건을 만족시키는 부분집합을 주는 효과를 가진다.

질의표현식은 예약어 QUERY 뒤의 개괄호 '('부터 질의표현식을 종결하는 폐괄호')'까지 새로운 범주를 정의한다.

- *variable_id*는 질의문내에서 묵시적으로 선언되며, 해당 질의문의 범주내에서 가시적이다.
- *aggregate_source*는 집합형 자료형 값으로 평가되어야 한다. 만약 미정값으로 평가된다면, 질의문은 미정값을 반환한다.
- *logical_expression*은 LOGICAL 로 평가되는 표현식이어야 한다.

질의표현식은 *aggregate_source*로부터 요소들을 하나씩 취해서 *logical_expression*내의 variable_id를 대신한다. 그리고나서 *logical_expression*이 평가된다. 만약 *logical_expression*이 TRUE이면 해당요소는 결과에 추가된다. 그렇지 않으면 추가되지 않는다. 이 과정은 *aggregate_source*의 모든 요소에 대해 반복된다. 결과의 집합값은 다음과 같이 주어진 집합형 자료형의 각 종류에 따라 구성된다.

- BAG: 결과 BAG은 *aggregate_source*와 동일한 기본자료형과 상한치를 가진다. 결과 BAG은 하한치가 0으로 초기에 비어 있다. *logical_expression*이 TRUE로 평가되는 소스의 각 요소는 결과 BAG에 추가된다.
- LIST : 결과 LIST는 *aggregate_source*와 동일한 기본자료형과 상한치를 가진다. 결과 LIST는 하한치가 0으로 초기에 비어 있다. *logical_expression*이 TRUE로 평가되는 소스의 각 요소는 결과 LIST의 끝부분에 추가된다. 그러므로 소스의 순서는 유지된다.
- TABLE : 결과 TABLE은 *aggregate_source*와 동일한 기본자료형, 색인용 자료형 그리고 상한치를 갖는다. 결과 TABLE은 하한치가 0으로 초기에 비어있다. *logical_expression*이 TRUE로 평가되는 소스의 각 요소는 결과 TABLE에 추가된다. 결과 TABLE 에 추가되는 요소들의 색인값은 유지된다.
- ARRAY : 결과 ARRAY은 *aggregate_source*와 동일한 기본자료형과 범위를 가지지만 ARRAY 요소들은 OPTIONAL이다. 각 요소는 초기에 미정값이 주어진다. *logical_expression*이 TRUE로 평가되는 소스의 각 요소는 결과 ARRAY 내의 해당 색인위치에 놓여진다.

```
(*
 기저자료형으로 pink과 scarlet을 포함하는 나열자료형인 color를 정의한다. 다음은 colors로부터 pink
```

```
나 scarlet 요소를 추출하는데 사용될 수 있다.
*)
LOCAL
 colors : ARRAY OF color;
 reds : ARRAY OF OPTIONAL color;
END_LOCAL;
...
reds := query(temp <* colors | (temp = pink) OR (temp = scarlet));
...
```

11.4 범용집합형 자료형

11.4.1 범용 BAG자료형의 내장함수

이 절은 범용 BAG자료형에 관련한 내장함수들을 설명한다. 만약 내장함수로 전달되는 하나이상의 매개변수들이 미정값이면, 해당 함수의 결과는 별도로 기술하는 경우를 제외하고는 미정값이다.

▶ bag_value_equal(), =

```
FUNCTION bag_value_equal =^5 (
 left, right:BAG OF GENERIC    -- left와 right는 범용자료형인 요소를 갖는 BAG자료형
 ):LOGICAL;                    -- 반환값은 논리자료형
 EXTERNAL;
END_FUNCTION;
```

함수 *bag_value_equal()*은 *left*에 속하는(∈) 각 요소가 그 수만큼 *right*에서 발생하고, *right*에 속하는(∈) 각 요소가 그 수만큼 *left*에서 발생하는 경우에만 TRUE를 반환한다. 하나의 BAG은 UNIQUE조건을 가지는 다른 BAG과 *bag_value_equal()*이 될 수 있다. 만약 두 매개변수들 중 하나가 미정값이면 결과는 UNKNOWN이다.

```
(*
 다음의 선언들은 서로간에 bag_value_equal()인 3개의 BAG들을 선언한다.
*)
CONSTANT
 origin : point := point(0.0, 0.0, 0.0);
 zero_pt : point := point(0.0, 0.0, 0.0);
 list_1: BAG OF point := [origin,zero_pt];
 list_2: BAG OF UNIQUE point :=[origin, zero_pt];
 list_3: BAG OF UNIQUE point :=[zero_pt,origin];
END_CONSTANT;
ENTITY point;
 x,y,z : REAL;
END_ENTITY;
```

▶ bag_instance_equal(), :=:

```
FUNCTION bag_instance_equal :=:^5 (
 left, right:BAG OF GENERIC    -- left와 right는 범용자료형인 요소를 갖는 BAG 자료형
 ):LOGICAL;                    -- 반환값은 논리자료형
 EXTERNAL;
END_FUNCTION;
```

함수 *bag_instance_equal()*은 *left*에 속하는(IN) 각 요소가 그 수만큼 *right*에서 발생하

고, *right*에 속하는(IN) 각 요소가 그 수만큼 *left*에서 발생하는 경우에만 *left*와 *right*는 TRUE를 반환한다. 만약 두 매개변수들 중 하나가 미정값이면 결과는 UNKNOWN이다.

▶ union(), +

```
FUNCTION union +^4 (
 left:BAG OF GENERIC:gen;        -- left는 범용자료형인 요소를 갖는 BAG자료형
 right:BAG OF GENERIC:gen        -- right는 left의 요소와 같은 자료형을 갖는 BAG자료형
 ):BAG OF GENERIC:gen;           -- 반환값은 left의 요소와 같은 자료형을 갖는 BAG자료형
 PRE_CONDITION
  EXISTS(left) AND EXISTS(right);  -- left와 right가 실제로 값을 가질 때만 함수가 수행된다
 EXTERNAL;
END_FUNCTION;
```

함수 *union()*은 범위 [0:?]인 결과BAG으로 *left*를 복사하고 *right*의 각 요소를 삽입함으로서 *left*와 *right*의 합집합의 BAG을 반환한다. 만약 *left*가 UNIQUE BAG이면 이미 결과 BAG안(IN)에 존재하는 *right*의 요소들은 추가되지 않는다.

▶ element_union_l(), +

```
FUNCTION element_union_l +^4 (
 left:BAG OF GENERIC:gen;        -- left는 범용자료형인 요소를 갖는 BAG자료형
 right:GENERIC:gen               -- right는 left의 요소와 동일한 자료형
 ):BAG OF GENERIC:gen;           -- 반환값은 left의 요소와 같은 자료형을 갖는 BAG자료형
 PRE_CONDITION
  EXISTS(left) AND EXISTS(right);  -- left와 right가 실제로 값을 가질 때만 함수가 수행된다
 EXTERNAL;
END_FUNCTION;
```

함수 *element_union_l()*은 범위 [0:?]인 결과BAG으로 *left*를 복사하고 *right*요소를 삽입한다. 만약 *left*가 UNIQUE BAG이면 *right* 요소는 결과BAG 안(IN)에 있지 않을 때만 추가된다.

▶ element_union_r(), +

```
FUNCTION element_union_r +^4 (
 right:BAG OF GENERIC:gen;       -- right는 범용자료형인 요소를 갖는 BAG자료형
 left:GENERIC:gen                -- left는 right의 요소와 동일한 자료형
 ):BAG OF GENERIC:gen;           -- 반환값은 left의 요소와 같은 자료형을 갖는 BAG자료형
 PRE_CONDITION
  EXISTS(left) AND EXISTS(right);  -- left와 right가 실제로 값을 가질 때만 함수가 수행된다
 EXTERNAL;
END_FUNCTION;
```

함수 *element_union_r()*은 범위 [0:?]인 결과BAG으로 *right*를 복사하고 *left*요소를 삽입한다. 만약 *right*가 UNIQUE BAG이면 *left* 요소는 결과BAG 안(IN)에 있지 않을 때만 추가된다.

▶ difference(), -

```
FUNCTION difference -^4 (
 left:BAG OF GENERIC:gen;        -- left는 범용자료형인 요소를 갖는 BAG자료형
 right:BAG OF GENERIC:gen        -- right는 left의 요소와 같은 자료형을 갖는 BAG자료형
 ):BAG OF GENERIC:gen;           -- 반환값은 left의 요소와 같은 자료형을 갖는 BAG자료형
 PRE_CONDITION
  EXISTS(left) AND EXISTS(right);  -- left와 right가 실제로 값을 가질 때만 함수가 수행된다
 EXTERNAL;
```

```
END_FUNCTION;
```

함수 *difference()*는 범위 [0:?]인 결과BAG으로 *left*를 복사하고 *right*의 각 요소에 대해 *left*안(IN)에 있는 경우에 한하여 결과BAG으로부터 하나씩 제거한다. 그러므로 특정한 요소가 *right*내에 더 많이 포함되어 있는 경우에만 결과BAG에 남게 된다.

▶ element-difference(), -

```
FUNCTION element_difference -^4 (
 left:BAG OF GENERIC:gen;       -- left는 범용자료형인 요소를 갖는 BAG자료형
 right:GENERIC:gen              -- right는 left의 요소와 동일한 자료형
 ):BAG OF GENERIC:gen;          -- 반환값은 left의 요소와 같은 자료형을 갖는 BAG자료형
 PRE_CONDITION
  EXISTS(left) AND EXISTS(right);  -- left와 right가 실제로 값을 가질 때만 함수가 수행된다
 EXTERNAL;
END_FUNCTION;
```

함수 *element_difference()*는 범위 [0:?]인 결과BAG으로 *left*를 복사하고 *right*요소가 *left*안(IN)에 있는 경우에 한하여 결과BAG으로부터 한번 제거한다. 그러므로 특정한 요소가 *right*내에 더 많이 포함되어 있는 경우에만 결과BAG에 남게 된다.

▶ intersection(), *

```
FUNCTION intersection *^3 (
 left:BAG OF GENERIC:gen;       -- left는 범용자료형인 요소를 갖는 BAG자료형
 right:BAG OF GENERIC:gen       -- right는 left의 요소와 같은 자료형을 갖는 BAG자료형
 ):BAG OF GENERIC:gen;          -- 반환값은 left의 요소와 같은 자료형을 갖는 BAG자료형
 PRE_CONDITION
  EXISTS(left) AND EXISTS(right);  -- left와 right가 실제로 값을 가질 때만 함수가 수행된다
 EXTERNAL;
END_FUNCTION;
```

함수 *intersection()*은 *left*안과 *right*안에 동시에 있는 요소들을 포함하는 교집합의 BAG을 반환한다. 만일 두 매개변수들 중 하나가 UNIQUE로 선언되면, 결과BAG 또한 UNIQUE이다.

▶ subset(), ⊂

```
FUNCTION subset ⊂^5 (
 left:BAG OF GENERIC:gen        -- left는 범용자료형인 요소를 갖는 BAG자료형
 right:BAG OF GENERIC:gen;      -- right는 left의 요소와 같은 자료형을 갖는 BAG자료형
 ):LOGICAL;
 PRE_CONDITION
  EXISTS(left) AND EXISTS(right);  -- left와 right가 실제로 값을 가질 때만 함수가 수행된다
 EXTERNAL;
END_FUNCTION;
```

함수 *subset()*는 *left*안에서 n번 발생하는 각 요소가 또한 *right*안에서 적어도 n번 발생한다면 TRUE를, 피연산자 중 어느 한쪽이 미정값이면 UNKNOWN을, 그 외의 경우는 FALSE를 반환한다.

▶ superset(), ⊃

```
FUNCTION superset ⊃^5 (
 left:BAG OF GENERIC:gen;       -- left는 범용자료형인 요소를 갖는 BAG자료형
 right:BAG OF GENERIC:gen       -- right는 left의 요소와 같은 자료형을 갖는 BAG자료형
 ):LOGICAL;                     -- 반환값은 논리자료형
```

```
PRE_CONDITION
 EXISTS(left) AND EXISTS(right);  -- left와 right가 실제로 값을 가질 때만 함수가 수행된다
EXTERNAL;
END_FUNCTION;
```

함수 *superset()*는 *right*안에서 n번 발생하는 각 요소가 또한 *left*에서 적어도 n번 발생한다면 TRUE를, 피연산자 중 어느 한쪽이 미정값이면 UNKNOWN을, 그 외의 경우는 FALSE를 반환한다.

11.4.2 범용 LIST자료형의 내장함수

이 절은 범용 LIST자료형에 관련한 내장함수들을 설명한다. 만약 내장함수로 전달되는 하나이상의 매개변수들이 미정값이면, 별도로 기술되지 않은 경우에는 해당 함수의 결과는 미정값이다.

▶ list_value_equal(), =

```
FUNCTION list_value_equal =^5 (
 left, right:LIST OF GENERIC   -- left와 right는 범용자료형인 요소를 갖는 LIST자료형
 ):LOGICAL;                    -- 반환값은 논리자료형
 EXTERNAL;
END_FUNCTION;
```

함수 *list_value_equal()*은 두 개의 LIST *left*와 *right*는 크기가 같고 동일한 위치의 각 요소가 *value_equal()*일 때 TRUE를 반환한다. 만일 두 매개변수들 중 하나가 미정값이면 결과는 UNKNOWN이다.

▶ list_instance_equal(), :=:

```
FUNCTION list_instance_equal :=:^5 (
 left, right:LIST OF GENERIC   -- left와 right는 범용자료형인 요소를 갖는 LIST자료형
 ):LOGICAL;                    -- 반환값은 논리자료형
 EXTERNAL;
END_FUNCTION;
```

함수 *list_instance_equal()*은 두 개의 LIST *left*와 *right*는 크기가 같고 동일한 위치의 각 요소가 *instance_equal()*일 때 TRUE를 반환한다. 만일 두 매개변수들 중 하나가 미정값이면 결과는 UNKNOWN이다.

▶ append(), +

```
FUNCTION append +^4 (
 left:LIST OF GENERIC:gen;     -- left는 범용자료형인 요소를 갖는 LIST자료형
 right:LIST OF GENERIC:gen     -- right는 left의 요소와 같은 자료형을 갖는 LIST자료형
 ):LIST OF GENERIC:gen;        -- 반환값은 left의 요소와 같은 자료형을 갖는 LIST자료형
 PRE_CONDITION
  EXISTS(left) AND EXISTS(right);  -- left와 right가 실제로 값을 가질 때만 함수가 수행된다
 EXTERNAL;
END_FUNCTION;
```

함수 *append()*는 범위 [0:?]인 결과 LIST로 *left*를 복사하고 *right*의 각 요소를 삽입함으로서 *left*와 *right*의 합집합의 LIST를 반환한다. 만약 *left*가 UNIQUE LIST이면 이미 결과 LIST안(IN) 에 존재하는*right*의 요소들은 추가되지 않는다.

▶ element_append(), +

```
FUNCTION element_append +^4 (
```

```
left:LIST OF GENERIC:gen;      -- left는 범용자료형인 요소를 갖는 LIST자료형
right:GENERIC:gen              -- right는 left의 요소와 동일한 자료형
):LIST OF GENERIC:gen;         -- 반환값은 left의 요소와 같은 자료형을 갖는 LIST자료형
PRE_CONDITION
 EXISTS(left) AND EXISTS(right);  -- left와 right가 실제로 값을 가질 때만 함수가 수행된다
EXTERNAL;
END_FUNCTION;
```

함수 *element_append()*는 범위 [0:?]인 결과LIST로 *left*를 복사하고 *right*요소를 추가한다. 만약 *left*가 UNIQUE LIST이면 *right*요소는 결과안(IN)에 있지 않을 때만 추가된다.

▶ element_prepend(), +

```
FUNCTION element_prepend +^4 (
 right:LIST OF GENERIC:gen;     -- right는 범용자료형인 요소를 갖는 LIST자료형
 left:GENERIC:gen               -- left는 right의 요소와 동일한 자료형
 ):LIST OF GENERIC:gen;         -- 반환값은 right의 요소와 같은 자료형을 갖는 LIST자료형
 PRE_CONDITION
  EXISTS(left) AND EXISTS(right);  -- left와 right가 실제로 값을 가질 때만 함수가 수행된다
 EXTERNAL;
END_FUNCTION;
```

함수 *element_prepend()*는 범위 [0:?]인 결과LIST로 *right*를 복사하고 *left*요소를 결과LIST의 앞부분에 삽입한다. 만약 *right*가 UNIQUE LIST이면 *left* 요소는 결과안(IN)에 있지 않을 때만 추가된다.

11.4.3 범용 LIST자료형의 내장프로시저

이 절은 범용 LIST자료형에 관련한 내장프로시저들을 설명한다[1].

▶ insert()

```
PROCEDURE insert (
 VAR l:LIST OF GENERIC:gen;    -- l은 LIST자료형
 e:GENERIC:gen;                -- e는 l의 요소와 같은 자료형
 p:INTEGER                     -- p는 정수자료형
 );
 EXTERNAL;
END_PROCEDURE;
```

프로시저 *insert()*는 l내의 p위치에 있는 요소의 다음에 *e*를 삽입하여 새로운 l을 만든다. 그러므로 *p*<=0일 때는 *e*는 첫번째 요소가 되고, *p*>=*sizeof*(*l*)이면 *e*는 마지막 요소가 된다.

```
(*
 이 예는 다른 LIST로부터 하나의 LIST로 반복적으로 삽입하는 것을 보여준다.
*)
...
LOCAL
 l1 : LIST OF INTEGER := _list_of__integer::[1,2,3,4,5];
 l2 : LIST OF INTEGER := _list_of__integer::[9,8,7,6];
END_LOCAL;
REPEAT FOR i := 1 TO sizeof(l2);
 insert(l1, l2[i], 2*i-1);
```

1 만약 내장프로시저로 전달되는 하나이상의 매개변들이 미정값이면, 해당프로시저의 선언에서 명시적으로 별도로 기술되지 않은 경우에는 해당 프로시저는 실행되지 않고 실행 에러코드 9가 반환된다.

```
END_REPEAT;                          -- 11은 결과적으로 [1,9,2,8,3,7,4,6,5]가 된다
```

► remove()

```
PROCEDURE remove (
 VAR l:LIST OF GENERIC;             -- l은 LIST자료형
 p:INTEGER                          -- p는 정수자료형
 );
 PRE_CONDITION
  { 1 <= p <= sizeof(l) };          -- p는 1이상이고 l의 길이이하이어야 함
 EXTERNAL;
END_PROCEDURE;
```

프로시저 *remove()*는 l내의 p위치에 있는 구성요소를 삭제하여 새로운 l을 만든다.

```
(*
  이 예는 LIST로부터 요소들의 반복적인 제거를 보여준다.
*)
...
LOCAL
 l : LIST OF INTEGER := _list_of__integer::[1,9,2,8,3,7,4,6,5];
END_LOCAL;
REPEAT FOR i := 1 to sizeof(l)/2;
 remove(l,i+1);
END_REPEAT;                          -- l은 [1,2,3,4,5]가 된다
```

11.4.4 범용 TABLE자료형의 내장함수

이 절은 범용TABLE자료형에 관련한 내장함수들을 설명한다.

► table_value_equal(), =

```
FUNCTION table_value_equal =^5 (
 left, right:TABLE OF GENERIC INDEXED BY GENERIC (* left와 right는 범용자료형인 색인과 범용
                                                    자료형인 요소를 갖는 TABLE자료형 *)
 ):LOGICAL;                         -- 반환값은 논리자료형
 EXTERNAL;
END_FUNCTION;
```

함수 *tablet_value_equal()*은 두 개의 TABLE *left*와 *right*는 크기가 같고 동일한 색인값(*instance_equal)*의 각 요소가 *value_equal()*일 때 TRUE를 반환한다. 만일 두 매개변수들 중 하나가 미정값이면 결과는 UNKNOWN이다.

► table_instance_equal(), :=:

```
FUNCTION table_instance_equal :=:^5 (
 left, right:TABLE OF GENERIC INDEXED BY GENERIC   -- left와 right는 TABLE자료형
 ):LOGICAL;                                        -- 반환값은 논리자료형
 EXTERNAL;
END_FUNCTION;
```

함수 *table_instance_equal()*은 두 개의 TABLE *left*와 *right*는 크기가 같고 동일한 색인값(*instance_equal)*의 각 요소가 *instance_equal()*일 때 TRUE를 반환한다. 만일 두 매개변수들 중 하나가 미정값이면 결과는 UNKNOWN이다.

► index_type()

```
FUNCTION index_type (
 v:TABLE OF GENRERIC INDEXED BY GENERIC  -- v는 TABLE자료형
 ):TYPE_NAME;                            -- 반환값은 형이름자료형
 EXTERNAL;
END_FUNCTION;
```

함수 *index_type()*는 *v*의 색인으로 사용될 자료형에 대한 형이름값을 반환한다. 만약 *v*가 ARRAY자료형이면, *index_type()*은 정의에 의해 INTEGER가 된다.

```
TYPE a IS ARRAY OF GENERIC_ENTITY;
END_TYPE;
TYPE b IS TABLE [5:10] OF UNIQUE GENERIC_ENTITY INDEXED BY INTEGER;
END_TYPE;
TYPE ts IS TABLE OF GENERIC_ENTITY INDEXED BY STRING;
END_TYPE;
TYPE choice IS SELECT (a, b, ts);
END_TYPE;
...
LOCAL
 v : choice;
END_LOCAL
...
IF index_type(v) = INTEGER
THEN
...                                    -- v가 a 또는 b 자료형인 경우에 수행된다
ELSE
...                                    -- v가 ts 자료형인 경우에 수행된다
END_IF;
```

▶ indicies_of()

```
FUNCTION indicies_of (
 v:TABLE OF GENRERIC INDEXED BY GENERIC:ind        -- v는 TABLE자료형
 ):BAG OF UNIQUE GENERIC:ind;                      -- 반환값은 BAG자료형
 EXTERNAL;
END_FUNCTION;
```

함수 *indicies_of()*는 *v*의 색인을 위하여 사용된 색인값들을 반환한다. 만약 *v*가 ARRAY자료형이면, 그 값들은 정의에 의해 INTEGER형의 집합이 된다.

```
TYPE ts IS TABLE OF REAL INDEXED BY STRING;
END_TYPE;
...
LOCAL
 v : ts := ts::[PI@'pi', 0@'zero'];
END_LOCAL
...
IF 'zero' IN indicies_of(v)
THEN
 x := v['zero'];
END_IF;
```

11.4.5 범용 ARRAY자료형의 내장함수

이 절은 범용 ARRAY자료형에 관련한 내장함수들을 설명한다.

▶ array_value_equal(), =

```
FUNCTION array_value_equal =^5 (
 left, right:ARRAY OF GENERIC  -- left와 right는 ARRAY자료형
 ):LOGICAL;                    -- 반환값은 논리자료형
 EXTERNAL;
END_FUNCTION;
```

함수 *array_value_equal()*은 두 개의 ARRAY *left*와 *right*는 크기가 같고 정수 색인의 각 요소가 *value_equal()*일 때 TRUE를 반환한다. 만일 두 매개변수들 중 하나가 미정값이면 결과는 UNKNOWN이다.

▶ array_instance_equal(), :=:

```
FUNCTION array_instance_equal :=:^5 (
 left, right:ARRAY OF GENERIC  -- left와 right는 ARRAY자료형
 ):LOGICAL;                    -- 반환값은 논리자료형
 EXTERNAL;
END_FUNCTION;
```

함수 *array_instance_equal()*은 두 개의 ARRAY *left*와 *right*는 크기가 같고 정수 색인의 각 요소가 *instance_equal()*일 때 TRUE를 반환한다. 만일 두 매개변수들 중 하나가 미정값이면 결과는 UNKNOWN이다.

11.5 범용엔티티자료형

11.5.1 범용엔티티자료형의 내장함수

이 절은 범용엔티티자료형의 내장함수들을 설명한다. 이러한 범용엔티티자료형의 내장함수들은 사용자가 정의하는 모든 엔티티자료형들에 대해 적용될 수 있다.

▶ generic_entity_value_equal(), =

```
FUNCTION generic_entity_value_equal =^5 (
 left, right:GENERIC_ENTITY    -- left와 right는 범용엔티티자료형
 ):LOGICAL;                    -- 반환값은 논리자료형
 EXTERNAL;
END_FUNCTION;
```

함수 *generic_entity_value_equal()*은 *left*와 *right*가 동일한 엔티티 인스턴스이거나 그 속성들이 *value_equal()*일 때 TRUE가 된다. 만약 둘중 하나의 피연산자가 미정값이거나 비교과정에서 속성이 미정값인 경우에는 UNKNOWN으로 평가된다. 이 함수는 엔티티 인스턴스에게나 부분 복합엔티티 값에게 적용될 수 있다. 엔티티 인스턴스들에 대해서는 고려대상이 되는 인스턴스들의 모든 하위형과 상위형의 속성들이 비교되어야 한다. 부분 복합엔티티 값에 대해서는 그룹참조부에서 명시한 엔티티자료형의 속성들만 비교되어야 한다(이는 주어진 엔티티자료형내에서 재선언되는 상속된 속성들은 포함하지 않는다).

```
(*
 지역변수 i1과 i2는 loop_of_integer형이며, 이 예제에서 처럼 값이 배정되었을 때 그들은 value equal
이 아니다.
*)
ENTITY loop_of_integer;
 int : INTEGER;
 next : loop_of_integer;
```

```
END_ENTITY;
...
LOCAL
 i1, i2 : loop_of_integer;
END_LOCAL;
...
i1 := loop_of_integer(5,loop_of_integer(3,SELF));
i2 := loop_of_integer(3,loop_of_integer(5,SELF));
IF i1 = i2                          -- FALSE로 평가된다
THEN
...
```

▶ generic_entity_instance_equal(), :=:

```
FUNCTION generic_entity_instance_equal :=:^5 (
 left, right:GENERIC_ENTITY    -- left와 right는 범용엔티티자료형
 ):LOGICAL;                     -- 반환값은 논리자료형
 EXTERNAL;
END_FUNCTION;
```

함수 *generic_entity_instance_equal()*은 *left*와 *right*가 동일한 엔티티 인스턴스로 평가될 때 TRUE로 평가된다. *left*와 *right*가 다른 엔티티 인스턴스이면 FALSE로 평가된다. 별도의 주의사항이 없으면, 집합형 자료형 비교나 UNIQUE 규칙검토와 같이 두 개의 인스턴스들이 비교될 때는 엔티티 인스턴스 비교가 사용되어야 한다. 두 매개변수들 중 하나가 미정값이면 결과는 UNKNOWN이다.

```
(*
 모든 어린이들은 어머니가 있지만, 일부 어린이들만이 형제나 자매가 있다. 이러한 상황은 다음처럼 모델링될 수 있다.
*)
ENTITY child
 SUBTYPE OF (person);
 mother : female;
 father : male;
END_ENTITY;
ENTITY sibling
 SUBTYPE OF (child);
 siblings : BAG [1:?] OF UNIQUE sibling;
 WHERE
  not_identical :              -- 현재 인스턴스는 siblings의 요소가 아니다
        sizeof(query(i<*siblings | i :=: SELF)) = 0;
  same_parent :                -- siblings는 현재 인스턴스의 부모중 적어도 한 분이 같아야 한다
        sizeof(query(i<*siblings | (i.mother :=: SELF.mother) OR
          (i.father :=: SELF.father))) = sizeof(siblings);
END_ENTITY;
```

▶ extent()

```
FUNCTION extent (
 v:TYPE_NAME:t                 -- v는 엔티티이름들로만 구성되는 단일 또는 복합 형이름자료형
 ):BAG OF UNIQUE GENERIC_ENTITY:t;        -- 반환값은 BAG자료형
 EXTERNAL;
END_FUNCTION;
```

함수 *extent()*는 하위형을 포함하여 자료형 *v*인 정보기지내의 모든 엔티티 인스턴스들을 반환한다. 이 함수는 작동문내에서만 사용될 수 있다.

```
(*
```

```
  지역변수 people은 person 또는 그 하위형들의 인스턴스들을 포함한다.
*)
ENTITY person;
 name : STRING;
 age : INTEGER;
 ...
END_ENTITY;
ENTITY male;
 SUBTYPE OF (person);
 ...
END_ENTITY;
ENTITY child;
 CONNOTATIONAL SUBTYPE OF (person);
 WHERE
  young : age < 12;
END_ENTITY;
...
LOCAL
 people : BAG OF person := extent(person);
END_LOCAL;
...
```

▶ exact_extent()

```
FUNCTION exact_extent (
 v:TYPE_NAME:t                    -- v는 엔티티 이름들로만 구성되는 단일 또는 복합 형이름자료형
 ):BAG OF UNIQUE GENERIC_ENTITY:t;         -- 반환값은 BAG자료형
 EXTERNAL;
END_FUNCTION;
```

함수 *exact_extent()*는 하위형을 제외한 자료형 *v*인 정보기지내의 모든 엔티티 인스턴스들을 반환한다. 이 함수는 작동문들 내에서만 사용될 수 있다.

```
(*
  지역변수 children은 child의 인스턴스들만을 가진다.
*)
...
LOCAL
 children : BAG OF pensioner := exact_extent(person&child);
END_LOCAL;
```

▶ persistent()

```
FUNCTION persistent (
 v:GENERIC_ENTITY                 -- v은 범용엔티티자료형
 ):BOOLEAN;                       -- 반환값은 불리언자료형
 EXTERNAL;
END_FUNCTION;
```

함수 *persistent()*는 *v*가 영구 정보기지의 구성원이면 TRUE를, 그렇지 않으면 FALSE를 반환한다.

```
...
LOCAL
 p : point(0,1,0);
END_LOCAL
persistent(p)                     -- FALSE로 평가된다
...
create(p);
```

```
persistent(p)                  -- TRUE로 평가된다
```

▶ relatedto()

```
FUNCTION relatedto (
 s_role:ROLE_NAME:>s;          -- s_role은 엔티티자료형 이름과 그것의 속성이름
 source:GENERIC:s;             -- source는 s_role로 지정한 속성자료형과 같아야 한다
 t_role:ROLE_NAME:>t           -- t_role은 s_role과 동일한 엔티티자료형의 다른 속성이름
 ):BAG OF GENERIC:t;           -- 반환값은 t_role로 지정한 자료형인 요소들로 된 BAG자료형
 EXTERNAL;
END_FUNCTION;
```

함수 *related_to()*는 *source*가 *s_role*역할을 하는 인스턴스들내에서 *t_role*로 사용된 값들의 BAG을 반환한다. 여기서, :>문자는 속성 형명칭을 표시한다. 만약 *t_role*, *s_role*, 또는 *source*중 어느 것이 미정값이면 그 결과도 미정값의 BAG이다.

```
(*
 이 예제는 marriage들에서 배우자들에 대한 정보를 얻기 위해 어떻게 그 관계가 탐색되어질 수 있는 지를 보여준다.
*)
ENTITY male;
 ...
END_ENTITY;
ENTITY female;
 ...
END_ENTITY;
ENTITY marriage;
 husband : male;
 wife : female:
 date_of_marriage : date;
 date_of_divorce : OPTIONAL date;
END_ENTITY;
...
LOCAL
 john : male := male();
 jane : female := female();
 bob : male := male();
 m1 : marriage := marriage(john, jane, date(1,4,1989), date(2,4,1990));
 m2 : marriage := marriage(bob, jane, date(3,4,1990), ?);
 janes_husbands : BAG OF male;
END_LOCAL;
janes_husbands := related_to(MARRIAGE.WIFE, jane, MARRIAGE.HUSBAND);
                                -- _bag_of_male::[john, bob]이 반환된다
```

▶ rolesof()

```
FUNCTION rolesof (
 v:GENERIC_ENTITY              -- v는 범용엔티티자료형
 ):BAG OF UNIQUE ROLE_NAME;    -- 반환값은 유일한 역할이름들을 요소로 하는 BAG자료형
 EXTERNAL;
END_FUNCTION;
```

함수 *rolesof()*는 *v*를 사용하는 엔티티 인스턴스들의 속성들에 대한 역할이름들을 BAG OF UNIQUE로 반환한다. 만약 *v*가 미정값이면 빈 BAG이 반환된다.

```
(*
 이 예는 point가 원의 중심으로 사용될 수 있음을 보여준다. 함수 rolesof()는 엔티티 인스턴스가 무슨 역할들을 실제로 하는 지를 결정한다.
*)
```

```
SCHEMA that_schema;
ENTITY point;
 x, y, z : REAL;
END_ENTITY;
ENTITY line;
 start,
 end : point;
END_ENTITY;
END_SCHEMA;

SCHEMA this_schema;
 USE FROM that_schema (point,line);
 CONSTANT
  origin : point := point(0.0, 0.0, 0.0);
 END_CONSTANT;
 ENTITY circle;
  centre : point;
  axis : vector;
  radius : REAL;
 END_ENTITY;
 ...
 LOCAL
  p : point := point(1.0, 0.0, 0.0);
  c : circle := circle(p, vector(1,1,1), 1.0);
  l : line := line(p, origin);
 END_LOCAL;
 ...
 IF circle.centre IN rolesof(p) -- TRUE로 평가된다
 ...
 IF line.start IN rolesof(p)   -- TRUE로 평가된다
 ...
 IF line.end IN rolesof(p)     -- FALSE로 평가된다
 ...
```

► usedin()

```
FUNCTION usedin (
 r:ROLE_NAME:e:>a;              -- r은 탐색되어져야 할 역할을 나타내는 역할이름자료형
 t:GENERIC:a                    -- t는 범용자료형으로 r로 지정한 속성의 자료형과 같아야 함
 ):BAG OF GENERIC_ENTITY:e;     -- 반환값은 r의 엔티티들을 요소로 하는 BAG자료형
 EXTERNAL;
END_FUNCTION;
```

함수 *usedin()*은 *t*에 관련한 모든 관계들을 검토하여 역할이름 *r*을 가지는 엔티티의 모든 인스턴스들을 BAG으로 반환한다. 만약 역할이름 *r*에서 엔티티이름이 미정값인 경우에는 모든 엔티티들을, 속성이름이 미정값이 되는 경우에는 모든 속성들을 검토대상으로 한다. 만약 인스턴스 *t*가 아무런 역할을 하지 않거나, 역할*r*이 발견되지 않거나, 또는 *t*가 미정값이면 빈 BAG이 반환된다.

```
(*
 원점에 위치하고 원의 중심으로 사용되는 point가 최소한 하나가 존재해야 하는 제약조건을 보여준다.
*)
ENTITY point;
 x, y, z : REAL;
END_ENTITY;
ENTITY circle;
 centre : point;
```

```
 axis : vector;
 radius : REAL;
END_ENTITY; ...

RULE example FOR (point);
 LOCAL
  circles : BAG OF UNIQUE circle := [];
 END_LOCAL;
 REPEAT FOREACH p IN point;
  circles := circles + usedin(circle.centre, p);
 END_REPEAT;
 WHERE R1 : sizeof(query(at_zero <* circles |
              (at_zero.centre = point(0.0, 0.0, 0.0)))) >= 1;
END_RULE;
```

11.5.2 범용엔티티자료형의 내장거동

이 절은 범용엔티티자료형의 내장거동들을 설명한다.

► created()

```
BEHAVIOUR Birth FOR GENERIC_ENTITY;
 created;                            -- created는 지역이벤트
END_BEHAVIOUR;
```

거동 Birth는 하나의 지역이벤트만을 가지는데, 이 지역이벤트 *created()*는 엔티티 인스턴스가 정보기지에 추가되었을 때 발생되는 외부 지역이벤트이다. 이는 엔티티 인스턴스에 의해 발생하는 첫 이벤트이며, 이벤트 *created*가 발생될 때까지는 이 엔티티 인스턴스에 의해 반동되는 이벤트들은 없다. 모든 엔티티자료형은 이 이벤트에 대한 반동을 해당 엔티티의 거동선언에서 정의할 수 있다.

► destroyed()

```
BEHAVIOUR Death FOR GENERIC_ENTITY;
 destroyed;                          -- destroyed는 지역이벤트
END_BEHAVIOUR;
```

거동 Death는 엔티티 인스턴스가 정보기지로부터 제거되었을 때 발생되는 외부 지역이벤트 *destroyed()*만을 가진다. 이는 엔티티 인스턴스에 의해 발생하는 마지막 이벤트이며, 일단 이벤트 *destroyed()*가 발생되고 나면 이 엔티티 인스턴스에 의해 반동되는 이벤트들은 없다. 모든 엔티티자료형은 이 이벤트에 대한 반동을 해당 엔티티의 거동선언에서 정의할 수 있다.

11.5.3 범용엔티티자료형의 내장작동

이 절은 범용엔티티자료형의 내장작동들을 설명한다.

► create()

```
ACTION create (
 VAR e:GENERIC_ENTITY              -- e는 범용엔티티자료형
 );
 EXTERNAL;
END_ACTION;
```

작동 *create()*는 정보기지의 영구구성원이 아닌 *e*를 영구구성원인 엔티티 인스턴스로 변환한다. 만약 *e*가 이미 정보기지의 영구구성원이면, 아무런 변화가 생기지 않는다[2].

```
(*
  이 예는 cash_register모델이 start_sale신호를 받을 때 정보기지의 영구구성원으로서 하나의 sale을 
어떻게 생성시키는가를 보여준다.
*)
ENTITY cash_register;
 current_sale : OPTIONAL sale;
 all_sales : LIST [0:?] of sale;
 WHERE
  current_sale IN all_sales;
END_ENTITY;
BEHAVIOUR transactions FOR cash_register;
 start_sale;
 add_item(item_added:item);
 close_sale;
 REACTIONS
  ON start_sale => current_sale = sale([]);
                   create(current_sale);
  ON add_item => current_sale.items + item_added;
  ON close_sale => all_sales + current_sale;
END_BEHAVIOUR;
```

▶ destroy()

```
ACTION destroy (
 VAR e:GENERIC_ENTITY            -- e는 범용엔티티자료형
 );
 EXTERNAL;
END_ACTION;
```

작동 *destroy()*는 영구구성원인 *e*를 정보기지로부터 제거한다. *e*는 현재의 알고리즘이 끝날 때 버려질 수도 있다. 정보기지로부터 *e*를 제거하게 되면 정보기지내의 다른 인스턴스들내에서 제약조건들을 위배하는 경우가 생길 수도 있다. 만약 *e*가 정보기지의 영구구성원이 아니면, 아무런 변화가 생기지 않는다.

```
(*
  이 예는 한 항목이 영구 정보기지로부터 어떻게 제거될 수 있는 지를 보여준다.
*)
BEHAVIOUR association_actions FOR association;
 die;
 REACTIONS;
  ON die => destroy(SELF);
END_BEHAVIOUR;
```

▶ drop()

```
ACTION drop (
 VAR e:GENERIC_ENTITY;           -- e는 범용엔티티자료형
 t:TYPE_NAME                     -- t는 형이름자료형
 );
 EXTERNAL;
END_ACTION;
```

---

2 만약 해당 인스턴스가 그 자료형에 대해 정의된 모든 제약조건들을 만족하지 않은 경우에는 정보기지에 아무런 변화가 일어나지 않으며, 실행 에러코드 13이 발생한다.

작동 *drop()*은 *e*로부터 *t*에 의해 지정된 부분 복합엔티티 값들을 제거한다. *t*는 *type_name_concatenate* 연산자인 &를 사용하여 생성된 복합 형이름들을 포함할 수 있다.

```
(*
 이 예는 unemployed가 되는 person이 어떻게 모델링될 수 있는 지를 보여준다.
*)
ENTITY person;
END_ENTITY;
ENTITY employed_person
 SUBTYPE OF (person);
 employer: company;
 salary: cash;
 ...
END_ENTITY;
ENTITY unemployed_person
 SUBTYPE OF (person);
 state_income: cash;
 ...
END_ENTITY;
SUBTYPE_CONSTRAINT employment_status FOR person;
 ABSTRACT TOTAL_OVER(employed_person, unemployed_person);
 ONEOF(employed_person, unemployed_person);
END_SUBTYPE_CONSTRAINT;
BEHAVIOUR employment_changes FOR person;
 sack;
 hire(employer:company; salary:cash);
 REACTIONS
  ON sack => drop(SELF,EMPLOYED_PERSON);
             extend(SELF, unemployed_person(500.00));
  ON hire => drop(SELF, UNEMPLOYED_PERSON);
             extend(SELF,employed_person(employer,salary));
END_BEHAVIOUR;
```

▶ extend()

```
ACTION extend (
 VAR e:GENERIC_ENTITY;          -- e는 범용엔티티자료형
 ext:GENERIC_ENTITY             -- ext는 범용엔티티자료형
 );
 EXTERNAL;
END_ACTION;
```

작동 *extend()*는 *e*에 *ext*에 의해 지정된 부분 복합엔티티 값들을 추가한다. *ext*는 연결 연산자인 ||를 사용하여 생성된 복합엔티티 값들을 포함할 수 있다. 만약 어떤 엔티티자료형이 수정될 *e*와 *ext*내에 동시에 존재한다면, *ext*내의 요소는 *e*에 추가되지 않는다.

```
(*
 작동extend()에 대한 예는 drop()의 예를 참조하면 된다.
*)
```

11.6 형이름자료형

11.6.1 형이름자료형의 내장함수

이 절은 형이름자료형의 내장함수들을 설명한다.

► type_name_concatenate(), &

```
FUNCTION type_name_concatenate &^3 (
 left, right:TYPE_NAME          -- left와 right는 형이름자료형
 ):TYPE_NAME;                   -- 반환값은 형이름자료형
 PRE_CONDITION
  EXISTS(left) AND EXISTS(right);  -- left와 right가 실제로 값을 가질 때만 함수가 수행된다
 EXTERNAL;
END_FUNCTION;
```

함수 *type_name_concatenate()*는 *left*와 *right* 두 형이름들을 합한 형명칭을 반환한다. 두 매개변수들 중 하나가 미정값이면 결과도 미정값이다.

11.7 표현식자료형

11.7.1 표현식자료형의 내장함수

이 절은 표현식자료형의 내장함수들을 설명한다.

► evaluate()

```
FUNCTION evaluate (
 exp:EXPRESSION(TYPE_NAME:e_type)        -- exp는 표현식자료형
 ):GENERIC:e_type;                       -- 반환값은 표현식을 평가한 자료형
 EXTERNAL;
END_FUNCTION;
```

함수 *evaluate()*는 현재의 엔티티자료형 범주 내에서 선언된 속성들과 일치하는 피연산자 값들로 표현식 *exp*를 평가하고, 호출위치로 결과를 반환한다.

```
(*
 다음의 e1인스턴스는 evaluate(att3)가 5.0으로 평가되므로 유효한 인스턴스가 된다.
*)
ENTITY e;
 att1 : REAL;
 att2 : REAL;
 att3 : EXPRESSION(REAL);
 WHERE
  wr: evaluate(att3) < 100;
END_ENTITY;
...
LOCAL
 e1 : e := e(3.0, -4.0, att1**2 + att2**2);
END_LOCAL;
```

► expression_to_string()

```
FUNCTION expression_to_string (
```

```
 exp:EXPRESSION(GENERIC)        -- exp는 표현식자료형
 ):STRING;                      -- 반환값은 문자열자료형
 EXTERNAL;
END_FUNCTION;
```

함수 *expression_to_string()*은 표현식 *exp*를 문자열 표현으로 변환한다. 결과의 문자열은 표현식내에 있는 각 요소의 문자열 표현을 포함한다.

```
...
LOCAL
 e1 : e := e(3.0, -4.0, att1**2 + att2**2);
 str : STRING := expression_to_string(e1.att3); -- 'att1 ** 2 + att2 ** 2'이 배정된다
END_LOCAL;
...
```

▶ expression_type()

```
FUNCTION expression_type (
 exp:EXPRESSION(GENERIC)        -- exp는 표현식자료형
 ):TYPE_NAME;                   -- 반환값은 형이름자료형
 EXTERNAL;
END_FUNCTION;
```

함수 *expression_type()*은 표현식 *exp*값의 결과 자료형에 대한 형이름이 반환된다.

```
(*
  다음의 추상엔티티는 속성 att1과 att2가 같은 자료형이 되도록 제약하고 있다.
*)
ENTITY e ABSTRACT;
 att1 : GENERIC_ENTITY;
 att2 : EXPRESSION(GENERIC_ENTITY);
 WHERE
  wr: expression_type(att2) IN typeof(att1);
END_ENTITY;
```

▶ string_to_expression()

```
FUNCTION string_to_expression (
 exp:STRING;                    -- exp는 문자열자료형
 t:TYPE_NAME:exp_type           -- t는 표현식의 평가값을 나타내는 형이름자료형
 ):EXPRESSION(GENERIC:exp_type);  -- 반환값은 표현식자료형
 EXTERNAL;
END_FUNCTION;
```

함수 *string_to_expression()*은 문자열 *exp*를 결과 자료형 *t*값을 주는 표현식으로 변환한다. 생성할 때는 문자열 표현 내에 있는 공백문자는 무시된다.

```
(*
  이 예에서는 스키마에 의해 문자열리터럴로 제공된 상수 표현식 부분과 인스턴스 자체에 의해 제공된 변수부분
으로부터 where규칙이 만들어진다.
*)
ENTITY e;
 att1 : REAL;
 att2 : STRING;
 WHERE
  wr: evaluate(string_to_expression('sqrt(att1) < '+att2, LOGICAL));
END_ENTITY;
```

찾아보기

1 EXPRESS의 내장상수, 내장함수와 내장연산자, 내장프로시져, 내장거동, 그리고 내장작동 등은 짙은 글씨체로 표기한다.